投资洞察

（增订版）

汇添富基金管理股份有限公司　著

上海财经大学出版社

图书在版编目(CIP)数据

投资洞察/汇添富基金管理股份有限公司著．—增订版．—上海：上海财经大学出版社，2019.1
ISBN 978-7-5642-3175-0/F·3175

Ⅰ.①投…　Ⅱ.①汇…　Ⅲ.①投资-基本知识　Ⅳ.①F830.59

中国版本图书馆 CIP 数据核字(2018)第 285429 号

□ 责任编辑　李成军

投 资 洞 察
（增订版）
汇添富基金管理股份有限公司　著

上海财经大学出版社出版发行
（上海市中山北一路 369 号　邮编 200083）
网　　址：http://www.sufep.com
电子邮箱：webmaster@sufep.com
全国新华书店经销
江苏苏中印刷有限公司印刷装订
2019 年 1 月第 1 版　2022 年 1 月第 6 次印刷

710mm×1000mm　1/16　20 印张（插页：2）　305 千字
定价：56.00 元

序一　投资者教育永远在路上

2018年，正值公募基金发展20周年。

20年来，风雨兼程，公募基金始终秉承“投资者利益至上”的信托责任与使命，利用制度优势和专业能力赢得丰硕成果，率先成为普惠金融的典型代表，是投资者权益保护最为充分、市场运作最为规范、唯一没有发生过系统性风险的金融服务行业，树立了大众理财服务的标杆，也赢得了众多投资者的信任。截至2017年底，公募基金管理机构达131家，管理规模达11.6万亿元，为4.2亿个有效个人投资者账户提供理财服务，20年来基金公司旗下基金利润总额达2.23万亿元，为长期信任公募基金的投资者创造了可观回报。

投资者的信任和参与是行业可持续发展的基石。我国资本市场投资者结构的基本特点是中小投资者占比较大，切实做好投资者教育至关重要。一方面，机构投资者要最大限度地契合公共利益，持续推动社会价值创造和福利增进，秉持“受人之托、代人理财”的信托文化，坚持投资者利益至上；另一方面，要培育投资者树立正确的投资理财观念，强化“卖者有责、买者自负”意识，引导投资者理性评估自身的风险偏好和风险承受能力，选择合适的产品，获取与所承担风险相一致的收益，最大限度实现资产管理行业自身的价值。

《中华人民共和国证券投资基金法》第112条规定，基金行业协会应当履行“维护投资人合法权益”“开展行业宣传和投资人教育活动”的职责，把投资者教育和维护合法权益摆在了重要位置。中国证券投资基金业协会自成立以来，始终坚定履行投资者教育、维护投资者合法权益的责任，并把“尊重投资者、了解投资者，思投资者所思、想投资者所想，答投资者之疑、解投资者之困”作为投资者教育工作的出发点，不断提升投教活动的广度和深度。通过丰富投教活动、开发投教产品、搭建投教平台，向全社会展现行业风貌，宣介行业知识。协会还充分发挥示范和主导作用，积极邀请、组织、调动基金管理机构等市场经营主体、中介机构、地方行业协会、专家学者等社会各方力量，通过组织“最美公募基金人”评选、“公募基金优秀投教作品”征集、“私募基金优秀投教作品”征集、“儿童财商教育”等活动，引领行业自发主动地开展投资者教育活动。

普及和开展投资者教育是机构投资者与监管者的共同责任。让投资者树立正确的理财观，让社会遵循契约和信托精神，单凭一家机构难以落实，必须广泛依靠、调动和激发行业力量和社会资源，形成合力。很多基金管理公司在投资者互动、交流、培育投资者成长方面可圈可点。据了解，汇添富内部要求基金经理每周轮流撰写“投资洞察”专栏以分享思考心得，坚持至今已有八年时间。这本书既是对八年来汇添富优秀投研人员专栏文章的汇编集结，更是其在投资者教育领域长期实践的一次系统性展示，在普及投资教育、培育投资者正确理财观、传播价值投资理念等方面都颇有益处。

风物长宜放眼量。在资本市场进入新时代的大背景下，公募基金迎来重大发展机遇，能否持续有效推进投资者关系管理将深刻影响行业的发展前景，投资者教育工作永远不嫌多，永远在路上。相信在全行业的共同努力下，投资者教育与保护将成为全社会共同认可的行为规范；而肩负推动普惠金融发展使命的公募基金将真正“飞入寻常百姓家”，成为社会公众分享资本市场成长红利、实现财富长期保值增值的重要方式，为实现中国经济可持续发展、中国投资者可持续收益发挥有益、有效、有恒的作用。

愿更多人读到这本书，是为序。

洪　磊

中国证券投资基金业协会前会长

序二　写在投资之外

2009年末，我们在内部讨论要开始推出一个基金经理每周撰写的“投资洞察”专栏的时候，甚至到2010年我的第一篇专栏见报的时候，我们内部一直有同事在问，为什么要求每一个基金经理、投资经理都写专栏稿件，这和做好投资有关吗？作为一个职业投资者，在我的求学和投资生涯中曾经浏览过很多投资大师的著作，我发现很多投资大师总能用深入浅出的语言把深奥的投资理论讲清楚。他们总是在投资实践中不断地提炼、验证、修正自己的投资理论和投资方法，并通过文字来具象这些思想，而我则希望每周的专栏撰写，可以成为我们投资团队关注投资之“道”，在持续的投资实践中磨砺我们的投资之“术”的一种方式。

和很多人一样，我很早就知道“修身、齐家、治国、平天下”的道理，在后来读了《礼记·大学》的原文我才发现，在修身、齐家、治国、平天下这一系列的任务之前，还有“正心”两个字。所谓“正心”可以理解为厘清思路、端正思想，这两个字是“修身、齐家、治国、平天下”的基础。我想这个道理对于投资也是适用的，也正是对“正心”两个字的追求和执着，督促着我和我的团队在过去八年多的时间里，在日常工作之余，时时做着“三省吾身”的事情，在投资之外的时间思考自己的投资哲学、投资方法、投资实践。

钱锺书先生曾在《写在人生边上》把人生比作一部大书，把对于人生的感悟比作写在人生这部大书边上的评语；这次，我们把投资团队过去几年关于投资的思考和感悟整理出来，结集成书，如果投资本身是一本我们还没有完全参透的大书，那这些文字可以算是我们写在这本书边上的评语。

虽然心怀忐忑，但我对于这本书的付印，依然充满期待，这本书可以说是国内基金行业第一本基金经理的投资实践的汇总。汇添富基金管理股份有限公司文化重要的一部分就是“分享”，我希望通过这本书的出版，从投资哲学、投资方法、实战经验角度来分享我们的经验和感悟。同时，我也期待这本书起到“抛砖引玉”的作用，可以通过这本书与关注投资的人士探讨、沟通。

林利军

正心谷创新资本董事长

汇添富基金前总经理

（本文作于《投资洞察》初版时）

序三　投资中最重要的事：学习与进化

新一辑《投资洞察》付梓在即，我的同事邀请我给这本书重新作序，这让我想起了几桩旧事。

二十多年前，我还是上海财经大学的一名普通学生，每天最有意思的讨论不是发生在课堂上，而是在晚间的宿舍里：来自不同专业背景的同学们讨论各类天马行空的话题，如麦当劳进入中国的市场策略、中美关系未来走向种种，常常至熄灯还意犹未尽。如今，当年的同学大多天各一方，在各自的领域也都有所建树。现在想来，正是这样一段有趣的插曲，开阔了大家的视野，丰富了彼此的见识，对我而言更是产生了深远的积极影响。

在简单而充实的生活中，我逐渐对投资产生了浓厚的兴趣，可惜国内的投资业刚刚起步，相关资料少得可怜，此时上海财经大学的图书馆像是一个巨大的宝库，收藏着大量有关投资的英文原版书籍，我一头扎进了书丛，如饥似渴地阅读了许多经典，其中有关投资理念、流程、方法的内容深深影响并塑造了日后的我。时至今日，常有关心汇添富的朋友问起，为什么根植于国内市场的汇添富，投资原则和方法与外资机构如此类似？我想多少应该与当年的这段经历有关。

今天，我依然非常感恩这段时光，也深深地明白：那些看过的书、走过的路、遇到的人对一个人的人生轨迹会产生多大的影响，特别是在以人才为核心的基金行业。今年恰逢中国基金行业二十周年，二十年斗转星移，正是各路英杰风雨兼程、夙兴夜寐才有了今天的局面，汇添富基金是见证者，也有幸参与其中。这些年，我总试图在汇添富重现当年我读书时的氛围，鼓励同事们有空多读书增智，多和比自己高明的人交流切磋，希望大家能够如当年懵懂的我一般幸运：无论外界如何变化，我们都可以不断提升进化自己。

投资是孤独的征程，而分享则是驱逐孤独的良方。这本《投资洞察》的初衷就是将汇添富同事们的日常投资所得、读书所感定期总结回顾以供内部交流使用，因此它集结了我们投资参悟中真实的吉光片羽。机缘巧合下，这部手札于2010年向外界刊发，通过文字分享的形式却意外收获了更多：自己可获得“过尽千帆”后的反思与鞭策，他人也可约取“隔岸观火”的洞明与见识。一晃已八年过去了。

八年看似弹指一挥间，资本市场却已沧海桑田。市场环境、估值体系、行业趋势、投资者结构都在发生巨大的变化，而我们是否跟上了变化，或是更加前瞻地洞察并引领了变化？

很遗憾，能够拥抱变化者寥寥。相反，我们中的很多人投资入门多年，依然不得其道；终日逡巡于“牛拉车不动，是打车还是打牛”的困境，仍不得要领。投资必不能趋时奉势、人云亦云，但身处变局却能始终明心见性者，我认为学会学习、以自我进化为目标才是根本。我常对同事们说，学习有三重境界：第一重是增加知识，拓展基础的能力圈，着眼点是扩大个人对于客观世界的认知积累，这是大多数人“学习”的常态，这一重固然重要却不是学习的本质；第二重是增强逻辑，改进个人的认知框架，达到这一境界，已经可以将刻板知识灵活运用，但仍然仅可解释过去却无法指向未来；第三重是强化洞见，思考从个人出发，无视繁复的信息噪声干扰，穿透过去、现在和未来，最终开始正确地指导现实世界。这是我们学习中应追求的境界，唯其如此，我们才能拨开迷雾抓住本质。究其根本，洞见本质的最终目的是不假外求，而求诸内心，不囿于自身局限，始终进化前行。

不断学习和进化让我们有信心能够拥抱变化，但变化只是出发点，而不变才是落脚点。汇添富筹建之初，草创未就，林总问我应该如何搭建投资体系。我告诉他，必须有明确的投资理念、投资方法，这是最基本的，然后一边说一边在纸上写出这些要点并画上投资流程图。至今，汇添富成立十四载有余，这一套汇添富投资“基本法”未变，无论市场如何风云变幻，我始终要求我们的投资团队要严格照此执行。现在大家谈论所谓“投资范式”，于我看来，就是我们长期坚持不变的东西：一个共同体所具有的共同的价值观、准则和行为模式。

十多年前，我做基金经理时，常觉得投资之途漫漫，快乐总是短暂，而痛苦与孤寂却如无尽的长夜，个中滋味只有身在其中的人才能体会。然而，这二十多年来，我也渐渐悟得，如以贝佐斯“Day One”的心境去面对未来投资中的挑战，放下包袱，一切归零，会发现深沉的喜悦和智慧，这也是一种不足为外人道的幸福。如果回到二十多年前那些挥斥方遒的夜晚，我会急不可待地将这顿悟的喜悦与智慧与大家分享，而如今就让这本《投资洞察》代我们娓娓道来。

是以为序。

张　晖

汇添富基金总经理

（本文作于2018年11月）

目 录

第二篇 运筹帷幄

第三篇 术为实用

大道至简

第一篇

道者，万物之奥，善人之宝。
万物之始，大道至简，衍化至繁。

——《道德经》

对投资主题的一点思考

自上轮经济见顶以来，制定投资策略最困惑的是对宏观经济的判断及相应投资主题的把握。一种观点认为中国经济原来的增长模式已经到顶，靠房地产、政府投资以及出口高增长的模式难以为继，中国经济面临结构调整与转型，应把握消费和服务等与经济转型相关的投资主题；另一种观点认为要保持中国经济高速增长，房地产和基建投资在较长时间内仍是中坚力量，须把握资源和能源等与投资相关的投资主题。近几年来，我们反复因为这些判断的摇摆和分歧，而备受市场折磨。笔者仅就投资过程中的一些思考，谈谈自己对投资主题的一些粗浅的看法。

由于股票市场的表现不仅仅与宏观经济表现和政策预期高度相关，同时阶段性市场表现出的风险收益特征也不一样，反映到证券市场上，会在不同的阶段产生不同的投资主题。广义的关于“时机选择”的定义是，随着时间的推移，改变整个组合的贝塔，因此“时机选择”实际上不仅与绝对的股票仓位相关，同时也与投资的板块和个股直接相关。这就意味着对投资主题判断的重要性体现在投资组合决策过程中“时机选择”“资产配置”和“个股选择”三个层次中。在投资过程中若能有效地把握投资主题，可以极大提升投资效果。

但投资主题的把握非常困难。主要体现在三个方面：一是宏观政策的易变性。这种易变性或来自政府决策层思路的变化，或为了应对经济遇到的突发性状况。比如 2009 年年初，我们坚定地认为自 2002～2007 年的投资持续繁荣后，经济从 2008 年开始步入正常的调整，对与投资相关的行业非常谨慎。但

2008年底，在全球性金融危机的大背景下，政府推出大规模的基建投资延长了上一轮的投资主导性经济。二是阶段性的市场上涨营造出的繁荣假象，扰乱初始的判断。近期的例子是2012年12月，与投资相关的大类资产短期内出现大幅上涨，市场坚定地认为下一届政府仍将把投资作为经济增长的主要推手，新型城镇化就是房地产投资化。这一度对我们以消费和服务为中长期投资主题的判断构成挑战。三是投资主题短期过热往往会导致投资泡沫，因此把握投资时机非常重要。美国20世纪70年代初的“漂亮50”和2000年前后的网络股都成为重要的投资主题，但都同时出现阶段性的泡沫。

那么，如何正确把握投资主题呢？我们认为，寻找投资主题过程要注意三个方面的问题：一是投资主题要具有长期性与稳定性。这种长期性与特定的历史条件和宏观背景息息相关，要能形成中长期的大的趋势。比如大规模城镇化导致的房地产繁荣，人均收入持续提升下消费结构升级，再比如人口老龄化背景下对医疗保健等需求的大幅上升等。二是投资主题要有可操作性，据此可以找到相关投资标的。太宽泛以及抽象的概念，往往不容易找到投资的对象，或者找到的投资对象仅仅与主题相关而并不真正受益。历史上有一些概念、主题在市场某一阶段盛行，但发现真正受益的标的少之又少。三是投资主题的把握需要战略性和深层次的思考。典型的如新型城镇化的建设，很容易把城镇化建设与投资驱动、房地产经济等画上等号。但如果从更深层次来看待新型城镇化的新，更多是人的城镇化而不是地的城镇化，更多是社会、经济等综合性配套改革而不是简单的造城、造房。那么从长期看，真正长期受益的是与消费群体扩大和消费结构升级相关的行业，而不是简单的钢铁、水泥等投资相关行业。

站在当前时点，我们怎样去分析投资主题呢？从长期的趋势看，升级版的中国经济，意味着增长质量的提高、增长速度的适度放缓，也意味着中国经济的再平衡。而再平衡必然表现为以投资为主导向以消费为主导的经济模式的结构转型。许多与投资高度相关的产业，其市场需求再难以回到过去十年的高速增长。但收入水平的持续提高、消费人群的持续扩大、消费结构的升级为消费与服务行业提供了巨大的市场空间。虽然我们还会碰到经济周期的不同阶段，政府会有阶段性的刺激政策出台,但经济转型的趋势是不会改变的。我们在投资中,一定要沿着这条主线去挖掘投资主题,才能有效提升长期投资回报。

张 晖

汇添富基金总经理

(本文于2013年4月刊发)

投资首要重视企业家精神

在经济结构转型的大背景下，投资者逐渐认识到“淡化时机选择，专注选股”的重要性。但怎样才能挑选出真正的成长股而不是伪成长股？笔者认为，一是要注重企业所在的行业。行业的扩张空间、增长潜力和竞争格局直接关系到企业的成长潜力。二是要注重企业本身的商业模式、竞争优势和可持续经营的能力。三是要注重企业管理者在过去经营过程中所体现出来的企业家精神。

中国有很多产业具有极高的增长潜力和想象空间，由于市场增长的推动，企业有时也会乘势得到很好的发展机会。但从中长期来看，真正能够持续增长的企业，主要源于公司具有真正有企业家精神的企业家。我们在投资过程中，要特别重视对企业家精神的分析。

如何寻找有企业家精神的企业？首先企业家具备强烈的使命感和极强的责任心。“法乎其上，得乎其中；法乎其中，得乎其下”，唯有志存高远的企业家，才能把企业不断做大做强，甚至改写整个行业的生态。典型的如上海家化的葛文耀，不满足于仅守住百年老店的传统业务，而是致力打造出民族特色的日化品牌。在这种使命感的驱动下，我们看到在日化领域，上海家化这个民族品牌正在逐渐积攒实力、酝酿崛起。二是对主业的专注和执着。这一点对于一些“辛苦”行业来说尤其重要。抵制多元化经营的诱惑，把主业经营做到精益求精，几乎是这些辛苦行业中成功企业的典型特征。比如歌尔声学，从全球电子产业链中的简单加工制造开始，通过技术的创新成功切入全球顶尖 IT 企业的产业链，再到形成平台型的创新企业，其成功关键在于在制造业这个辛苦行业的精耕细作与专注执着。三是创新精神。在美国，乔布斯等具备硅谷创新精神的企业家打造出了苹果等伟大企业。近期马斯克等新一代创新明星，推动了特斯拉在短期内的爆发性增长，大大推进了新能源汽车革命的进程。在国内，我们看到腾讯、阿里巴巴等伟大的企业正是在创新精神的推动下出现了迅猛的发展。创新精神成为伟大企业的典型特征。

但与此同时，我们也看到许多上市企业热衷于市值管理做出短期的业绩，实现管理层套利或者再融资，而缺少持续经营、努力做大做强的勇气和决心。比如过去几年，依赖于房地产行业的迅猛发展，很多企业投资到相关的行业中，粗放型经营，没有形成公司自己的核心竞争优势。再比如一些中小板和创业板的公司，没有利用市场融资的优势，通过产品创新、品牌创新和渠道创新把公司做大做强，其管理层把上市套现作为个人目标。个人认为目前市场上盛行的"短期基本面趋势"投资，爆炒一些中小股票，更加速了这些企业短期做高业绩的行为。

当前，我国企业面临的内外部条件正在发生急剧变化，企业对创新和变革的需要比以往任何时候都迫切，在这种情况下，企业的成长更加依赖企业家精神，具备企业家精神的企业也更容易脱颖而出。从发展模式来看，企业依靠创新驱动，向集约高效、环境友好、内生增长的方向升级转型，已是大势所趋。从需求格局来看，传统投资品的需求在减少，但现代服务、信息消费、医疗保健、影视娱乐等新兴产业的需求在上升。从制度环境来看，新一届政府释放出强烈的改革信号，放松管制、更多发挥市场配置资源的基础作用是改革方向，企业所处的制度环境将有较大改变。在此背景下，企业要克服路径依赖，抓住历史机遇，需要企业家精神放射光芒。

从投资者角度而言，把握经济结构转型的大趋势、把握成长股的投资是一个宏观的大思路，但在未来的投资中，企业家精神等来自企业微观层面的因素可能更加重要。在具体的研究中，我们会更加关注这些企业是不是拥有好的商业模式，有没有在长期的发展中凝聚出自身的竞争优势，这些企业能不能根据形势的发展实现持续的成长，等等。只有拥有了这些特征的企业，才可能在大浪淘沙般的筛选中脱颖而出，为投资者创造持续的投资价值。

张 晖

汇添富基金总经理

（本文于2013年7月刊发）

投资要重视企业的价值创造

今年的市场表现，让很多投资者直呼“看不懂”。年初以来创业板指数一路大幅上涨，特别是信息、传媒以及环保板块等涨幅惊人。支撑这些板块上涨的重要理由之一是中国经济正在进行结构调整，而这些行业代表着中国未来经济的发展方向。市场过度看重企业所处的行业，而全然不顾这些企业的商业模式是否成熟、企业治理是否完善、企业经营者是否经过时间的检验。市场陷入了非理性的怪圈：只要行业选对了路，给这些企业很高的估值溢价似乎也是合理的。笔者不想对所谓的“投资”与“投机”进行辨析，只是想粗浅谈谈我在投资中一直坚持的一条核心理念：坚持选择能为股东持续创造价值的企业，回避毁灭股东价值的企业。

传统方法评价企业是否创造价值经常用到“经济附加值”(EVA)，笔者认为在评估企业价值创造能力上，这不是一个最优指标。这个指标的出发点是，不管是企业的股权资本还是债务资本，其投入都是有成本的。只有企业的盈利高于其全部资本成本时才会为投资者创造价值。在实践中，EVA 是一个绝对值，该值的大小不但受到价值创造能力的影响，还与公司规模直接相关。

基于这种考虑，由这个概念出发，笔者经常选择两个指标进行观察，一是投资者最常用的盈利增速，另一个是投资资本回报率(ROIC)。其中，投资资本回报率正是同时考虑股权资本和债券资本的回报率。两个指标结合起来看才能全面评估企业为股东创造价值的水平。只有投资资本回报率高，同时盈利增速也较快的企业，其为股东创造价值的速度才比较快。

那么价值创造型的企业有何特点？一般来说，这些企业往往有比较成熟的盈利模式，已经形成了比较强的“护城河”，企业能够持续、稳定地扩张。从财务来看，意味着企业能够在较高的资本回报率基础上维持稳定的增长。价值创造型企业包括许多消费品类企业，这些企业依靠过去多年的积累，形成了著名的品牌、强大的渠道优势，而企业所面临的市场也得益于中国消费市场的快速增长，所以企业进行轻资产扩张的空间非常大。这类企业中的优秀代表，如云南白药，上市以来不需要新的融资，其扩张完全依赖于自身的利润积累，一直能够维持较高的净资产回报率，这类企业是价值创造型企业的典型代表。另外一类企业，完全依靠在市场竞争中逐步形成的优势品牌和完善的产品结构，具有较好的价值创造前景。典型的企业，如上海家化和天士力。这些企业依靠目前的产品结构，依托庞大的消费市场，顺利进行扩张和增长。

相反的，我们可以看到一些价值毁灭型企业的典型。公司的扩张需要持续依赖外部融资输血，但公司一直维系着极低的投资资本回报率。这些企业常见于一些重资产的制造类企业，目前热炒的电子技术产业最容易出现。这类企业初期往往得益于某类或某个产品，盈利能够有较高的增速，但企业很难形成自身的优势，需要不断的资本投资来进行技术开发，因此其增长维系在非常高的资本开支基础之上。因此，这类企业的投资回报率往往一直维持在很低的水平，或者初期较高，但很快就快速下滑。这类企业往往初期或一段时间给人比较好的想象空间，但其商业模式决定了企业未来的走向并不乐观。比方说上一轮投资者比较推崇的北电网络、摩托罗拉等企业，在风光一时之后都陷入困境，出现破产或者并购的窘境。国内某个主营液晶面板的制造企业，自上市以来，持续不断地进行融资，但一直维持着极低的资产回报率，长期在毁灭股东的价值。中国市场上这类企业还很多，上一轮 IT 泡沫中死去了很多，这一轮 IT 又开始火热，预计又会出来很多这类企业。从稍长时间的视野来看，只要企业的创新速度跟不上或者行业生态环境发生较大变化，股东价值开始急剧毁灭。

从上面的分析不难看出，是否是价值创造型企业，我们可以通过观察它的盈利指标进行判断，但持续的价值创造还得从深入的企业基本面分析着手，把握企业盈利增长的特征和关键要素。今年创业板市场非常火热，投资者只有冷静分析，去伪存真，选择能持续为股东创造价值的企业，才能避免在市场回调的时候遭受重创。

张　晖

汇添富基金总经理

（本文于 2013 年 9 月刊发）

对成长股投资的一点感想

2012年最后一个月，A股市场的投资风格突然转向：原先一直沉寂无声的价值股表现异常优异，而前期被投资者甚为推崇的成长股则步入调整。实际上，回顾A股的历年走势，我们发现，在每年年底至来年年初，市场风格都会陷入类似的“转向魔咒”。但是这一次风格转换之快、势头之猛远超预期，让很多投资者措手不及。那些一直信奉成长股投资的基金经理这段时间非常苦闷，本来一年之中已经顺风顺水11个月，谁想却在最后一个月“翻了船”。笔者无意在本文中讨论成长投资与价值投资孰优孰劣的问题，只是简单谈谈个人对成长股投资的看法。笔者认为在中国未来的一段时期，坚持成长股投资能实现优异的投资业绩。

成长股投资的本质在于找出盈利稳定增长的公司，以合理的价位买入并持有较长期限，通过公司盈利的持续提升来获取回报。问题的关键是，市场上是否有足够多的好公司？投资者是否有足够前瞻的眼光率先发现这些公司？

中国市场正在孕育越来越多的成长型公司，这无疑为成长股投资提供了一片沃土。之所以做出这个判断，一个重要的原因在于中国市场拥有十亿以上的庞大消费群体，这为大部分以消费需求为导向的行业提供了先天的成长条件。一个典型的案例是奢侈品行业在中国的快速增长。尽管中国的人均GDP仍处在中等收入国家水平，但从绝对数量上来看中国拥有着庞大的、具备潜在高消费能力与消费需求的人群，而且随着居民收入水平的提高，中国市场消费增长空间难以估量。更深入的原因在于中国经济未来的发展方向——经济结构的转型与新型城镇化的建设——将非常有利于成长性行业的发展。经济结构的转型意味着经济再平衡，从过度倚重投资向以消费为主的经济结构转变；而新型城镇化的建设不仅提供更完善、更广阔的城镇消费市场，更重要的是大大提升了城镇人口比重，让更多的人具备更高的消费能力，意味着需求市场在未来能不断扩大与延伸。最后，我们发现，经过多年市场的洗礼，涌现出一批具有企业家精神的企业家：他们或生于草莽或彰于庙堂，长期浸淫于中国市场，拥有强大的内在驱动力，充满强大的使命感和责任心；专注奋战在行业的前沿，具备敏锐的眼光、创新的意识与卓绝的执行力；他们有能力在细分行业中把企业做大做强，也有实力带领团队积极参与国际竞争。

当然，绝好的投资眼光对于成长股投资至关重要。我们在进行成长股投资的时候要注意三个问题。一是成长型的公司容易丧失其原先具有的成长性。特别是，过去十年来，依靠房地产及出口高速增长的带动作用，不少公司获得了盈利快速增长的机会，但这些企业可能并没有确立起在细分行业里的竞争优势，商业模式本身也并不具备独特性，随着经济结构的转型，公司的盈利能力很快会难以为继。二是有些公司由于股权结构和公司治理的先天缺陷，会在上市最初几年，有目的地把公司盈利“做出”成长性来，但却无法产生持续的增长。像这类公司，投资者更要仔细地去辨别。最近几年，市场中大量中小上市公司都存在这种风险。前面我说的两种类型的公司，有些投资者往往根据公司短期内每股收益的增长，就教条地按照永续成长的假设给公司对应倍数的市盈率，我把这种投资称作“短期基本面趋势”投资法，而这种方法是极其危险的。三是，投资的前瞻性也极其重要。很多投资者后知后觉地意识到某个公司是一个成长型公司的时候，要么它的成长性多半已在股价中得到了反映，要么上市公司本身已经步入成长的后期，这时候如果还按照成长型公司的估值来买该股票，那么所支付的价格肯定是不值的。

最后，持续耐心和信心，最终收获成长股投资的硕果，过程也许曲折漫长，但结果是十分令人愉悦的。过去几年，我们基于自己的深入研究与判断，遵从以上的原则，坚持挑选优秀的成长股，并坚定持有这些质地优良的好公司，最终取得了比较好的效果，像贵州茅台、云南白药等都是一些典型的优质成长型股票，它们为基金业绩增长贡献巨大。

有一位投资家温思罗普·诺尔顿曾将成长型股票比作巨大的摇钱树，对此他曾表达过：投资好的成长型公司就像种一棵树，多年前种下的种子，后来生根发芽、茁壮成长、枝繁叶茂，最后长成参天大树。树虽然不能长到天上去，但摇钱树会把你带到天堂。

张 晖

汇添富基金总经理

（本文于2013年1月刊发）

投资家的伟大在于深刻洞察人性

非常荣幸,笔者于 2013 年 5 月初在美国奥马哈第二次参加了巴菲特的股东大会。用一整天的时间聆听 83 岁的巴菲特和 89 岁的芒格在现场分享其投资、管理经验与人生智慧,这的确是一种至高无上的精神享受！我也特别幸运地在 35 000 人的会场上问了巴菲特一个关于如何看待新兴市场和中国市场投资机会的问题。参加完会议的近两个月来,我时常回味起会议的内容,有一个问答让我的体会日益深刻,也反衬了我自己所问问题的粗浅。

这是一个普通投资者,他问:“如果我要向我 13 岁的女儿用两分钟的时间解释哈撒维公司的核心竞争优势,请问我应该怎么说?”

芒格不假思索地回答了这个问题。他说:“两点。一是当别人都失去理智的时候,我们保持理智;二是我们有最好的管理者,而且我们对待他们就像我们希望别人如何对待我们一样,我们成为他们最好的合伙人。”回答这个问题,芒格只用了大约半分钟的时间。

这半分钟的回答乍一看很简单,但大道至简,仔细想来,这个回答体现了深刻的投资哲学,也说出了巴菲特和芒格这么多年来投资持续成功的原因,而这一切的核心正是基于对于人性的深刻洞察。

以笔者浅见,芒格回答的前半段“当别人都失去理智的时候,我们保持理智”有两层含义。第一层含义讲的是集体的人性,即集体人性常常会呈现出巨大的不理智,体现出盲目从众的羊群心理(Herd Mentality)和羊群行为(Herd Behavior)。这样的集体不理智正是人类仍具动物性的体现,与盲目群行的旅鼠、非洲的角马、大海中的群鱼、天空中的群鸟并没有差别。诺贝尔经济学奖获得者阿克洛夫和耶鲁大学希勒教授在其名著《动物精神》一书中，对此做了深入而精彩的描述。人类群体性的“动物精神”，在金融市场中表现得淋漓尽致，这也是不断反复出现泡沫和危机的根本原因。

这样的“动物精神”在中国金融市场中也不断展现。远的不说，就说之前出现的抢购碘盐、中国大妈抢购黄金热潮，中国股市中概念投资和主题投资的泛滥，以及近期 A 股对于创业板、中小股票的无原则追捧，所谓“大股东减持反而是利好，因为其会将业绩做高”等似是而非的理论，无不体现出强烈的“动物精神”。作为投资者，如果不能够认识到人类集体性行为的不理智，是不可能长期做好投资的。

第二层含义讲的是投资者的自我管理，也就是对于自身人性的认识和把握。正如巴菲特女儿苏茜曾经说过的，“我的父亲有自己的内部评价标准（Internal Yardstick），这个内部评价标准从来不会受到其他人的影响”。作为投资者，尽早形成自己判断企业和投资机会的内部评价标准，而且要确保这一内部评价标准不受市场和他人的影响，就能长期坚持自己的理念和方法，在诱惑和恐惧面前保持理性，不仅可以不受人类集体的动物性的影响，而且能够利用集体的不理智获得优秀的投资回报。

芒格回答的后半段也闪耀着人性的光辉。这里也有两层含义。第一层含义即他所说的“我们有最好的管理者”，讲的是价值投资者长期赚钱的根本原因是依赖优秀的管理者。优秀的管理者具备强大的企业家精神，能不断提升企业价值，增强企业竞争优势，这也是股票长期上涨的真正原因，他们是投资家的最好合伙人。可以说，要成为一名优秀的价值投资者，必须能够不断发现和培育优秀企业家，这就需要投资者能够有效分析和判断企业管理者的人性，判断其是否是真正的企业家。

回顾汇添富成立十年来所做的投资，我们有许多成功的案例，也有不少失败的教训。所有的成功投资，可以说都是我们找到了真正优秀的企业家和管理者，并与他们共同成长的结果。而我们大多数的投资失败，很大程度上可以归因于我们未能找到优秀企业家。苏宁电器、上海家化、歌尔声学、金螳螂、海宁皮城等这些曾经的大牛股的出现，不仅仅是由于其行业周期和商业模式，更重要的是，在这些企业的背后，都有着一位真正优秀的企业家。笔者曾经谈到要看企业的“道、德、物、势”四个方面，只有依靠优秀的企业家，才能够成就“道生之、德蓄之、物形之、势成之”的优秀企业。

芒格回答后半段的第二层含义则振聋发聩。“我们对待他们就像我们希望别人如何对待我们一样，我们成为他们最好的合伙人。”我们经常看到，一些企业做大之后，老一代的企业家成为董事长或者是股东或者是收购者，就以老板的姿态居高临下地对待管理者，觉得自己比管理者更牛、更聪明，忘记了管理者在人性上所需要的尊重和认可，从而出现了种种矛盾和问题，也使得企业进一步增长面临困难。这样的例子，在中国市场中不胜枚举。

而巴菲特和芒格的做法却更像两千年前孔子所教诲的“己所不欲，勿施于人”。在巴菲特给股东的信中，他对属下管理者的赞誉从来不吝笔墨，“我们要向××深深鞠躬”“××真是一名天才的管理者”之类的句子层出不穷。在股东大会的现场，巴菲特在其30分钟的短片后面，将其下属公司管理者的大幅照片走马灯式地播出，这时欢快的音乐响起，穿着艳丽服装的女孩入场跳舞，歌词唱出这些管理者的名字，全场起立为他们鼓掌欢呼。优秀的企业家需要尊重、需要认可，巴菲特和芒格对人性的理解非常深刻！

短短半分钟的回答，体现着巴菲特和芒格对于人性的深刻洞悉。要成为优秀的投资者，就要认识到人性中集体的动物性，要认识并管理好自己的人性，从人性高度认识和发现企业家，并且从内心深处尊重企业家。综观优秀的投资者，除了巴菲特和芒格之外，彼得·林奇、索罗斯、费雪、邓普顿等无不对此有自己的洞察。可以说，成功投资家的伟大就在于深刻洞察人性，这也是投资最有魅力之处。

林利军

正心谷创新资本董事长

汇添富基金前总经理

（本文于2013年7月刊发）

郭靖、阿甘和巴菲特

“每代人都需要新的革命。”

——托马斯·杰弗逊

第一次读到美国第三任总统托马斯·杰弗逊这句名言的时候，我还在读小学。学校位于福建省武夷山区一个景色秀美的小县城，那里有清澈翠绿的小河和层层叠叠的小山峦，整个县城就在小河两边轻轻地舒展。年少的我读到这句话虽然有些激动，但是为什么而激动、这句话的真正含义是什么，以及我们“70后”这代人的革命到底在哪里，彼时，我完全不知道。

中学期间，流行看武侠小说。我看的第一本武侠书是金庸的《射雕英雄传》。一套四本拿到手后，我废寝忘食，不能释手。书中郭靖的故事让我深深感动，他于患难流离之际诞生，天资愚笨、不适练武，但侠义热肠，一身正气。经过无数的磨难和坚持，郭靖终成为一代“侠之大者，为国为民”的武林宗师，并成为抵抗外侮的民族英雄。

那段时间，我整天脑子里想的就是去哪里搞本武林秘籍，拜个师傅，学个“降龙十八掌”，再好好练习九阴真经或者全真派的内功，成为现代版的郭靖，成为一代武林大师，除恶济苦，替天行道。也许这是我们的革命？

当然，我很快就发现这样的幻想非常不靠谱。终于开始认真学习起来，成绩也越来越好。考上大学那一年，正值中国股市诞生。我在校园里热火朝天地参加了模拟股市，组织学生模拟投资大赛，也如饥似渴地看完了图书馆中所有与证券投资有关的书籍。现在做基金，投身投资行业，的确是当年种下的因。

读大学时，校园里特别流行看录像、电影。我最喜欢看的电影是《阿甘正传》。汤姆·汉克斯演的阿甘先天智障，而且腿有残疾，然而他的妈妈却性格坚强，她常常鼓励阿甘“傻人有傻福”，要他自强不息。阿甘像普通孩子一样上学，认识了一生至爱珍妮，在妈妈与珍妮的爱护和帮助下，阿甘的腿神奇地好了，并且开始了一生不停地奔跑。后来，通过坚持奔跑，通过不断实践自己的诺言，通过帮助他人，阿甘成为橄榄球巨星、越战英雄、乒乓球外交使者和大富翁。

记得那时，《阿甘正传》这部电影我连看了三遍。看着看着，我好像从阿甘身上看到了郭靖的影子。他们都天资不高，但均有着非常好的品质，他们宅心仁厚，简单无私，同时自强不息，坚韧不拔，终于成就了成功和快乐的人生。

1994 年我有幸成为交易所的一名红马甲。后来又读研究生，再在交易所工作。在此期间，我开始对巴菲特着迷起来，读了不少关于巴菲特的书，也开始学习他给投资者的信。那时，我以为，作为世界上最成功的投资家，巴菲特一定是全世界最聪明的人。

后来我到哈佛读 MBA，其间巴菲特曾两次来我们学校演讲和上课，每次我都认真聆听，也有幸和他近距离接触，他展现的质朴的品质着实让我震撼。回国创立汇添富基金之后，我更加深入地学习了巴菲特的文章和信件，也两次参加了巴菲特的股东年会。我们的同事刘建位更是业内有名的巴菲特研究专家，给了我很多帮助和指导。有趣的是，研习巴菲特的过程中，我越来越从巴菲特的身上看到了郭靖和阿甘的影子……

从一个例子就可以看出。我第一次到奥马哈“朝圣”的时候，奥马哈机场有一个大幅的广告，用的是年轻英俊的巴菲特大幅照片。做广告的是纳不拉斯卡大学，她在宣传自己是一所非常好的学校，论据是，巴菲特的本科就是从这所大学毕业的。当然，同真正的美国好大学相比，纳不拉斯卡大学真是差距不小——按照《福布斯》的排名，她只能排在 247 名。很显然，年轻的巴菲特并不是一个在世俗教育体系中突出的孩子。

但是，巴菲特却与郭靖、阿甘一样，有着特别优秀的人的品质。他首先是一个极其简单的人。他的投资理念和投资方法非常简单，而且在形成之后，从来没有变过。每次去参加他的股东大会，他讲的都是类似的内容，但神奇的是，听起来一点也不觉得啰唆。他的生活非常简单，至今仍然住在1958年花3.15万美元购入的房子里，自己开一辆凯迪拉克，吃的是他从小就喜欢的牛排……

其次，他是一个极其坚韧的人。正如巴菲特女儿苏茜说过的，“我的父亲有自己的内部评价标准，这个内部评价标准从来不会受到其他人的影响”。他是性格上的天才，具有无与伦比的独立思考能力、专注工作和不受外界干扰的能力。

再次，他又是一个正直无私的人。他捐出了自己的绝大部分财产，而且捐给了比尔·盖茨基金会，连以自己名字冠名的基金会都没有成立。

到了40岁，我才明白，其实郭靖、阿甘和巴菲特都是同一类人。他们在年轻的时候就塑造了非常优秀的人的品质，那就是简单、正直、没有私心与坚韧不拔。他们的成功，绝不是聪明机巧或比其他人更快、更高、更强的结果，相反，是比他人更简单、更质朴、更坚韧的结果。

金庸是这样说郭靖的：追女孩子最好朴实无华。欧阳克追黄蓉用了那么多花招，还不如郭靖请了一顿饭。阿甘的一生印证了它的一句台词：Stupid is as stupid does，即傻人做傻事，或者说：傻人有傻福，这很有趣地印证了东西方在大智若愚上的一致性。而在瞬息万变的资本市场中，有太多头脑聪明、反应机敏的优秀人才，但像巴菲特这样的人物却是凤毛麟角。不用电脑、哪怕别人赚翻了也不碰自己不理解的股票、不看好市场时可以几年离开市场。这已经远远超出了投资技术与技巧，更多的是一种孩子般的天然简单和人性上的沉着坚韧。

环顾历史、环顾世界，我们会发现，真正成功快乐的人都是如此。无论是稻盛和夫、乔布斯，还是我们中国历史上的王阳明、曾国藩等，他们能够成功，都是因为他们的简单、正直、没有私心与坚韧不拔。

到现在我就能够理解了，托马斯·杰弗逊所说的“每代人都需要新的革命”，首先指的是每代人、每个人需要完成对自己的革命，让自己的个人品质真正优秀；之后才是在他所属的那个时代上，抓住时代的机遇，为国家和社会的进步、为他人的幸福做出努力。

可见，人生真的就是一场修行！正如稻盛和夫所说的，人不论多么富有、多么有权势，当生命结束之时，所有的一切都只能留在世界上，唯有灵魂跟着你走下一段旅程。人生不是一场物质的盛宴，而是一次灵魂的修炼，使它在谢幕之时比开幕之初更为高尚！

这才是我们的革命，也是我们人生的根本目的！

林利军

正心谷创新资本董事长

汇添富基金前总经理

（本文于2014年2月刊发）

作为普通投资者的一个小小梦想

新的一年到了，每个人都在寄望新年，畅谈梦想。作为一家普通的中国机构投资者，我们也有一个小小的梦想。

这个梦想非常简单，那就是希望上市公司的管理者能够像股市的投资者一样，从心灵的深处关注公司的长期市场价值，从而让资本市场充盈长期增长的旺盛活力。

这要从2012年国际金融界颇为戏剧性的一幕说起。2012年10月，花旗集团CEO潘伟迪(Vikram Pandit)突然辞职。出身于印度的潘伟迪是美国金融业的著名大佬，曾领导花旗集团度过了金融危机，就在辞职前几个小时，潘伟迪还在参加分析师会议，并充满热情地谈论花旗的新兴市场业务。就此事我请教了所熟识的花旗高管。他说："潘伟迪是被董事会迫使辞职的"，"原因很简单，就是花旗的股价表现太差了！"的确，过去5年里，花旗的股价是美国所有大银行中表现最差的。CEO因为股价长期相对表现不好而被迫辞职，这一次，花旗的董事会成功扮演了公司治理中的内部"文明人"角色。

花旗集团的例子很好地诠释了如何通过内部"文明人"的参与，来实现股东利益与公司长期发展目标的一致。可是，类似公司治理的内部"文明人"在中国还不多见。中国上市公司将长期市场价值作为高管重要考核指标的并不多。中国公司的董事会在评估高管的绩效时，往往关注的是收入、盈利等指标，一般不会因为其股价在同行业长期表现相对低迷而对其不满，更不会因此迫使CEO辞职。虽然也有不少企业的确关注市值，但相当多的是考虑再融资或者减持等短期因素。由此可见，中国上市公司管理层与股东的利益并不完全一致；也就是说，经济学上所说的“代理成本”是很高的。因此，有些投资界的朋友甚至笑称，如果国资委开始真正实施市值考核时，一个长期的大牛市就来了。

如果缺乏内部的“文明人”，有外部的“野蛮人”也不错。美国上市公司高管的重大压力之一就是，如果股价长期表现不佳，公司很可能成为被并购的对象，从而高管被迫下岗。KKR 收购烟草巨头 RJR 纳贝斯科的案例成就了一本金融名著《门口的野蛮人》和一部同名的电影，至今这一经典案例还让不少上市公司高管心有余悸。

另一个“野蛮人”的例子是美国著名投资家、被称为“企业掠夺者”的卡尔·伊坎(Carl Icahn)。如果你打开他的网站，会明显感觉到这位已经 76 岁的老人仍然像一只嗅觉灵敏的猎豹，正在四处搜寻管理不善、价值低估的公司——猎物。就在 4 年以前，他“突袭”了管理出现重大问题的雅虎公司，其结果是直接导致其创始人杨致远的下台。

“野蛮人”介入公司治理是有理论依据的。1976 年美国经济学家詹森和梅克林提出“代理成本”理论之后，国际资本市场掀起了“股东积极主义”(Shareholder Activism)的热潮，资本市场成为降低代理成本的一个重要手段。国际机构投资者已经从过去主要依靠“用脚投票”转变为“用手投票”，开始积极介入被投资上市企业的公司治理。这些外部的“野蛮人”既包括 KKR、卡尔·伊坎这类着眼于改组管理层和变卖公司资产的激进投资者，也包括以加州退休基金为代表、在董事会积极投反对票的投资者。这些积极投资者的存在，使得上市公司的管理层不得不高度关注其企业的长期价值。

令人遗憾的是，这类外部的“野蛮人”在中国还尚处于萌芽阶段。我们在调研企业的过程中，也常常深感不少管理层的利益与股东并不一致，而我们这样的流通股股东却无能为力。几年来，有些产业资本开始关注部分管理不善、股价低估的企业，也确实看到了企业管理提升和盈利的巨大改善空间，有些还出手购买了一定比例的股票，但是由于地方利益保护、人员任免机制、并购规则限制等，均无功而返。而中国式的 KKR 由于融资来源、管理体制等问题，也很难产生。因此，我们的资本市场在降低代理成本问题上还有巨大的空间。能力差、不作为的高管难以被淘汰，这也是股市低迷的原因之一。

如果在市场上既缺乏内部的“文明人”，又缺乏外部的“野蛮人”，那我们就要将更多希望寄托到公司管理层身上。巴菲特说过，“我们能够给予一个经理的最高评价是，他们永远像投资者那样思考，他们工作是因为他们热爱自己所做的一切，并且品尝成绩所带来的喜悦”。这样的管理者虽然不多，但是我们在投资过程中会偶尔遇到并为他们感动，他们是中国企业界的脊梁，是中国经济竞争力提升的动力来源，也是我们投资者最好的伙伴。

“股市在短期是一个投票机，而在长期则是一个称重器。”公司高管的工作表现如何，在长期中最好的评价机制就是其公司市值的相对变化情况。如果公司高管都不真正关心公司的长期价值，那么投资者将何去何从，将情何以堪?

在这个改革的时代，在这个充满梦想和希冀的时代，作为一家普通的机构投资者，我们的小小梦想就是上市公司的管理者能够像股市的投资者一样，关注公司的长期市场价值，为股市的成长插上强有力的翅膀！我们选择相信梦想，相信变革，相信未来！

林利军

正心谷创新资本董事长

汇添富基金前总经理

（本文于 2013 年 1 月刊发）

《道德经》中的投资哲学

十年前汇添富基金成立时，我们的梦想是打造中国最优秀的选股型投资专家。十年来，我们一直在努力构造一个研判公司的思考框架，从而为我们自己的投资形成清晰的纪律，也为公司几十人的投资团队建设一个思考、讨论的共同平台。为此，我们做了很多努力，投资理论、大师著作、案例分析等都为我们所用，也有不错的效果。但是，当读到《道德经》第51章的12个字时，我有一种醍醐灌顶的感觉。

这12个字是，“道生之，德蓄之，物形之，势成之”。这并不是《道德经》中最为耳熟能详的一句，但在我看来却蕴含着深刻的投资哲学。

“道生之”讲的是一个优秀企业的根本。“道”指的是规律。只有有效掌握行业经济运行规律的企业，才有可能成为一只真正的牛股。《道德经》说，“道生一，一生二，二生三，三生万物”。掌握了“道”的企业，无论其起始多么渺小卑微，最终都会长成参天大树，正所谓“合抱之木生于毫末”。

打开可口可乐1896年的年报，你会发现这家公司的“道”在100多年以前就已经种下了。尽管那一年可口可乐收入仅有14.8万美元，其总裁Asa Candler说：“我们努力告诉全世界，可口可乐是一种平价的卓越商品，将给全人类带来健康和美好。”2012年，可口可乐的收入已经高达480亿美元。可以说，每一个真正优秀的企业都必然是“道生之”的。

即便是一个有“道”企业，也需要注意，在行业和市场的演进中，“道”作为指导性的规律也会发展变化。一个例子是我们过去投资的苏宁电器。该企业正是掌握了低成本这个规律，通过不断开店实现规模效应，成就了数十倍的回报，也成就了一个经典的成长股故事。但是近年来电商的兴起，以更低成本冲击了苏宁的“道”，逼迫其不得不走电商之路甚至更名，去寻找新的“道”。无论苏宁的变革成功与否，其积极进取、断腕求“道”的精神是令人钦佩的。

我们日常投资中看到的很多企业，并非是“道生之”者，而是“势生之”者。往往是一个政策性的机遇，或者是一类产品的突发性需求，搞定了少数大客户，导致某家企业迅速成长，使之赚了钱也上了市。特别是在中小板、创业板中，这类企业为数较多。它们本身并没有掌握行业经济运行发展的规律，一旦势不在，就将昙花一现，最近频频出问题的光伏行业的多家企业就是很好的实例。因此，对于“势生之”的企业，我们要非常谨慎。

“德蓄之”对于投资而言也至关重要。“道生之”后，如果没有正确的价值观和商业道德，无论多大的企业，最终也不能“蓄之”。特别是企业上市之后，季报、年报的压力巨大，更可能会在经营管理中越出道德的底线。美国的安然、泰科等过去都是大牛股，近年来正是因为“德”上的问题，终不能持续，甚至破产清算。中国很好的例子就是乳品行业的几家公司，它们在发展初期就掌握了乳品行业的“道”，即通过常温奶和利乐包装解决了降低成本和运输半径的问题，迅速扩大市场，也在一段时间内为投资者收获了极高收益，但忽视了“德”之后，竟然导致整个乳品行业信誉的全面失去。由此可见，在分析企业时，一定要对其“德”做充分的评估。

“物形之”，从选股投资的角度看，我认为包括两层含义：一是指企业的经营性因素，如商业模式、行业特征等会形成企业业务的特定状态。例如，航空公司就是以重资产、产品（客座）过期快为特征的，因此盈利波动性大，这是由其商业模式决定的。二是指企业的治理、机制、管理、文化等软性的制度性因素，也会对企业的成长状态产生重大影响。特别是公司的治理，决定企业的管理者能否与企业的股东“在一条船上”，很大程度上决定了公司的长期投资价值。

“势成之”很容易理解，是指企业面临的形势和机遇。一家企业如果掌握了“道”，有“德”的同时有很好的“形”，当“势”来的时候，就有可能成为一个很好的投资标的。

必须要强调的是，“势”固然重要，但并不是关键因素。可在日常工作中，我们获取的信息绝大部分都只是“势”。每天的信息轰炸，卖方研究员大量研究报告出炉，买方研究员挑灯夜读，关注的焦点往往是政策的变化、经济数据的公布、新产品的推出、产品的销售、项目的进展、报表的披露等，这一切都只是“势”！在投资中，仅关注“势”而忽视“道”“德”“物”，就如同一个园丁只关心什么时间下雨，而不关注种的是什么树，不关注阳光、土壤和水一样。

笔者有幸在国外读过 MBA，也讨论过上千个公司和投资案例，我深感对于选股的指导，可能还是 2 500 年前老子提出“道生之，德蓄之，物形之，势成之”这 12 字简单透彻。当然，《道德经》绵长深邃，其蕴含的深刻哲理远超我所能理解。本文仅是抛砖引玉，静候批评。

林利军

正心谷创新资本董事长

汇添富基金前总经理

（本文于 2013 年 3 月刊发）

“不同”的投资智慧

多年以来，哈佛商学院最受欢迎的一堂课一直来自一位韩裔美女教授扬米·穆恩(Youngme Moon)。她的课的名字叫作“Different”，即“不同”。

作为一名普通的管理者和投资者，在汇添富基金工作的十年中，我越来越深切地感受到，“不同”这两个字确有着深邃的管理和投资智慧。

首先，这个“不同”是指公司战略和商业模式的不同。对于投资者来说，一家优秀的企业必须是真正“不同”的。这个道理听起来简单，但在现实世界中，如哈佛商学院穆恩教授所说，“一个行业接着一个行业，我们发现，企业们已经沉浸在激烈的竞争之中，似乎忘记了它们的任务，即创造与竞争对手完全不同的价值。于是，在消费者的眼里，市场中的同类产品不再是互相竞争，而是塌陷成一类产品了”。

一个有意思的例子就是家具行业。几十年来，各家家具商都在努力为客户提供更多的以至于琳琅满目的产品，更好的以至于体贴入微、送货到家的服务。每一次走进家具大卖场时，作为消费者，我们都往往会被华丽的展示、过多的选择而搞得无所适从。在消费者的眼中，过多同类的竞争产品已经沦陷成一类产品了——过多、过好的选择，却变成了无法选择。这导致家具行业变成了一个极其分散的行业，全球最大的家具商占比也不到5%。

但是，有一家家具商完全“不同”。她只卖有限风格的简约产品；不提供一般家具商提供的服务；店只开在偏僻的郊区，需要顾客自己将家具搬回家，并且需要自己安装。她的客户要不就是热烈地喜欢她，要不就忽视她甚至讨厌她。

但是，她是人类历史上最成功的家具企业，她的创始人曾是世界首富，她每年印刷高达一亿本的商品目录，据说是除了《圣经》之外最被广为散布的书籍。她就是“宜家”。

宜家的成功讲述了“不同”的力量。即便是以宜家当前的规模，其占全球家具市场的比例仍然是微小的。这说明，在信息化和全球化的今天，在某一细分领域内以简单的商业模式做到极致，将有多么巨大的效果。

除了宜家之外，“不同”的力量不胜枚举。在谷歌出现之前，雅虎几乎垄断了网络搜索市场，但是与雅虎复杂、包罗万象的网页完全不同，谷歌以极其简洁的首页、清晰有效的定位，迅速奠定了其在网络上“搜索之王”的地位。

在乔布斯时代，苹果也是“不同”的忠实拥趸。乔布斯甚至说，不要做市场调查，以防止苹果受到其他厂商的影响！他推出的每一款产品，都与市场中既有的产品完全不同。对于消费者来说，其他产品已经塌陷成一类产品，市场上变成了“苹果”与“其他”的竞争。他通过几款“不同”的产品，将可怕的简单做到极致，一度使苹果成为全球市场市值最高的企业。

其次，这个“不同”也是资本市场上资产类别的不同。企业层面的因素之外，投资“不同”还有一个重要的原因。那就是资本市场在任何时点的资金总是相对有限的，只有对于真正“不同”的企业，资本市场才会出现供不应求的现象，因此愿意给出较高的估值。

一个例子就是 20 年前当深发展上市时，作为资本市场上唯一的银行类企业，市场愿意给出数十倍的估值。而现在市场中已经有十几家银行类上市公司，而且都市值巨大，投资者购买银行股时可供的选择太多，而且也缺乏真正“不同”的银行，再加上银行业十余年来改革政策红利的见顶，导致银行在当前市场上 PE 只有 5～6 倍的低估值。

前一阶段笔者与一家地产企业的总裁交流时，这位总裁叹息到，资本市场中的地产公司已经有 150 多家了，虽然自己公司经营得相当不错，业绩成长也比较清晰，但是在众多的地产公司中，想要吸引投资者的注意真是非常难，怎么也无法有较高的估值。这也说明了资本市场对于“相同”是要给予折价的。

最后，这个“不同”还是投资者自身的不同。与大众投资者“不同”，是成为优秀投资者的根本途径。巴菲特之所以成功，很大程度上就是因为他身居遥远而安静的奥马哈，内心又有自己评判价值的坚定标准，因此可以避免人云亦云，做独立长期的判断。在我们这个信息化的时代，互联网、微博、微信渗入四方，即便是隐居小城也难免受到众人观点的影响，唯一的办法是尽快形成自己清晰的投资理念和可复制的简单方法，才能“结庐在人境，而无车马喧。问君何能尔？心远地自偏”。

“相同”是聪明，“不同”是智慧。要实现投资上的成功，关键在于“不同”。这里的“不同”有三个层次的含义。一是投资对象上的“不同”，投资的企业具有清晰简单的商业模式，与行业内其他企业真正“不同”；二是在资产类别上的“不同”，即投资的企业是一个相对稀缺的资本市场资产类别；三是投资者自身的“不同”，投资者必须保持独立思考和独立决策，不受群体思维的影响。

“相同”是学习，“不同”是求道。老子在 2 500 年前就把这个道理说得很透彻了。他在《道德经》第 48 章说：“为学日益，为道日损，损之又损，以至于无为，无为而无不为。”大意是讲，为学的人，要做的事一天比一天增加；为道的人，要做的事则一天比一天减少（这样就可以将简单的事做到极致）。减少又减少，到最后以至于“无为”的境地。而“无为”之后则“无不为”！

投资之道就是如此。多少人在忙忙碌碌、学习和模仿他人中度过了宝贵的生命，但是真正成功的人却反求诸己，改变内心，潜心求道，而最终成就“不同”！

林利军

正心谷创新资本董事长

汇添富基金前总经理

（本文于 2013 年 9 月刊发）

小到大和大到强带来的投资启示

中国经济在过去的30年里经历了超常规的高速增长，大量的行业从产品产量角度看已经是世界第一了。在此过程中，催生了大量的由小做大的神奇企业。虽说过去十年指数涨幅不大，但是在此期间还是有很多由小变大的企业，其股价随着业绩的高增长而出现了大幅上涨，结构性投资机会凸显。在经济转型的背景下，经济增长速度会放缓。不可否认，在很多新兴行业，依旧存在很多由小做大的机会，但是总体上由小到大的投资机会将会减少，而由大到强的机会可能会更多。

经济转型对于企业来说面临的挑战是多方面的。劳动力和各种要素价格的上升、环保要求的不断提高，给中小型企业带来极大的经营压力。只有龙头企业通过规模效应应对经营压力的能力会更强一些。

中国过去多年的高增长，给了很多本土企业能够轻松实现高增长的宏观经济环境和行业环境。接下来传统行业内的龙头公司将面临的问题是，在行业增速放缓的背景下，如何实现更好的有质量的增长？企业的竞争优势如何提高？股东回报如何得到相应的提升？

由小到大的模式比较多的是轻资产扩张，而由大到强则往往是行业门槛被抬到一定的高度以后，大企业的竞争优势不断得到强化、定价能力不断提高的过程。由大到强可能有以下几种不同的发展路径。

比如，龙头企业在行业低谷的阶段不断地通过收购兼并的方式扩张市场份额，比较典型的有中信证券在证券业的低迷时期大举并购，从而获得巨大的资产份额提升，在市场恢复活力以后获得超常规的利润。水泥行业也重复着同样的故事，部分区域的水泥龙头公司的市场集中度达到一定的高度以后，就可以通过几家的协作稳定水泥价格以获取远高于自由竞争阶段的利润。接下来值得期待的行业就是啤酒行业。目前，该行业依旧处于较为激烈的产品和并购竞争阶段，一旦大规模的并购结束，龙头公司协同涨价的现象将会出现。

在行业成本上升期，龙头企业不断地通过投资新增产能以获取市场份额。目前比较典型的行业就是养殖业，特别是养猪业，行业容量近 1 万亿元，龙头企业目前市场占有率只有 1%。龙头公司正在不断加快投资布局，而个体养殖户正在主动和被动地不断退出市场。

出于控制食品产业链的安全，各级政府正在积极推进公司加农户的合作，促进规模化养殖率的提升，鼓励个体养殖户的退出。为了从源头控制食品安全，政府还不断提高食品产业链的进入门槛，以推进大型企业提高市场占有率。比较典型的行业有乳业、饲料业等。

特别值得一提的是创新推动，大的企业也不一定必然变强。比较有名的案例就是同为胶片巨头的柯达和富士，在数字化浪潮来临以后，结局是不同的。柯达由于故步自封，最终走向破产保护；而富士由于顺应市场变化进行改革，公司发展则好得多。所以大公司不主动创新和变革，将会面临大公司之间更为残酷的竞争。特别是面临类似于苹果之类创新能力极强的公司的挑战，那就可能不仅是强或者弱的问题，而是生或死的抉择。

另外，接下来中国政府将会加大改革开放的力度，对内开放也是非常重要的一个环节，特别是一些垄断性的行业将会对民营企业开放。可以想象这种类型的投资机会投资门槛高，只有那些实力强的民营企业才有能力去把握。

还有一些改革将会触动原有的利益格局。比较典型的就是利率市场化对于银行的影响。如果利率更加市场化了，银行的盈利能力将不被政府定价保护，那些各个方面准备充分的公司将会得到更好的发展。仍然按照原有的经营模式发展的公司将会面临巨大的挑战，由大做强也无法顺利实现。

对于由小到大和由大到强的企业，需要采用不同的投资方法。对于由小到大的企业，只需买入并持有就可以了，直到高成长期的结束。而对由大到强的企业进行投资，考虑到涨幅相对于由小变大的企业要小一些，则需要在相对低位大量买入。考虑到这些企业相对市值规模较大，这种操作策略成功的概率会较高。

袁建军

汇添富基金副总经理

（本文于2012年4月刊发）

估值体系重塑

2016年A股市场出现了非常明显的风格转变，价值型股票大幅跑赢市场，大量估值过高的个股下跌明显。在几个主要市场指数中，上证50指数跌幅最小，而中小盘指数和创业板指数则出现了20%以上的下跌。考虑到市场各方环境的相对平稳，价值型股票这种持续长达一年的胜出，是非同寻常的，超出了很多专业投资者的预判，有非常深刻的结构性推动力量。

风格资产在2016年出现这种变化，首先是因为宏观经济的企稳回升，偏价值型的行业和公司业绩出现了明显回升，其次是在2016年之前的3年间，成长股经历了连续的上涨，积累的高估值需要消化。另外还有两个原因，一是机构投资者的市场占比开始重新上升，二是证券监管部门出台的一系列正本清源的举措对市场行为的纠偏。前面两个影响因素会周期波动，目前来看还将在2017年大概率持续。下面主要分析后面两个因素的持续性。

A股历史上出现过两次比较明显的机构投资者持有市值比上升的现象。第一次是从2001年开始，一直持续到2007年，第二次是从2015年开始，持续到现在。2007年，机构占流通市值的比例曾经达到过近32%。从2008年开始，由于市场的大幅下跌，投资者认购公募基金的热情下降，机构投资者在整个市场的占比也随之不断下降，到2013年底，机构投资者占比最低下降到15%。而到2015年底，机构投资者占比又上升到22%。

第一轮机构投资者力量的上升主要依靠公募基金，而这一轮机构投资者崛起的背景与第一轮有很大的不同。这一轮加大进入市场的机构投资者主要是保险机构和银行委外等。此前保险机构主要通过申购公募基金的方式进入 A 股市场，而这一次保险机构更多的是通过直接投资的模式加大权益市场的比重。

本次机构投资者加大权益市场的投资比重主要是为了满足自身投资回报的要求。随着老龄化程度的加深，我国的保险行业规模得到了持续稳定快速的发展。2015 年是保险行业投资业务的一个重要分水岭。因为 2015 年的国债利率下行到了过去十年的低点。低增长、低通货膨胀和低利率的环境，使得保险行业再投资的压力明显加大了。为了满足其负债成本的要求，加大权益市场的配置比重将成为趋势。银行理财也面临同样的情况，随着银行理财规模的快速增长与竞争的加剧，目前固定收益产品的收益率难以满足投资人的需求，2016 年银行委外合作中明显加大了权益产品比重。

2016 年 12 月，基本养老金管理人招标结果已经公布，预计基本养老金通过社保投入资本市场将会在 2017 年取得明显进展，考虑到基本养老金的存量规模达到了 4 万亿元，目前以储蓄为主，未来入市的空间巨大，将会继续提升机构投资者在股市中的影响力。

可以预见，本轮机构入市比重的提高将会是持续和长久的。目前来看，这一轮是机构投资者主动加大对 A 股的配置，如果没有特别的因素干扰，这一趋势将会更加具有持续性。值得关注的是，本轮加大入市的机构投资者普遍具有负债成本刚性的特点，投资方针上强调绝对回报，更加关注一些行业稳定、公司竞争优势明显、现金流量好和股息分红率高的投资标的，更加关注估值水平、股票本身的性价比。因此，在 2016 年的 A 股市场行情中，就体现为价值型股票的超额收益。

证券监管部门出台的一系列举措也对估值体系的重塑起到了重要的推动作用。2014 年以来，证监会不断加大对各种证券违法行为的惩罚力度，特别是内幕交易和操纵市场等违法行为。这也导致一些进行趋势型投资的违法资金离场。从 2016 年开始，监管部门在上市公司的重组审核上采用了更加严格和规范的标准，打击了利用海内外市场之间的估值差进行套利的行为，并对借壳行为制定了更加严格的标准。更为重要的是，2016 年新股发行速度明显加快，大市值股票的占比很低，这不仅加大了中小股票的供给，也进一步凸显出蓝筹股的稀缺性。随着上市排队时间明显缩短，很多符合上市要求的公司也倾向于通过直接 IPO 的方式进行证券化，而非通过重组的方式。发行体制的市场化程度提高，最终改变了市场各方主体的预期，包括投资者、上市公司、拟上市公司和证券中介机构等。

考虑到本轮机构投资者市场占比上升具有持续性，证券市场的一系列纠偏措施的持续贯彻以及投资者结构和预期的改变，最终将会推动 A 股市场估值体系的重塑不断深化，最终实现“善有善报，恶有恶报”，优质股票将会在市场继续获得超额收益，那些偏概念和偏趋势的投资者处境将会更加困难，市场优化资源配置的功能将得以充分发挥。

袁建军

汇添富基金副总经理

（本文于 2017 年 1 月刊发）

伟大投资者的共同特质

马克·塞勒尔是对冲基金 Sellers Capital 的创始人,曾在晨星(Morning Star)担任首席股票策略分析师。2008 年他在哈佛大学的演讲《你为什么不能成为巴菲特》在投资业界广为流传,并引起不小的反响。在演讲中,塞勒尔告诉哈佛的骄子和读者们,要成为伟大的投资者,仅有智商、勤奋和经验的积累是不够的,与生俱来(或者是在少年时形成)的天性特质,不可或缺。

塞勒尔认为,大量地阅读书籍、杂志、报纸,并不会赋予高过他人的强劲优势,只能让你不落在别人后面,因为任何人都会读书。此外,即使你是顶尖学校的 MBA,或者拥有注册金融分析师资格、博士学位,也不可能成为伟大的投资者,因为这些学习只能使你得到一份丰厚的薪水,却距离成为伟大的投资者越来越远。经验则是另一件被高估的事情,因为经验积累到某一点后,其价值就开始收益递减。总之,塞勒尔认为,阅读、学习和经验只能使一个人不落后于他人,却无法在投资领域构成超越常人的"护城河"优势。

很显然,塞勒尔的观点是不同于一般观点的。但仔细分析,却发现他所说的不无道理。那么,什么是伟大投资者的特征呢?塞勒尔总结了七条:(1)在他人恐慌时果断买入股票,而在他人盲目乐观时卖掉股票的能力。(2)极度着迷于此游戏,并有极强获胜欲的人。(3)从过去所犯错误中,吸取教训的强烈意愿。(4)基于常识的与生俱来的风险嗅觉。(5)对于他们自己的想法怀有绝对的信心,即使是在面对批评的时候。(6)左右脑都很好用,而不仅仅是开动左脑。(7)最重要的是,在投资过程中,大起大落之中却丝毫不改投资思路的能力。塞勒尔特别指出，人们一旦步入成年期就无法再学到上述特质，除非他在少年时期已经形成了这样的特质。

分析这七个特质，我们可以总结为三点：热爱（Passion）、独立思考（Independent Thinking）、自律。

第一，热爱。任何事业要做得好，没有发自内心的热爱是不可能实现的。只有真心的热爱，才能调动每一份热情、能力和潜力，以及克服遇到的种种困难。投资事业更是如此。看看伟大的投资者，巴菲特、查理·芒格、索罗斯，无不如此。从某种意义上说，投资就是他们的生命。

第二，独立思考。不人云亦云。塞勒尔所说的第（1）、（4）、（5）、（7）点，都与此相关。独立思考，看似容易，却很难做到。从众和追随权威是人类的天性，因此做到真正独立思考并不容易。巴菲特曾经说过一句很有哲理的话，大意是：人们都在谈论我们的方法，而在实际的投资中，他们却总是要问，今天该买些什么？可见，真正做到独立思考，是多么不容易。

第三，自律。自律是独立思考的延续。自律的英文是 Discipline，其中有毅力的意思。巴菲特和比尔·盖茨很早就是好朋友，以巴菲特的智力、能力不可能不了解微软。但即便是在微软最辉煌的年代，巴菲特也从未投资过该公司。这份坚守，没有内心对自己投资哲学的坚信，没有巨大的自律精神，是不可能做到的。

五年多前，笔者曾向著名围棋国手常昊请教："成为一名世界顶尖的围棋高手，什么素质最重要？"我原本期待的答案是勤奋和经验之类，没想到常昊的回答是："天赋！"大概是看出了我的疑惑，常昊补充道："如果问题是，成为一名优秀围棋选手最重要的素质，答案是勤奋；而成为一名顶尖围棋高手，最重要的是天赋。"常昊的这一观点和塞勒尔文章中的观点很类似，伟大离不开天赋。

或许我们大部分人都无法成为伟大的投资者，但我们也不必因此而气馁。塞勒尔在文章中也提道："一个人能学会如何成为一般级别之上的投资者。如果你们聪明、勤奋又受过教育，就能做得足够好。"这与常昊所说的，成为优秀的围棋选手，最重要的素质是勤奋，如出一辙。

不是每个人都可以成为伟大的人，但只要我们足够勤奋和专注，即便不能成为伟大的人，也可以成为优秀的人。

万　青

汇添富资产管理(香港)有限公司首席执行官、首席投资官

(本文于 2013 年 7 月刊发)

邓普顿的投资智慧和人生哲学

约翰·邓普顿(John Templeton)是邓普顿共同基金集团的创始人。在几十年的投资生涯中，邓普顿创造了优秀的投资业绩，被《货币》(*Money*)杂志称为"20世纪当之无愧的最伟大的选股人"。退休之后，他建立的约翰·邓普顿基金，广泛地参与慈善活动，并鼓励和资助在人文和科学研究上有卓著贡献的人。

除了卓越的投资生涯和慈善工作之外，邓普顿为投资界和世人留下了宝贵的投资智慧和人生哲学。其思想的伟大之处在于，从投资的经历中参悟到生活的哲理，并将投资和人生的哲学统一，相得益彰，互相影响。

关于投资和生活哲学的诸多方面，邓普顿有很多很好的阐述。而他关于长期投资、投资标的以及市场恐慌时的应对等几方面的论述，堪称经典，值得细细品味。

首先是关于长期投资。投资者都知道长期投资的重要性，但在内心的恐惧和贪婪之下，却不自觉地成为短线交易的投机者。邓普顿认为，那些真正的长期投资者通常是见多识广、更懂得实质价值的人。这些人往往很富有耐心，而不轻易地情绪化。

邓普顿建议投资者，要把股市看作家，而非旅行中的娱乐场所。一旦选定了好的投资标的，最好的投资策略就是不变动地进行长期投资。邓普顿将长期投资的意义引申到对生活的指引，他认为，如果能够冷静思考，长期不懈地去追求生命中的目标，目标是不难实现的；反之，如果一个人总是从一个理想跳到另一个理想、一个关系跳到另一个关系，或者从一个承诺跳到另一个承诺，只会给事业、财富和感情带来负面效应，不利于实现人生的目标。邓普顿说，在明智的决策基础上保持坚定不移，可以使你在追求目标的道路上保持平静的心态，并最终获得不菲的收益。

其次是关于投资标的。所有的职业基金经理都曾面对这样的选择，是投资估值便宜但经营平平的公司，还是投资估值较高但经营卓越的公司。邓普顿认为，物美价廉的投资未必是好投资，因为好的投资一定要有好的质量。可见公司的质量是首要的。反映在人生哲学上，邓普顿认为，人要与那些行为和信仰都令你尊敬和钦佩的人交往，这样才能使自己真正成长。而一旦确定了自己要寻找的人生品质，就会被那些有着让你钦佩的品质的人们所吸引，进而相互支持、彼此学习。

邓普顿的这一思想，与巴菲特的观点有异曲同工之处。巴菲特认为，他在职业投资生涯中最大的变化是，早期他倾向于以低廉的价格购买平庸的公司，随着岁月的增长和经验的积累，他逐渐转变为以合理的价格购买伟大的公司。在人生的成长道路上，巴菲特认为，一个人要树立心目中的英雄，尽可能地学习这些人的行为和品质。同时，巴菲特认为，人要做真正热爱的事业，与尊敬和喜欢的人一起共事。

最后是在市场恐慌时的应对。每个投资者都知道，在投资中要低买高卖；然而在实际操作中，往往会相反，在市场的恐慌或狂热之下，投资变成了高买低卖。在面对市场的恐慌和狂热的反应方面，邓普顿也有精辟的论述。他告诫投资者，不要去追随市场的潮流，只有与市场智慧不同的投资决策才能获得好的回报。而当所有人都感到悲观的时候，市场进一步崩溃的可能性其实是很小的。在这一点上，邓普顿和格雷厄姆的思想很接近。格雷厄姆认为，明智的投资者要做市场先生的主人，而非仆人。由此引申到对人生的指引，邓普顿认为，生活中最黑暗的地方往往是光明的来源。即使一个人处于事业和生活中的困境和低点，他也往往具有一些未被挖掘和认可的潜力。

邓普顿的投资智慧和人生哲学相得益彰，简单的哲理之中，蕴含着巨大的智慧。从投资的工作中找到人生的智慧，并以此引领人生道路上的成长，是每个职业基金经理的终极追求。

万　青
汇添富资产管理(香港)有限公司首席执行官、首席投资官
(本文于 2013 年 9 月刊发)

投资和投机之辨

投资的英文为Investment,投机的英文为Speculation。大部分投资者都知道,要做投资,而非投机。然而,什么样的行为是投资?什么样的行为又是投机呢?很多投资者,包括专业投资者其实未必很明晰。

在股票市场,下面的行为常常发生:购买股票是因为股市正在上涨,卖出股票是因为股市正在下跌;购买股票是因为GDP的增长超过预期,卖出股票是因为政府的债务问题无法解决;购买股票是因为某公司发布了重大的重组题材,卖出股票是因为听说庄家和主力正在出货……

这些行为不仅仅发生在普通投资者身上,专业的机构投资者也并不陌生。因此,弄明白自己的买卖行为是属于投资还是投机,是理性投资的基础。我们需要知道,何为投资,何为投机。

一些人认为,短线炒卖是投机,而长线持有是投资。看似有道理,但这长和短却很难界定。何为长?一年、三年还是更久?很多成功的投资案例,持有的时间并不长;而很多被套牢的投资者,持有某项投资长达三五年或更久,时间很长却很失败。可见,时间的长短不是界定投资和投机的标准。

有人认为,分散投资和组合投资是投资,而集中投资是投机。不要把所有的鸡蛋放在一个篮子里,是现代金融理论中重要的资产组合理论。分散投资可以降低投资单一市场、单一公司带来的风险,但也会降低整体的投资回报率。资产分散度越大,回报率越趋于平均。足够大的分散度意味着只能取得市场的平均回报,最后成了被动式的指数投资。这当然不是一个对自己有信心的投资者所期望的。在现实的投资中,很多成功的投资者是进行集中投资的。巴菲特是集中投资的倡导者之一,他认为,看好一个篮子里面的鸡蛋比看好很多篮子里的鸡蛋要容易得多。

来看看大师们对投资和投机的观点。

“证券之父”格雷厄姆对投资和投机有这样的定义:投资是指根据详尽的分析,使本金和回报有保证的操作。不符合这一标准的操作就是投机。格雷厄姆的这一论点强调了两点:一是分析是投资的基础;二是投资是安全的和有满意回报的。格雷厄姆创立了证券分析这一学科。综览他的著作,有两个核心观点:企业分析和安全边际。他对投资和投机的定义反映了他一生的这两个论点。

经济学鼻祖凯恩斯关于投资和投机的论述是这样的:投资是对投资标的在其整个生命周期所能带来的收益的测算活动,假设它的运作状况可以永久存续下去。而投机是对市场的心理状态进行预测,并期望它会使投资标的的评价基准朝着于己有利的方向偏移的一类活动。

笔者认为,凯恩斯的这一论述最为准确和经典。通俗地说,凯恩斯的意思是:投资是对投资标的本身的测度,投资并不关注其他投资者对被投资企业的看法。而投机则是对其他参与者观点的分析和预测,或者说是在揣摩研究其他参与者的想法。投资是当投资标的在未来产生的收益大于(或者远远大于)现在的市场价格时,应该购买;反之,卖出。投机则是预期市场的其他参与者会在未来以比现在高的价格购买某投资物时,应该购买;反之,卖出。

巴菲特有句经典的话,他购买股票是建立在股票市场明天将关门的这一假设上的。实际上,他购买的是企业本身,或者说是基于自己对企业的期望值,而不是其他投资者对企业的期望值。有了凯恩斯的定义,理解巴菲特的这一思想就很容易了。

总结一下:股票市场上的投资者需要的是正确地评估判断投资标的长期盈利的能力。而股票市场上的投机者需要的是揣摩市场参与者的能力,是强于其他市场参与者揣摩市场参与者的能力。听上去有些绕口吧？这就是投资与投机的区别。

万　青

汇添富资产管理(香港)有限公司首席执行官、首席投资官

（本文于2013年11月刊发）

伯克希尔股东会的感悟

2013年5月，我参加了伯克希尔·哈撒韦的年度股东会。去奥马哈"朝圣"，在股东会上听取巴菲特和查理·芒格的投资哲学和人生智慧，是近年来风靡全球投资界的一件盛事。自1997年我读了《一个资本家的成长》以来，十几年来我读遍了几乎所有关于巴菲特的中英文书籍。参加股东会前，我抱有这样的想法，用钱锺书先生的话来说，就是"假如你吃了一只鸡蛋觉得很好，何必一定要见一下这只母鸡呢"。然而，实际与我的想法大不相同。股东会上，我的收获满满；所见所闻，超出了之前所有的想象和预期。参加股东会过去近10个月，我发现这是我2013年很有意义的一件事，应记录下自己的感悟，并和大家分享。

巴菲特的书籍，无论是投资方法、人生哲学还是个人传记，全部是他人，而非他本人撰写的。现场参加股东会的第一个感受是，你可以直接而非间接地向巴菲特学习。这里不是摘要版，避免了断章取义，是完整直观的学习。在股东会上，在回答一个投资者如何选择公司时，巴菲特举了选拔篮球运动员的例子，是从5英尺4英寸中还是从7英尺中选拔呢，答案不言而喻。这个例子大家可能从书中都读过，但现场听到，觉得印象更深刻。这个比喻告诉我们的是，管理层固然重要，但业务本身的属性更加重要。这也使我想起了巴菲特的另一句投资哲理：当好的管理层遇到差的业务，能够取胜的往往是后者。巴菲特和芒格的现场答问，没有冗长的陈述，而是简单的语言，同时不乏幽默。只要有不错的英文基础，都不难理解。

股东会从早上 8:30 开始，直到下午 4:00 左右，中间除 1 个小时的午餐外，没有休息时间。一整天的会议，很多参会的同行们都觉得有些疲劳。然而 83 岁的巴菲特和 89 岁的芒格坐在台上，自始至终没有任何的疲态。整个问答过程，两位老人思维敏锐、幽默不断，不时引发大家的阵阵笑声。不难看出，两位老人对投资事业和经营伯克希尔公司的热爱发自内心。在场的一位参会者问，我今年 30 岁，你能给我的人生一些建议吗？巴菲特的回答很简单，却让人思考。他说："找到你所热爱的事业，努力干，并从中找到乐趣。"这简单的答案也是巴菲特一生的真实写照。巴菲特的女儿曾经这样评价自己的父亲："大家都知道我父亲是世界上最富有的人，但却不知道他也是世界上最快乐的人。"巴菲特也曾说过，自己每天早上去上班的心情，好比是跳着踢踏舞。热爱自己的工作和事业，是喜乐的重要源泉。这是我参加股东会第二个很强烈的感受。

参加股东会的第三个感受，是伯克希尔文化的开放和包容。并非所有的问题，都是来向两位投资大师寻求智慧的，质疑乃至反对的声音也有。几名投资者对巴菲特的儿子进入董事会产生了质疑，不理解为什么一个与投资关联不大的人可以进入一家投资公司的董事会。一名投资者对过去 10 年伯克希尔·哈撒韦的业绩不满，他认为公司在过去 10 年是在凭借声誉挣钱，而非投资能力。在股东投票阶段，有股东对一些议案投了反对票……这些是我参会以前所没有想到的。参会者可以畅所欲言，质疑哪怕是被投资界喻为神的两位大师。而面对这些质疑和反对，巴菲特和芒格，自始至终都很耐心、冷静和幽默地面对。这份包容和开放的姿态，让我们得以多角度地感受到这家公司的伟大之处，也让我们真实地感受到巴菲特和芒格的伟大品格。

过去我们读巴菲特和芒格的书，好像是和两位老人单独交流。而聆听现场众多参会者的问题，可以帮助我们从更多角度去学习和思考。全天有幸抽到提问资格的有一百人左右，其中不乏富有深度、引发思考的好问题。这样的例子很多。一名投资者问："我无法向我 13 岁的女儿解释，什么是伯克希尔·哈撒韦的商业模式？你们持续的竞争优势是什么？"另一名投资者问："如果可以的话，你会给 50 年前的你什么建议？"还有一名投资者问："如果在南非以外的非洲国家，发现了一家优秀的公司，你会投资吗？"…… 这样的好问题还很多。日常工作中，我们身边优秀投资者毕竟是少数。参加伯克希尔股东会，好像一下发现，在全世界有很多优秀和有潜力的投资者。在投资的世界中，真是山外有山！

万　青

汇添富资产管理(香港)有限公司首席执行官、首席投资官

(本文于2014年2月刊发)

正本清源,回归投资的本质

在多年的投资生涯中,笔者曾遇到过很多困惑,例如宏观政策变化了,投资组合应该怎么调整?出现一个很大的投资主题,该不该参与?为什么有的公司看起来估值已经非常低了,可仍然乏人问津?凡此种种,不一而足。对这些问题的回答,实际上反映了投资者的理念和方法。理念和方法并没有绝对的对与错,但要适应环境的变化。A股市场诞生至今不过二十多年,无论是市场本身还是投资者都经历过不成熟的发展阶段,各种各样的投资理念和方法也曾经盛极一时。但过去三年,市场的投资者结构发生了深刻的变化。喜欢追逐短期波动的投资者逐渐式微,而偏好长期价值的投资者的影响力大幅上升,例如社保基金、保险机构、海外投资者等。

做长期投资,就要探寻股票的本质是什么。最早发行股票的企业是诞生于1602年的荷兰东印度公司。当时的荷兰人只要花50荷兰盾,就可以买到一股荷兰东印度公司的股票,成为小股东,而公司承诺对股东分红。1612年,东印度公司第一次分红,金额高达57%,第二年仍旧高达42%,而且之后还能永久享受分红。在近200年时间里,东印度公司为它的全体股东持续派发高达18%的年度红利。也就是说,最早的投资者买股票的目的是希望企业能够不断地创造价值并且能够分享企业的价值。这一原理一目了然,但投资者往往很容易迷失在市场的短期波动中而忘记这一初衷。

那么什么样的企业能够持续创造价值并且让所有投资者分享其成果呢?先看企业的外部环境。中国经济过往持续的高速成长以及广大的国内市场无疑为企业发展提供了良好的土壤。按雷军的说法:“当台风来的时候连猪都会飞。”但是良好的外部环境是一把双刃剑,绝大多数企业只是追随着时代的洪流向前而忽视内功的修炼。在外部环境发生改变的今天,我们很遗憾地看到,在A股上市的企业中称得上优秀的并不多。

所以在未来的投资中,我们更应该关注的是企业的内在素质。企业的内在素质中,有两个因素至关重要。一是商业模式,对于企业而言,它所选择的商业模式是决定它能否持续创造价值的决定性因素。以家电行业为例。空调企业在发展初期选择的路径是自我研发关键零部件、自建渠道,时至今日行业中的两家龙头企业市值高达2 000亿元以上。彩电企业选择的路径是依赖外部企业提供面板、依靠卖场实现销售,尽管这些企业也非常努力,今天其中最大企业的市值也不过100多亿元。因此,对于投资者而言,怎么强调商业模式的重要性都不过分。二是公司治理。如果说商业模式不好有时候是天注定,那么公司治理不好则完全是人祸。同样令人遗憾的是,好的公司治理在A股公司中也并不多见。最常见的公司治理缺陷是缺乏对大股东、管理层的有效制衡,企业在发展到较大规模之后很难避免战略性错误。典型的例子就是过去两年的环保监管导致许多上市公司遭受重大损失,甚至面临退市风险。尽管有各种各样的客观原因,内部监管和制约的缺失是这些企业犯下这种致命错误的重要原因。另一常见的公司治理缺陷是大股东不愿意与其他投资者公平地分享企业的价值。所以在主流投资文化已经远不同于往日的今天,有些公司从各个角度看都处于低估的状态,但仍然无人问津。

进化是人类社会得以发展的基本动力。对于投资者而言,在宏观环境、市场结构已经显著变化的今天,投资方法论的进化也是我们有望得以幸存的基础。

王　栩

汇添富基金总经理助理、权益投资总监

（本文于2018年9月刊发）

约翰·聂夫和他的成功之道

巴菲特、索罗斯、彼得·林奇可能是广大中国投资者最熟悉、最崇拜的投资大师，巴菲特如何选股、索罗斯如何组织狙击战的故事也为投资者所津津乐道。作为证券行业的从业人员，笔者最推崇的投资大师则是约翰·聂夫，这不仅是因为他的业绩同样极其出色，而且是因为他的投资方法更具实践性和可操作性。

约翰·聂夫的前半生平淡无奇，他出生于美国密歇根州一个小乡村。幼时父母离异，在外公、外婆抚养下读完中学。之后，加入美国海军服兵役，退役后进入一所不知名的美国大学读了两年投资学。毕业后加入克利夫兰国家城市银行担任行业分析师，8 年后加入温莎基金，从此开始他的职业投资生涯。

没有出身显赫家族的背景，也没有师出名门的优势，但约翰·聂夫在投资上的成就相比任何投资大师都毫不逊色。作为国际上最大型的公募基金掌门人(1985 年温莎基金对新投资者停止申购时是当时美国规模最大的共同基金)，执掌温莎基金 31 年间，约翰·聂夫的累计投资收益高达 5 546%，同期标准普尔 500 指数收益为 2 230%，平均每年温莎基金跑赢标准普尔指数 3 个百分点以上！

约翰·聂夫是如何做到这一切的呢？在其回忆录《约翰·聂夫的成功投资》中，他详细介绍了自己的投资经历和投资哲学。其中有几点特别令我印象深刻：首先，约翰·聂夫是一个典型的价值投资者，在网络股泡沫泛滥时他说了一句令全美国人民侧目的名言："该看的是有无价值，笨蛋！"其次，他喜欢做逆向投资，对于主流股票，他的原则是“遭冷落时，我们买它们；受到恩宠时，我们卖它们”。最重要的是，约翰·聂夫坚持低市盈率投资策略，他认为低市盈率股票往往具有更好的风险—回报比率，有机会获得更大的上涨空间并承担更小的风险损失。在总结自己的成功经验时，约翰·聂夫有一句话深深打动笔者，令笔者难以忘怀：“30 多年中，为了温莎，我反复徘徊于股市的廉价地下商场，那里低市盈率股票俯拾皆是。任凭市场变化万千，我们虔诚地奉行既定的投资策略。”约翰·聂夫对自己所执掌基金的呕心沥血，对投资纪律与策略的坚持，都在这短短一句话中得到深刻体现。

回到目前我们所处的市场，作为全球经济增长最强劲的国家，最近这些年中国诞生了非常多的高成长企业。贵州茅台、苏宁电器、华兰生物、云南白药……这些股票在过去 5 年中凭借优异的成长性，给投资者带来了极其可观的投资回报。然而我们也相信，即使是在中国这样的市场，低市盈率法投资策略仍有很大的生存空间。以下是笔者个人的一些理解与体会：

首先，低市盈率法的最大好处是，符合要求的投资标的往往具备较高的收益—风险比，即在冒较小风险的前提下有可能获得较高的投资收益。这主要是由于低市盈率股票的股价中已经包含了投资者对其前景的悲观态度，即使未来业绩低于预期，其股价大幅下跌的空间也不大，而一旦业绩超预期增长，投资者就可享受业绩增长和估值提升的双重效用。这方面，2009 年初国内的家电股就是典型案例。在当年年初海信电器推出股权激励时，其估值低于 1 倍市净率、10 倍动态市盈率。如此低的估值反映的是投资者对于家电这个传统行业增长缓慢的预期，然而在国家家电下乡政策刺激和平板电视销量高速增长的推动下，海信电器迅速成为投资者眼中的经典成长股，最终创造了股价一年涨 3 倍的奇迹。

其次，低市盈率法投资可以较好地避免“高知名度白马股”陷阱。选择持续高成长股票并坚定持有它们，是许多成功投资者的成功之道。然而，对大多数普通投资者而言，高位买入市场公认的高成长股票（约翰·聂夫称之为高知名度白马股）却可能是大幅亏损的开始。原因很简单，高知名度白马股通常伴随着很高的市盈率，其股价已经包含了投资者对公司业绩的乐观预期，一旦业绩低于预期，在业绩和估值双杀的情况下，股价有可能出现一泻千里的走势。在中国 A 股市场上，这样的股票不计其数，从早年的四川长虹、深发展到近些年的上海机场、万科 A，都给投资者带来了巨大的痛苦。

再次，低市盈率投资需要结合基本面的变化。简单选择低市盈率股票进行投资并不意味着就能获得超额收益，重要的是这些低市盈率股票已经发生或即将发生基本面层面的大变化。这些变化包括行业政策的变化、管理层方面的重大变化、治理结构上的变化（如引进市值考核、推出股权激励等），或者公司在新产品、新工艺上的重大突破等。

最后，综合成长性和市盈率两方面考虑，最值得投资者关注的是低知名度成长股，或者说是低市盈率成长股。如果能以 10 倍市盈率买入未来复合增长 20%以上的股票，或者以 20 倍市盈率买入未来复合增长 40%以上的股票，无疑是我们在投资中遇到的非常幸福的事。

陈晓翔

汇添富基金跨境投资总监

（本文于 2010 年 7 月刊发）

惯性思维与逆向思考

有一次，与一拟上市公司的管理层交流，公司领导给我们展望了公司的美好前景：未来 3 年收入有望每年翻番，此后还有能力保持数年 50%复合增长。我们对这样的高增速感到吃惊并提出了一些疑问，公司领导则反问我们："我们过去几年每年业绩翻番，为什么你们认为我们上市后反而保持不了这种势头？"我们无法反驳公司领导，因为我们对公司的理解与认识仅限于粗粗阅读过招股说明书，这当然无法和一手创办公司并将之做大的管理层相提并论。但我们并不认为自己的问题很肤浅：如果公司持续每年翻番增长，用不了几年就会成为行业龙头并进而占据越来越高的市场份额，最终竞争对手都将不复存在。但公司所处的行业并非每年增长 20%以上的新兴行业，而与竞争对手相比，公司在盈利模式、技术、人才等方面也没显示出特别优势，那么公司凭什么可以持续保持高速增长并超越所有竞争对手呢？

上述案例有些特殊，由于对未来增速的预测高得惊人，因此很容易招致大家的质疑。如果我们把增速放缓到正常水平，可以发现类似的现象在我们的研究实践中非常普遍，即大家往往会基于过去一段时间的趋势来推测其未来一段时间的表现。例如，当我们面对一些过去三年保持 30%增长的公司时，不管它处于什么行业，有什么样的管理层，有多强的核心竞争力，分析师对它未来两三年的盈利增速预测往往会落在相近的区间（如 20%～40%）。但考察历史数据我们就知道，曾经保持三年 30%增长而在后来几年业绩增速大幅下滑甚至出现亏损的并不罕见。

提出这些现象并不代表我们要否定惯性思维的行为。从概率上看，惯性思维趋势外推的准确性很可能是各种预测方法中最高的，因为过去若干年形成的趋势往往包含着某种规律，而只要这种规律在未来继续发挥作用，循着趋势推测发生重大误差的风险就很小。正因为如此，金融工程部门往往将长期统计数据进行曲线拟合和参数估计，建立时间序列模型并将之运用到对未来的预测分析上。“不要与趋势作对”是很多投资大师对我们的忠告，发现规律并尊重规律也是投资界中一个最基本的道理。简言之，“顺势而为”是我们在大多数情况下应该遵循的一个原则。

当然，要成为一名优秀分析师或投资经理，仅凭惯性思维和顺势投资远远不够。巴菲特的名言“在别人贪婪时恐惧，在别人恐惧时贪婪”正是告诫我们需要与众不同的思考方式。美国次贷危机的发生起源于房地产市场连续多年保持上涨，以至于大家都对未来房价还会保持同样的上涨趋势深信不疑（这一幕目前在国内正在上演）。最终，所有遵循惯性思维的投资者都在金融危机中损失惨重，包括曾连续 15 年战胜比较基准的投资大师比尔·米勒，而敢于对地产泡沫说“NO”的少数对冲基金则在百年一遇的危机中赚得盘满钵满。对于专业投资者而言，跟着市场情绪追涨杀跌，追着市场热点买卖股票，注定无法获得持续优异的投资业绩。只有学习巴菲特那种敢于坚持、善于逆向思考的精神，才有可能在长期投资中获得持续的超额收益。

当然，要把握好顺势而为与逆向思考的关系绝非易事。在什么样的情况下应该顺势而为，什么样的情况下应该逆向思考？投资大师们并未给出确定的答案，这也正是投资被称为一门艺术的原因。笔者的一些粗浅体会是，在过去的趋势未曾打破前应当多研究与尊重规律并可谨慎保持顺势而为的策略，而如果新的数据不断偏离过去的趋势同时伴随着投资者情绪走向极端（如经济增长不断加速并偏离长期潜在增长水平，同时经济学家对经济前景极度乐观；又如行业利润率不断超越社会平均利润率而行业分析师不断上调行业增速与相关上市公司盈利预测；再如市场估值水平大幅偏离长期平均估值而投资者陷入极度恐慌或乐观状态)时,则需要反复提醒自己考虑逆向思考的必要性了。

陈晓翔

汇添富基金跨境投资总监

(本文于2011年7月刊发)

保持良好心态才能在长跑中胜出

要获得长期优秀的投资业绩，除了需要掌握正确的投资理念和投资方法以及保持积极勤奋的工作态度外，还有一个不容忽视的关键因素，就是始终保持良好的投资心态。这是因为在足够长的投资期限内，投资者会遭遇各种不同的政治环境、经济周期、财政货币政策、投资主题、风险偏好等，也要面对各种意想不到的风险因素，因此任何人都不可能在足够长的投资期限内一帆风顺。即便如巴菲特那样伟大的投资者，在其投资生涯中也曾有 9 个年度跑输市场。因此，要想在这个长跑比赛中笑到最后，坚持“胜不骄、败不馁”的精神，在顺境中居安思危、在逆境中保持积极乐观的心态是非常重要的。

然而，在投资中保持良好心态是一件知易行难的事，在各种压力和诱惑面前，要想始终保持平和的心态绝不容易。根据我们在实践过程中总结的一些经验教训，以及参考国际投资大师们的教导，我们有如下心得与投资者分享：

第一，坚持正确的长期投资理念，不要对短期的投资业绩过于看重。短期市场运行受到各种因素的干扰，股价走势反过来又会强化投资者的某种判断（这种判断有可能是非理性的，如美国网络股泡沫期间投资者对相关概念股的追捧），过于注重短期会使投资者难以坚持自我，容易迷失在过度乐观或悲观的市场气氛中，而忽视了真正决定股票价值的长期基本面因素，心态也往往随着股价和净值的涨跌不断起伏。在心态起伏、情绪波动的状态下做出的投资决策往往比较仓促，站在较长时间的角度看，这种决策往往效果不佳，犯错的概率比较大。因此，在投资过程中始终坚持长期投资制胜的理念，就比较容易控制好心态，减少犯错的概率。

第二，拓宽视野，不断提高自己的学习能力和判断力，通过组合投资而非赌博式的押注来获取长期超额回报。过于激进的押注式投资，短期内有可能业绩飙升成为市场瞩目的明星，但是如果没有很强的学习能力和判断力，这种押注式的投资失败的概率也很大，而一旦失败往往会对投资心态构成很大的冲击。相对而言，通过不断提高和丰富个人的知识面，降低对某一类行业或股票的依赖性，积小胜为大胜，通过组合投资来获取长期超额收益，更容易降低业绩大幅波动的风险，并保持较好的投资心态。

第三，时刻做好防范重大风险的思想准备。盲目自信是投资的大敌，会导致决策时丧失客观性并忽视潜在的风险因素。但投资者往往容易对自己的投资能力过度自信，总是认为自己的判断是对的，自己能够取得比其他人更好的投资业绩，这一点在国内证券市场更加明显。历史上有过很多成功或失败的经典案例，尤其是一些产生极大影响的风险案例，比如长期资本公司的陨落、巴林银行的倒闭、雷曼破产案等，告诉我们在投资过程中，"黑天鹅案件"时刻可能发生，即使是长期资本公司那样显赫的团队（拥有一群数学天才和两位诺贝尔奖得主），也会因为过度自信和遇到理论上几乎不可能发生的"黑天鹅事件"而最终导致破产。因此投资者需要对市场始终心怀敬畏之情，把控制风险放在非常重要的位置，即使在把握很大的情况下也不要把杠杆加得过大而导致风险超出可控范围。当我们时刻关注自己所面临的潜在风险，并通过自己的努力获得风险调整后的合理回报时，就不会因为看到别人通过冒险获得短期更高的收益而心态失衡了。

第四，保持足够的耐心，不要草率决策。拥有足够的耐心，才能在嘈杂的市场中做到冷静客观而避免浮躁。我们发现，对于某些自己研究和理解不够深入，或者股价并未达到自己期望的水平，仅仅是出于配置需要而做出的决策，最终失误的概率比平常要大得多。因此，在投资过程中一定要保持充分的耐心，等待好公司出现好价格的买入机会，比仓促出手买错股票效果好得多，卖出股票时也是一样。

第五，保持勤奋的工作态度，保持学习的激情。这样可以避免思维僵化，失去客观性，并不断提高自己。查理·芒格说过："你吸取的来源越广泛，而不仅仅从你自己的糟糕经验中吸取教训，你就能变得越好。我还没发现有谁能够很快做到这一点。作为投资者，沃伦·巴菲特比我第一次遇到他时好得太多了，我也是这样的。如果我们在某个阶段停滞不前，满足于已经拥有的知识，我们的业绩会比现在差得多。所以诀窍就在于不断学习，而且我不认为那些不享受学习过程的人能够不断地学习。"可见，即使是巴菲特和芒格这样伟大的投资者，也是在不断学习中进步的，而只有不断地学习和提高自己，才能在复杂和纷扰的投资环境中看清方向，坚持自我，最终走向成功。

陈晓翔

汇添富基金跨境投资总监

（本文于 2013 年 5 月刊发）

前瞻性与执行力

1992年,索罗斯因狙击英镑成功而成为投资界的传奇人物。实际上,狙击英镑的最初创意并非出自索罗斯,而是源自另一位投资天才德鲁肯米勒。德鲁肯米勒善于把自上而下的宏观经济分析和自下而上的股票投资很好地结合在一起,他的一位同事这样评价道:"德鲁肯米勒比经济学家更了解股票,比选股的人更懂得经济。"他很快在华尔街崭露头角,当索罗斯第一次与他见面后就开始尝试聘请他,第二年他决定接受索罗斯的邀请加盟并管理索罗斯旗下的量子基金。为了让德鲁肯米勒充分发挥自己的才能,索罗斯还不惜把自己的家从纽约迁到了伦敦。

索罗斯的知人善用很快得到了回报,德鲁肯米勒管理的量子基金在1989～1993年间的5年收益率分别是31.5%、29.6%、53.4%、68.8%和63.2%,5年累计收益率高达620%!而德鲁肯米勒的巅峰之战正是他和索罗斯联手狙击英镑一役。在研究中,德鲁肯米勒发现了欧洲货币体系存在的问题:当年早些时候签订的《马斯特里赫特条约》使英镑、里拉处于明显高估的局面。而东德、西德的统一迫使德国政府加大对东德的投资和补贴,从而增加了财政赤字,通货膨胀也快速上升。由于德国中央银行一直都坚定地把抑制通货膨胀放在第一位,因此德国马克面临加息压力。然而与德国国内需求旺盛不同,当时英国、意大利等国经济疲弱、失业率居高不下,为了刺激需求,各国央行需要降息。不同的利率水平和经济前景下民众倾向于把英镑等弱势货币兑换成德国马克,这进一步加大了英镑相对德国马克的贬值压力。德鲁肯米勒看清了英国、意大利两国自身外汇储备很少，在维持利率和稳定币值上难以两全的局面，在向索罗斯汇报后，决定对意大利和英国的汇率发起攻击。

以量子基金为代表的对冲基金从此开创了一个新的时代。在此之前，没有哪个私人资本敢公然挑战英国央行这样的巨型中央银行。而他们的挑战很快得到了回报，在对意大利里拉发起攻击后的一周内，意大利里拉被迫贬值 7%，对冲基金们大赚一笔。此时英国央行还没有意识到英镑面临迫在眉睫的危机，他们通过借入欧洲货币单位、购买英镑等各种措施努力维护英镑的币值稳定，然而在意大利里拉大幅贬值后，全世界的对冲基金经理们都认同了索罗斯和德鲁肯米勒看空英镑的逻辑，并纷纷加入沽空英镑的大军。此后几天，英国央行总共花了 270 亿美元的外汇储备努力捍卫英镑，但最终所有努力都宣告失败，英国被迫宣布退出欧洲汇率机制，英镑对德国马克大幅贬值 14%。在这一役中，英国央行损失了将近 40 亿美元，而索罗斯和德鲁肯米勒则获取了 10 亿美元的巨额利润。

回顾这段传奇故事，我们能从中学到什么？对笔者个人而言，最值得学习的是德鲁肯米勒的前瞻性和索罗斯的执行力。

德鲁肯米勒之所以能够先于市场发现做空里拉和英镑的机会，同时敢以一己之力去挑战巨无霸的中央银行，主要在于他具有的对宏观经济和货币政策深厚的研究功底，通过强大的逻辑推理能力，准确预判到意大利与英国央行在被对冲基金狙击后将要采取的对策及最终将会发生的结果。正如若干年后他和索罗斯在回忆时说的，当英国财政大臣莱蒙宣布借入 150 亿美元来捍卫英镑时，他们不但没有感到紧张反而很高兴，因为 150 亿美元正好是他们希望做空的规模，英国央行的做法反而给对冲基金提供了做空的流动性。具有如此前瞻的分析判断能力，量子基金最终大获全胜也就在情理之中。而作为这次战役的大输家，英国央行始终是走一步看一步，一直被对冲基金牵着鼻子走，最终将纳税人辛勤工作缴纳的近 40 亿美元税款拱手交给对冲基金们，它的失败恰恰从另一个角度说明了前瞻性分析的重要性。

而索罗斯强调的执行力是成功的另一个重要因素。在大规模做空英镑前发生的一个细节令笔者印象十分深刻，德鲁肯米勒走进索罗斯的办公室，告诉他已经做空了15亿美元的英镑头寸，现在新的导火索已经出现，自己准备逐步加仓。索罗斯听完后看起来很困惑，他提出反对意见，说道："这没有道理。"这下轮到德鲁肯米勒困惑了。随后索罗斯解释说，既然分析下来几乎找不到对我们不利的地方，为什么选择逐步建仓？索罗斯向德鲁肯米勒建议：全力以赴！迅速把头寸加到150亿美元！从这段对话中，我们可以发现索罗斯作为一位伟大的对冲基金经理所具备的特质：极强的执行力，在正确的时机敢于全力出击！德鲁肯米勒即使没有索罗斯的指导，同样可以在狙击英镑中获得丰厚的利润，然而如果没有索罗斯提出的"全力以赴"的要求，量子基金狙击英镑之战也不可能在历史上留下如此厚重精彩的一笔。

前瞻性的分析判断能力和强大的执行力是我们在上述故事中得到的启发，实际上这也是一名研究员或基金经理从合格走向优秀的必要条件。我们以此与投资者共勉，希望大家在实践中不断总结和提高，并祝愿大家在新的一年获得更好的投资回报。

陈晓翔

汇添富基金跨境投资总监

（本文于2013年12月刊发）

金融创新还是金融名词创新

最近几年资本市场出现了一个奇特的跨界现象:宏观分析师总喜欢对股票市场的投资策略发表看法,作为其宏观分析的副产品;基金经理则喜欢高谈阔论 CPI 等宏观经济现象,作为其投资策略的前传。有时候笔者不禁感慨:这究竟是一种互相融合的取长补短趋势,还是发生在资本市场领域的社会分工的倒退?

的确,不能指责我们的基金经理们,因为过去短短的一段时间内,宏观经济领域的创新让人眼花缭乱,没有专业的宏观训练,很难鉴别其真伪。先有池子,后有社会融资总量。2011 年伊始,政府干脆把 CPI 的权重调整了一下,可能的意图是打乱市场的通货膨胀预期。连中国人民银行披露的贷款口径也变了,委托贷款被剔除出去。那么,这些究竟是金融创新还是金融名词创新呢?

池子的含义曾经被市场广泛猜测,其起因是政府官员说用池子来吸纳外来资金,于是有投资者认为池子是股票市场。后来相关官员出面澄清,说池子就是准备金率。每次上调 0.5%,相当于冻结 3 500 亿元资金。于是池子案盖棺定论,就是准备金率的口语化表述,大家想多了。这是典型的金融名词创新。

那么社会融资总量是什么?官方的说法是:社会融资总量=人民币各项贷款+外币各项贷款+委托贷款+信托贷款+银行承兑汇票+企业债券+非金融企业股票+保险公司赔偿+保险公司投资性房地产+其他。官方的解释说明是:作为一个中间目标,与新增人民币贷款相比,社会融资总量与 GDP、社会消费品零售总额、城镇固定资产投资、工业增加值、CPI 等主要经济指标的相互关系更紧密,相关性显著优于新增人民币贷款。社会融资总量是全面反映金融与经济关系，以及金融对实体经济资金支持的总量指标。我国金融总量快速扩张，金融结构多元发展，金融产品和融资工具不断创新，证券、保险类机构对实体经济资金支持加大，商业银行表外业务对贷款表现出明显的替代效应。新增人民币贷款已不能完整反映金融与经济的关系，也不能全面反映实体经济的融资总量。

从资本市场的角度理解，显然还需要其他解读。首先，从2009年开始，中国宏观经济又经历了一次大规模的杠杆化过程，银行信贷大规模扩张，以配合经济刺激计划，新增人民币信贷规模从4万亿元一下子跳跃到8万亿元以上的级别，整个经济的资产负债率提高了不少。在这种背景下，弱化银行信贷而去提倡社会融资总量概念其实只有指导意义，并没有实质性作用。其意图无非是说融资结构变化的设想，能否实现还需要具体的可操作性手段。委托贷款和信托贷款本身还是传统贷款衍生物。只有一点是肯定的，那就是股票融资要大大增加，以降低杠杆比例。其次，自从我国实施分业监管以来，央行更多地从宏观角度把关。现在看来央行有新的设想，其含义留给大家猜测吧！社会融资总量是一个带有金融创新含义的名词创新。

CPI权重调整的意图非常明显，就是打乱市场对通货膨胀的预期。这在宏观经济政策管理中，中外皆有，也非中国独创。货币政策是否有效果本来就是政府与市场的一场博弈，凡是被预期到的货币政策自然会被反映到经济中，只有没有被预期到的货币政策才有短期效果，这也是出其不意的含义所在。至于贷款口径的变化，其目的也无非是统计的正常化，并把市场的关注焦点转移一下。按照初步估算，2011年1月末，央行公布本外币贷款增加1.11万亿元，其中，人民币贷款增加1.04万亿元，外币贷款增加130亿美元。但1月末，央行又公布本外币贷款余额51.40万亿元。从2010年的金融机构本外币信贷收支表来看，2010年12月末的本外币贷款余额为50.9万亿元，计算差额的话，本外币贷款新增应为51.4－50.9＝5 000亿元，与1.11万亿元相比少了差不多6 000亿元。差额就在于委托贷款，2010年12月末，委托贷款总额为6 354亿元。要不是正统的资金渠道被管制，信贷被配给，委托贷款也不会出现。是否把委托贷款纳入口径，关键看分析的目的和意图，无所谓好坏之分。退一步讲，都准备大力提倡社会融资总量的概念了，把常规的人民币信贷与投资渠道受限而衍生出来的委托贷款分开，也是可以接受的。

总之，我国对货币政策的理解和应用的确在不断与时俱进；既然在投资策略中无法回避宏观经济，那么我们作为资本市场的微观参与者，也还是要不断与时俱进。上述闲谈纯属一家之言，仅供参考！

韩贤旺

汇添富基金首席经济学家兼国际业务部总监

（本文于2011年3月刊发）

从贪婪到恐惧:穿越周期的投资心理

无数的投资家都会以切身经历告诫后来者要正确处理投资过程中的贪婪和恐惧的关系:在别人贪婪的时候要恐惧一点,在别人恐惧的时候要贪婪一些。但投资是“边干边学”(Learning by Doing)特征尤其明显的工作,再多的忠告在大部分时候对大部分投资者其实都不起作用。利维摩尔在《股票作手回忆录》中有句名言:“华尔街没有新鲜事,投机像群山一样古老。”

在笔者看来,投资成功要具备三大要素:独到的投资观点、良好的训练和优秀的投资心理。一般而言,三者构成有机的整体是长期取得稳定的超额收益的保证。在不同场合,前两者的重要性被不断强调和重复,但是投资心理却很容易被忽略。出乎大部分投资者直觉的是,良好的心理素质往往是决定投资组合胜负的关键因素。

现代资产管理业的理论基础建立在资产定价模型之上,对于组合管理的理解也分解为资产配置、行业配置和个股选择三个技术层面。这一方法规范了行业的标准,但是随着管理规模扩大,平均收益率也逐渐中庸化。投资界比较多地从主动投资的成本和超额收益匹配角度反思;但是深度剖析这一方法的原理,我们不难发现投资心理的影子,即关于对整体市场和特定资产之间关系的假设,所谓阿尔法或者贝塔之类的参数更多地反映了投资者的心理预期。对于风险,投资者有不同类型,其中厌恶风险者居多。不同类型的投资者体现出不同的投资心理。

回顾A股市场在过去几年中的表现,2013年就是结构性分化最为明显的一年，也充分呈现了投资心理上贪婪和恐惧迅速切换的一面。2013 年以中小盘为代表的成长和伪成长类资产表现突出，取得了明显的超额收益；相反，以大盘股为代表的各种传统产业资产的表现不尽如人意。在市场上涨阶段，对代表新经济的成长类资产的贪婪与对代表传统经济的价值类资产的恐惧达到了极端的状态，创业板指数频繁出现日涨幅超过 3%的情况。在市场调整阶段，前期涨幅过大的资产在很短的时间内出现了大幅度调整。

多年观察身边投资者的习惯，笔者认为最好的穿越股市周期的投资心理有三个思路：

首先，稳定的、具有可操作性的投资理念，以及良好的投资纪律。市场涨跌无常，投资者从贪婪到恐惧再回到贪婪的轮回是所有股市波动的必然产物，也是人性使然。第一个思路是从组合管理角度控制投资心理随着股市短期趋势无意识波动，用稳定的可操作的投资理念来指引组合管理，并且用良好的投资纪律加以约束。学术界和投资从业者的统计表明：平均计算下来，全年约 250 个交易日中，对组合起关键作用的重大交易日不会超过 20 个。因此，在大部分情况下，我们并不鼓励频繁对资产配置和行业配置做出判断和调整，因为这会间接导致频繁交易，错过上述重大交易日的概率自然也会大幅度上升。即使具备过硬的心理素质，正常的投资者也很难凭独到的投资观点和良好的训练不错失这些重大交易日；一旦涉及投资心理的干扰，那么几乎可以肯定，要做到不自乱阵脚并抓住这些重大交易日的可能性微乎其微。

其次，对于大部分资产而言，遵循回归平均规律和判断资产景气周期变化相结合的原则是有效克服投资心理干扰的策略。在缺乏额外信息的状态下，大部分投资者的思考模式是遵循概率判断：短期呈现出线性外推特征，无论是分析股价图形还是预测上市公司的盈利变化前景，这是概率判断的反映，体现在股市中就是趋势投资；中长期呈现出逆向回归的特征，反映在股市中就是卖掉盈利最多的股票、补入亏损最大的股票。这种投资心理在贪婪或者恐惧的市场中很难控制得住，较好的策略还是结合这些资产的景气周期来把握线性外推和逆向回归的转折点。大部分资产多多少少具备周期特征，景气周期也相对明显，行业空间存在“天花板”，这些上市公司并不具备持续做大做强的潜力。

最后，对于真正意义上的成长类资产，我们需要预防的投资心理干扰则是另一个方向，即在上市公司成长初期因为涨幅原因过早卖掉股票或者不敢买入股票。成长类资产是稀缺资源，在任何股市中都属于少数。这些上市公司的股价还会随着股市的波动起伏，甚至幅度不小。这些都是考验投资心理的时候。在笔者看来，对待真正的成长类资产，首先要用独到的投资观点和良好的训练判断其商业模式的可持续性，分析所处行业格局和其竞争优势，锁定目标；其次要具备良好的心理素质，对上市公司穿越行业周期的能力充满信心，在此基础上穿越从贪婪到恐惧的股市周期！

韩贤旺

汇添富基金首席经济学家兼国际业务部总监

（本文于2013年11月刊发）

股票与狗:股票投资那些事儿

资本市场对于股票价格与股票内在价值的一个经典比喻是遛狗,大致意思就是股价如同被遛的狗,主人如同股票的内在价值,狗有时候跑到主人前面,有时候跑到主人后面,但是始终以主人为中心。这个朴素的道理非常清晰地点明了股票研究和组合管理的几个基本道理:一是股票价值分析的古典主义情结;二是股价均值回归规律的普遍存在。

先来说说古典主义情结的事。古典主义经济学对市场价格的核心基础是认为任何商品都有其内在价值,这不是由市场供需等因素决定的,特别是影响需求的市场情绪。这种纯粹的唯物主义价值观倾向有其深刻的哲学渊源,此处不议。随着经济学掀起边际革命,市场供求分析框架取代了这种价值—价格二元分析结构,但是即使到当代,宏观经济学中潜在经济增长率等观点依然继承了这种思想,并被宏观决策部门大量使用。股票分析作为金融学的一个分支,其主体的理论基础看起来依然相当朴素。马科维茨等人用概率理论改造组合管理分析的尝试在实务界依然受到抵制和批判,核心还是哲学思想的分歧。相比经济学本身的发展,股票分析还处于比较原始的阶段,更不要跟自然科学比较了。我的看法是:从方向上价值—价格框架符合大部分人的生活常识,可以用于股票分析,但是过于简单,忽略了很多结构性因素,过于强调结果而对过程缺乏细化的分析。

股价均值回归规律其实是对第一点的经验主义深化。1985 年,著名行为金融学家理查德·塞勒等人提出了均值回归规律:以3~5年为一个周期,原来表现不佳的股票开始摆脱困境,而原来表现好的赢家则开始走下坡路。均值回归是指股票价格无论高于还是低于价值中枢(或均值)都会以很高的概率向价值中枢回归的趋势。股票价格不能总是上涨或下跌,一种趋势不管其持续的时间多长都不能永远持续下去。在一个趋势内,股票价格呈持续上升或下降,我们称之为均值回避(Mean Aversion)。当出现相反趋势时就呈均值回归(Mean Reversion)。均值回归不能预测回归的时间间隔:不同股票市场的回归周期不一样,甚至同一个股票市场每次回归的周期也不一样。除非有更好的预测回归周期的分析工具,否则仅仅证明某一股票市场是否存在均值回归并没有很好的价值。

深入思考遛狗的比喻,我们发现有几个有趣的结构性因素可以讨论,而它们与组合管理息息相关:

1. 政府对城市居民养狗有具体规定:市区里不允许养烈性犬,养狗实施养狗证制度,并且对犬主遛狗行为规范也有具体要求。养狗管理代表城市文明程度,规范要求自然相当重要。所以,遛什么样的狗取决于你是什么类型的居民;类比的意思就是,对于公募基金等正规的机构投资者而言,投资什么样的股票有具体的规定,不是任何股票都可以投资。因此,组合管理的第一件事就是有股票池以及股票研究组织。当然,即使对于没住在“市区”的其他投资者来说,为了投资的风险收益比相匹配,最好也有清晰的投资理念和思路,不要什么样的“狗”都遛。

2. 遛狗需要牵绳,不然很容易跑丢,特别是在公众场合和马路边等开阔地。我们把牵引绳的长度比作估值,意思就是股票投资要讲估值,只是讲故事最终只会形成泡沫并最终破灭。没有估值等长期经验规律约束,不可控因素很容易造成股价剧烈波动乃至暴跌,就像遛狗的主人可以自信到不牵绳也可以唤回,但是意外总会发生一样。

3. 股票估值因资产特征和景气周期阶段不同而变化,不同行业的股票享受的估值就有差异,同一行业内部的股票也会因为行业竞争格局变化导致估值不同,甚至同一只股票在行业景气周期不同阶段的估值也不一样。类比遛狗的故事也是一样，狗与主人的距离与狗的品种相关，宠物犬和工作犬差别就很大。有些狗性格温和，围绕主人周围不远；有些狗喜欢大运动量，需要大范围跑动。即使同一个品种的狗甚至同一条狗，在不同遛狗环境下牵引绳的长度也要有所变化。

如同优秀的赛犬指导手一样，优秀的投资者首先应懂得如何选择优秀的上市公司，其次是理解自己选择的股票的个性，并总结出符合这些股票的"遛狗"规律，最终做到轻松驾驭这些股票，获取满意的投资收益！

韩贤旺

汇添富基金首席经济学家兼国际业务部总监

（本文于 2014 年 6 月刊发）

2018 年经济周期的传统和新变化

2018 年资本市场有一场关于经济新周期的争论。其实过去很多年，中国的投资者一直从经济学中借用各种名词作为热门话题，这次也是一个缩影。人口红利、刘易斯拐点、中等收入陷阱和影子银行都曾是某个阶段的热门经济学词汇，而资本市场用得最多的则是以康氏周期波为核心的各种周期分析。这些浓缩经济热点的关键词有特定的隐含假设，理解不同引发无谓的争议。在笔者看来，经济周期本身就是一个渐变的过程，有其传统，也不断有新的变化；从这个时点展望 2018 年全球和中国的宏观经济周期的变与不变，对我们的行业配置很有意义。

1. 全球经济长期增长率和通货膨胀预期下移，打破僵局的极有可能是中国新兴产业业态和科技创新大爆发两大增长极。在传统的经济周期框架下，我们需要思考的是全球通货膨胀和实体经济增长率的新含义。自从 2008 年金融危机之后，发达经济体的金融体系受到很大冲击，而发展中国家承担的压力更多来自发达国家总需求萎缩带来的外需减少。九年时间过去后，发达国家的金融去杠杆已经做得比较彻底，对实体经济的支持则更多地来自央行的短期流动性。由于这次金融危机是之前 20 年透支经济增长的恶果，短期流动性在微弱的经济数据前被动长期化。在供求两端均受到冲击的情况下，量化宽松支撑住了金融体系流动性枯竭及其带来的经济崩塌的局面，但是疲软的需求只会驱使资金进入资产，其结果则是全球性的资产不断吸纳资金和资产价格不断走高的情形，但是经济复苏过程很缓慢，通货膨胀率不高。要素全球范围内的重新配置和技术进步是摆脱这一困局的两个可能的变量，而 2018 年这两个方向值得我们期待。

2. 中国经济在 2018 年大概率出现经济结构的较大变化，金融去杠杆是对过去遗留问题的清理，更多地我们会发现消费和制造业升级两个强化的趋势。宏观经济周期性数据的判断是：通货膨胀不会成为问题，上游价格的传导最高峰已经过去，石油输入性通货膨胀空间有限，供给侧改革带来的煤炭和金属价格传导主要发生在这一两年，猪肉价格非核心 CPI，本身也没有失控的问题。金融去杠杆的焦点是以基建为核心的地方融资平台和房地产行业产业链。这两大传统的经济增长点在 2018 年面临新的变化，基建本身依然有很大的规模，但结构往绿色环保等高质量方向变化；房地产在“房子是住的”的指导方针下，原有粗放式的拿地开发模式也面临挑战和转型。我们更应该关注的是 2018 年内需变化中的消费升级和高质量投资结构升级，后者重点关注的是制造业技术创新和产业结构升级。过去十年，中国典型家庭的支出结构中，房地产开支占据核心位置，而且随着房价暴涨不断提高。2018 年房价回归理性不但关系金融安全，也关系消费结构升级。日常住行、教育、医疗和旅游等个人消费领域都有继续深化的趋势。制造业升级一直是中国立足全球贸易竞争的基础，明年依然可以重点关注这一领域，特别是中国政府有意识地重视和扶持新能源、科技进步、先进制造业等。

3. 全球科技创新进入新的阶段，新能源、互联网、生命科学和新材料都是可以重点关注的领域。2018 年互联网进入了软硬件互振的新的一年，从之前的智能终端普及和升级，到最近大热的人工智能、大数据、虚拟现实和车联网，各种创新进入发展高峰期。新能源已经成为共识，传统的天然气和新的光伏风电等能源替代石油、煤炭等化石能源是大势所趋，而 2018 年最值得期待的是新能源汽车产业进入一个全球性共识元年，从中国和欧洲各国宣布新能源汽车纲领和愿景性指引可以看出，2018 年将成为产业交替革新的关键一年。

2018 年的中国资本市场也是值得期待的一年，经历金融泡沫和股灾之后，市场经历了长达两年半的归本溯源过程，市场逐渐恢复到理性的状态，也为明年进入一个崭新的发展阶段奠定了基础。从 2018 年经济增长的新变化观察，经济存量中的消费升级和制造业升级是值得重点关注的领域，而增量方面可以更多地关注互联网和新能源的新变化。

韩贤旺

汇添富基金首席经济学家兼国际业务部总监

（本文于 2017 年 12 月刊发）

投资的真谛是长期与核心竞争力

投资者在投资股票或者基金时常常会追求与风险相匹配的投资收益，根据我们的统计，2005～2009 年五年间，上证指数从 1 266 点上涨到 3 277 点，年复合收益率达到 20.9％，对应的股票基金年平均回报率达到 33.3％，但是很多股民或者基民对应的年均回报率仅在 10％徘徊。为什么投资者损失了一半的潜在收益？短期化的投资行为可能是一个主要的原因，它破坏了投资者积累长期财富的能力。

我们常常见到某些投资者类似的短期行为，比如短线的趋势性投资、追逐热门的基金经理和资产类别、回避市场中不再受欢迎的领域等，他们在恐惧和贪婪这样的情绪驱动下，试图在股市的顶点卖出、谷底买入，俨然是造诣深厚的宏观经济学家和大势的先知先觉者，但结局往往是回报远远落后于市场平均回报。

在股票市场上我们总会遭遇到危机和不确定性：2000～2001 年，网络泡沫破灭；2004 年市场经历了前所未有的严厉的宏观调控；2007 年“5・30”后则是断崖式的下跌行情；2008 年市场持续下跌，指数点位则拦腰折戟；而今，市场再度面临着宏观调控收紧带来的不确定性。这种情况下，投资的真谛在哪里？我们认为在于着眼长期以及所投资标的具备核心竞争力。经历了上述所有这些危机，股市从长期来看一直向上发展的大方向从来没有被影响。长期来看，经济和市场仍会保持继续增长。

如果投资者能够清晰地意识到这个趋势，当面临危机和不确定性时，就能够从容面对，冷静选择，避免被市场情绪左右，这样才能更好地从持有那些具备长期增长潜力的股票中受益。哪些股票具备长期增长潜力，能够坚定地中长期持有？我们认为，牛股有自己的鲜明特征，其中不得不提到的三个特征是：第一要具备非常强的企业家特质。为什么淘宝能够击败易趣，完成占有 80%市场份额的大逆转？同样具有 B2B 商业模式的企业很多，为什么阿里巴巴能够独领风骚？可以说，马云个人魅力与企业家特质决定了公司的成败。第二是有较高的 ROE。比较令人满意的 ROE 水平应大于 20%。作为专业投资者，我们偏好企业能够依靠自身的盈利来完成高速的增长。对那些不断通过高额的融资实现企业扩张的资本杀手，我们则保持某种警惕。第三是所处行业的景气周期持续时间应较长。我们认为，周期性行业中往往很难诞生具备长期成长性的牛股，长期持有某些周期股的收益率可能为零甚至是负数。根据我们统计：2005～2009 年的 4 年间，涨幅超过 15 倍的股票主要来源于医药行业、商业、资源与能源。

这种态势与当时中国的产业政策、行业景气程度休戚相关。按照这个逻辑深入展望下去，笔者认为，未来的大牛股将孕育在以下行业中：

首先是医药行业。非周期、高成长是医药行业的发展特征，随着经济逐步增长、城镇化的加速、中国人口老龄化，医药行业每年的增速在 20%左右。这个朝阳行业必然会成为证券市场最大市值的行业之一，未来成长空间巨大。而目前医药行业也正在发生比较大的变化，主要背景是以新医疗改革为杠杆的模式撬动药品消费产业结构调整以及新型药品创新。新医改给企业带来的持续成长、跨国制药企业的产业转移、独特品种的重大突破、行业并购整合与重组将形成这个行业四大方面的投资机会。

其次是泛消费行业。由于国家产业政策扶持再加上区域振兴与户籍改革，随着城镇化逐步实施，区域差距、城乡差距逐步减少，农村人口流动，国内消费增长特别是中低端的消费出现爆发性增长的可能性比较大。实际上，家电消费以及中低端白酒的快速增长已经在 2009 年初现端倪，2010 年以及随后一段时间，我们更可以期待某些消费品股票长期走牛，重现茅台与苏宁当年的风采。

此外是 3N 行业，“3N”是指新商业模式、新技术和新能源。我们生活的时代技术革命日新月异，新的商业模式不断涌现，创造了很多投资机会。在这种背景下，新型的产业或者新的商业模式会因其独占性和垄断性，在一段时期内享受到高额利润和快速增长，未来诸如腾讯这样从小长大的故事将不断上演。

最后，你能从中看到，股票投资的真谛实际就是选择真正具备核心竞争力的股票，在合适价位买入，进行长期投资。这样，投资回报自然水到渠成。

欧阳沁春

汇添富基金前移动互联网行业投资总监

（本文于 2010 年 2 月刊发）

社会责任投资方兴未艾

随着中国经济逐步迈向可持续发展模式，人与环境的和谐发展日益重要，现在强调社会责任投资可谓正当其时。

社会责任投资是将经济、社会及环境三重因素都纳入考量的投资。对于转型中的中国，社会责任投资在资源配置上的积极意义是不言而喻的。把一部分资金配置到一个人与环境和谐发展的产业方向，机构投资者在这些方面可以起到主导、前瞻性作用。引导企业选择人、社会与自然的和谐发展、鼓励企业家精神和创新精神，那么积极履行社会责任就会成为企业经营的自觉选择，这是机构投资应该承担的历史使命。同时，我国目前处于经济转型时期，经济转型的核心在于解决产业失衡和结构失衡，解决产业失衡的关键在于培育和发展新兴产业，而解决结构失衡则需通过促进消费升级来实现。毫无疑问，产业转型和消费升级成为未来上市公司履行社会责任的最好体现。

在海外市场，社会责任投资已有近百年的发展历史，并且正在成为基金界不可忽视的一支投资力量。有关数据显示，在美国整个 25.1 万亿美元专业管理投资资产中，社会责任投资占到约 1/9。根据社会投资论坛统计数据，在过去的 12 年中，美国社会责任投资资产从 1995 年的 6 390 亿美元增长到 2007 年的 2.71 万亿美元，增幅为 324％；而同期，整个专业管理投资资产却仅从 7 万亿美元增长到 25.1 万亿美元，增幅为 259％。就所占比例而言，这 25.1 万亿美元管理资产中有 11％进行社会责任投资，几乎每 9 美元中就有 1 美元投资社会责任项目。同时，从海外市场经验看，履行社会责任越出色的企业，可持续发展能力也越强，在一定时期内，带给投资者的回报也就越大。数据显示，过去 30 年里社会责任基金资产的增长率是所有其他共同基金的 5 倍，许多社会责任基金的 1 年、3 年、5 年、10 年期业绩超过基金产业的平均业绩。美国最著名的社会责任投资指数——多米尼 400 指数——创造了令人惊艳的财富神话：20 年累计涨幅超过 5 倍，超过同期标准普尔 500 指数涨幅约 70%。

政府已认识到提高发展质量和效益的必要性，发展要走民生导向之路。这个导向实际已向企业提出履行社会责任的紧迫要求，在创造利润的同时需要更加注重技术创新、环保要求、员工福祉、股东的持续稳定回报，以及守法合法的诚信经营、促进当地经济可持续发展等。这种趋势也要求在投资过程中，需要重视除财务指标以外的其他方面，比如公司治理、企业家精神。我们相信，中国在创造经济神话的同时，在社会责任方面也会取得飞速的发展，积极履行社会责任已经成为企业经营的必然选择，而且能够让企业在长期发展中受益，最终也反映在企业经营绩效和股东回报中。

欧阳沁春

汇添富基金前移动互联网行业投资总监

（本文于 2011 年 5 月刊发）

“贪婪是好的”与“取之有道”

据称《华尔街Ⅱ:金钱永不眠》为了避免刺激华尔街金融大亨们和广大股民,在戛纳电影节首映之后,几乎延迟了近4个月的时间才开始全球公映。作为从业人士,前不久笔者还特意去电影院进行观摩。观后直觉,片子不过是好莱坞又一部迎合大众趣味的作品,其中不乏对证券行业的误解,甚至误导的嫌疑,不过有些问题的确也值得深思。

当老牌影帝迈克尔·道格拉斯在《华尔街Ⅰ》(1987年)里面用充满激情和自信的嗓音喊出“贪婪是好的……”时,华尔街人的形象似乎已经定格化。实际上自从2008年金融危机开始,华尔街就又开始反复受到来自各层面的责难,好莱坞不过是在后金融危机时代为迎合普罗大众,又进行了一次温和的道德拷问。

在中国,股市一样长期面临种种误读和误导,早些年的“股市赌场论”更是深入人心,到现在许多圈外的朋友依旧深以为然。这诚然是众多类似《华尔街》这样作品的舆论误导所致。

股市不是赌场,而是资源配置的场所,目标是将社会资金有效配给给需要资金的企业,最终使得需要资金的企业获得低成本的资金,而投资者(资金供应者)得以分享企业的成长,获得回报,从而实现共赢。股市通过价格机制来遴选企业,好的企业能够得到更高的股权价格和低的融资成本。虽然出于某些原因可能导致定价机制阶段性失灵或者产生较大的偏差,但是从长期来看,随着制度环境的完善和投资者的成熟,股市将更加有效,股市在经济中的地位也将越来越重要。

股市与赌场有着本质的区别，这就是股市中存在多赢或者多输，而赌场基本上都是零和博弈。赌局中，有人赢钱，必有人输钱，局中人盈亏加总后是零。而股市投资者经常面临的则是多赢或者多输的局面。决定多赢还是多输的关键，首先是经济周期和政策环境；其次是公司特质。前者容易理解，经济周期和政策环境决定了市场的大方向。市场大牛市阶段，绝大多数公司的股价都在上涨，差异只在于涨幅，股市变戏法一样凭空造出大量的财富，几乎人人都有钱赚；熊市的时候，多数股票下跌，股市又莫名其妙地将财富化为乌有。公司特质指的是有些公司能够穿越周期，无谓市场牛熊，持续不断地为投资者创造多赢的局面；而有些公司则只能阶段性地创造财富，另外的时间里则在毁灭财富。

股市投资的核心目标是赚钱，本质上也是"贪婪"的。并且股市也需要投资者的"贪婪"来提高市场的效率(投资者寻找更多能够赚钱的机会或者挖掘伟大企业的过程，正是资金与需求匹配的过程，贪婪的程度越高，市场就更加有效率)。从某种意义上来说，人性的贪婪正是股市效率的原动力。

贪婪不是坏事，这点圣人也不否认，《论语·里仁篇》里就写道："子曰：富与贵，是人之所欲也。"不过圣人接着还曰："(富贵)不以其道得之，不处也"，这也就是后人常说的"君子爱财，取之有道"。所以贪婪不是坏事，不过，实现贪婪目标的过程应该取之有"道"罢了。如何才能取之有"道"呢？首先还是要理解这个"道"字的两层含义。

"道"的第一层含义指方法或手段，这层含义结果重于过程，没有价值或道德取向。股市中赚钱的方法很多，诸如"听消息、猜政策、看动量、博反弹"的方法，短期来看似乎都有效。不过，对于基金公司这样的机构投资者，作为中国证券市场的重要参与方，对证券市场发挥资源配置的效率起着举足轻重的作用，更应当勇于担当，倡导科学严谨、立足长远的投资理念和投资策略。汇添富基金管理股份有限公司自 2005 年成立以来，就一直坚持"以深入的企业基本面分析为立足点，挑选高质量的证券，把握市场脉络，做中长期投资布局以获得持续稳定增长的较高的长期投资收益"的投资理念，旗下基金业绩亦表现优良，为基金持有人提供了较好的投资回报。

“道”的第二层含义指法规乃至道德，意思是采用合规合法乃至合乎道德规范的方法赚钱，这层含义对过程更为关注。基金管理人由于拥有天然的资源优势，一举一动都涉及巨大的利益，其投资行为一向广受各方关注。而取之有“道”就是要求基金管理人严格遵循国家、行业相关法规，恪守对持有人的信托责任，绝不逾越道德底线，自觉维护行业和职业的声誉。当然，这还需要市场制度环境的进一步完善，需要行业绩效评价规则的改进，更需要业者的自律。

顾耀强

汇添富基金增强收益部总监

（本文于2010年12月刊发）

直面经济增速的放缓

我们生活在一个必须增长的世界中——人们对经济衰退有着天然的恐惧，因为世界历史上有许多先例，经济增长的停滞可能会导致诸如国民收入下滑、失业率上升、社会矛盾激化、地缘政治争端等各种类型的灾难性后果。特别是在中国这样一个已经创下了30多年高速经济增长奇迹的国度里，甚至仅仅是增长速度的放缓，业已引发了国内外观察家的种种关注和担忧，其中不乏有人担忧其潜在的，或许是超乎寻常的影响。在很多人眼里，中国不仅不能不增长，而且必须是高增长。

谈及经济增长，很多时候人们都会把20世纪90年代日本所经历的“失去的十年”引为前辙。但是，最近读到英国《金融时报》对2008年诺贝尔经济学奖得主、著名经济学家克鲁格曼的访谈，其中提出的关于日本的反思，颇为发人深省。克鲁格曼说：“我们曾经认为，日本是一个警示。到头来，日本几乎成了一个模范。他们从未经历我们所遭遇的那种严重滑坡。在我们所称的日本‘失去的十年’的多数时间，他们成功提高了人均收入……我们的表现比他们最黑暗的时期还要糟糕。当人们问：我们会不会变成日本？我回答：我巴不得我们变成日本。”13年前，正是这位自由派经济学家在《时代》周刊上撰文批评了“日本综合征”。显然，他的观点已经发生了显著的变化。从某种意义上说，克鲁格曼先生的反思有点福利经济学派的味道。在福利经济学看来，衡量社会发展的度量并不只有GDP增速，国民幸福感的最大化才是终极目标。

实际上，最近几年，海内外不少研究者都在重新评估日本所谓的“失去的十年”。英国《卫报》的一篇文章曾直陈要害：“……全球经济正在衰退。在美国，失业率高企，中产阶级的退休前景堪忧。在欧洲，各国都有自己的问题。那么，我们该怎样看待这样一个国家：在那里，失业率始终不高，犯罪率很低，贫富差距现象不明显，全民享受医疗保险，人口预期寿命全球领先。这样一个国家，难道不是需要摆脱困境的诸国应该学习的对象吗？”（引自《“失去的十年”：误读还是事实》，《文汇报》，2012 年 3 月 6 日）

没有增长的“失去的十年”竟然都能成为可能的“模范”，看来中国经济增速的放缓可能更加不需要过多担忧。相对日本“失去的十年”，仅就经济增长速度来看，中国的情况要好得多，我们不过是经济增速的放缓而已，与大多数国家相比，我们还是快马，还不需要考虑停滞的问题。当然，在经济增长领域，我们的确面临很多难题，包括房地产泡沫的控制、难以延续的过于依赖投资的增长模式、中等收入陷阱、“刘易斯拐点”的到来等，很多问题不可避免，但总有办法应对。

我们真正面临的更严峻的问题很多不是经济增长所能够解决的，有些甚至就是快速增长的副产品，比如食品安全和环境污染、不合理的收入分配体系、社会价值和道德底线的缺失等。过去很多时候，是耀眼的 GDP 增速“一俊遮百丑”，掩盖了很多潜在的问题。当前，主动控制的经济增长减速对中国来说可能是最佳选择。我们要做的更为重要的事情应该是进一步推动体制和经济结构调整，加快收入分配改革的步伐，致力于整体提高国民福祉，提高国民幸福感。到头来，我们可能会发现，经济增长速度放缓的后果可能并不会如想象的那么严重。现在需要做的是，坦然面对经济增长速度放缓的事实，即便伴随一些短期的阵痛。

对于资本市场上的投资者来说，更加需要正视经济增长放缓的现实，不能停留在对过去的幻想中。专注于寻找能够在转型中逐步长大、在减速阶段仍能继续保持相对较快增长的那一小批公司的投资机会才是正途。在整体宏观减速背景下，这类公司会越来越稀缺。过去几年中，我们已经看到了市场上这种公司之间的显著的、持续的分化，有些公司在业绩超预期下不断创出历史新高，有些公司股价只有更低……未来这种格局可能还会持续。

顾耀强

汇添富基金增强收益部总监

（本文于2012年7月刊发）

投资中的变与不变

正如美剧《生活大爆炸》(The Big Bang Theory)的片头里所展示的那样，我们当下生活在一个前所未有的、快速变化的时代，并且充斥着各种各样的不确定性。2016年尤其如此，从年初阿尔法狗4∶1战胜韩国围棋第一人李世石，到岁末特朗普从朋友圈的段子中一步步踏上了当今世界上最有权势的位置；从英国脱欧公投特雷莎·梅倏忽入主唐宁宫到一批国家陷入负利率困境等，林林总总，莫不是让人大跌眼镜。甚至有人戏言，或许这世界上的黑天鹅原本比白天鹅还要多。

对中国股市的投资者更是这样，特别是在刚刚过去的这两年里。我们经历了罕见的大牛市和可“媲美”美股1929年的大股灾；我们目睹了两市超两万亿元的天量日成交额，体验了数次千股跌停，还见识了两次“熔断”……彻底的反思与总结可能还没到时候，但已注定会被浓墨载入世界金融史教科书。也许等到许多年后，“当年与国家队一起战斗……”可以作为跟晚辈们吹牛的谈资。但是对于大多数专业投资者来说，个中历程是痛苦的，充满了无数的遗憾和漫长的煎熬！

资产管理业这两年发生了巨大的变化：一是市场脉络的变化。这两年的投资研究过程中学到了很多新名词：二次元、量子通信、精准医疗/基因编辑、AR/VR、PAAS/SAAS……不胜枚举。这反映了经济结构转型的时代脉络，也反映了市场求新、求异的偏好（一直到2015年，与此相关的资产市场表现都不错。2016年开始，市场又开始纠偏，表现最好的行业又重归传统）。二是投资者结构的变化。除传统公募和散户外,流动性过剩与资产荒推动产业和金融"野蛮人"涌入市场,兴风作浪,业已成为资本市场不容忽视的力量。此外,还有上万家私募基金的异军突起与超万亿元规模的救市国家队,这些资金风险偏好、投资模式各不相同,对市场格局产生了重大的影响。三是投研模式的变化。移动互联网带来的变化最为突出。笔者刚入行的时候,一篇调研报告最少也需要两三天(往返+报告流程等)才能面世,可现在上市公司交流的同时可能就已经在朋友圈传遍,信息传播的速度对投资研究决策提出了新的要求。而人工智能(辅助决策)、量化、对冲等都是方兴未艾。

这些变化给投资者提出了诸多挑战。其一,要求投资者具有与时俱进、不断学习的能力。研究和理解新技术、新趋势,也就抓住了时代的脉络。其二,要求投资者具有及时研究和快速决策的能力。职业投资者的工作,就是不断对变化的世界做出判断和应对,只是当下需要更加地敏锐。热烈欢迎变化是成功的投资者的必要条件吗?倒是不见得。有些投资者,反能够以不变应万变。典型如巴菲特,曾因为拒绝投资科技股而多次被批判嘲弄过时与落伍,但却总能穿越牛熊,笑到最后,取得了卓越的长期投资回报。善变者是匠,真正能够做到不变者才是大师。

作为公募基金管理人,承载着基金持有人的信任与托付,同时也是资本市场重要的参与方之一,在浮躁的市场面前,更需定力。多年以来,汇添富基金管理股份有限公司的投研团队一直坚持践行"以深入的企业基本面分析为立足点,挑选高质量的证券,把握市场脉络,做中长期投资布局,以获得持续稳定增长的较高的长期投资收益"的投资理念,力争在变幻的市场中,沉下心来,立足中长期,通过深入的基本面研究,挖掘那些能够抓住时代脉络、真正创造价值的公司,并与公司共同成长。我们相信,与时俱进,以不变的投资理念应对变幻的市场格局,有所为有所不为,一定能够做到不辜负持有人的重托,并为资本市场充分发挥其职能做出应有的贡献。

顾耀强

汇添富基金增强收益部总监

(本文于 2016 年 12 月刊发)

投资要坚信长期的力量

说到长期两个字，很多投资者第一反应是各类经典投资大师或者名著所倡导的长期价值投资理念。许多投资者，无论是专业投资者还是业余投资者，在早期接触投资的阶段，都或多或少被巴菲特、彼得·林奇、约翰·聂夫这些投资大师坚持长期价值投资并取得持续战胜市场回报的传奇故事所深深吸引，甚至如痴如醉。大道至简，知易行难。大部分投资者都希望能复制投资大师的成功路径，但往往会因为市场持续存在的短期诱惑或者自身心理失衡，最后随了大流。更有甚者认为国外大师的理论在国内水土不服。在笔者看来，问题根源在于投资者自身是否相信长期，投资者内心深处是否坚信有一些东西是亘古不变的。

笔者在工作过程中会特别留意国内外一些优秀投资者的投资心得体会，所谓授人以鱼，不如授人以渔，在他们耀眼的投资业绩背后，投资过程的回顾和总结更让人受益。细想之下，这些优秀投资者所阐述的投资框架和原则总结下来其实就是四个字：简单，坚持。所谓简单，是指理性，克服内心贪婪和恐惧，遵循常识，尊重事物发展客观规律，看清本质，最后做一个简单靠谱的人。所谓坚持，是相信长期，坚定信念，做一个内心强大的人。

实际上，长期的力量累积起来是很惊人的。首先是复利的威力，有人统计过巴菲特自1957年到2009年总计53年的投资记录，年化收益20%多，其中仅有2001年和2008年收益率为负，剩余51年都是正收益率，并且仅有1976年收益率超过50%。如果告诉你有个人做了几十年投资，只有一年收益率超过

50%，可能很多人会觉得他的投资水平好像很一般。但就是这些53年间看似平淡无奇的年收益率，累计回报率却超过30 000倍！这就是复利的魅力。其次，对于投资者来讲，投资的过程也是长期持续学习的过程。每天有新的进步，通过持续学习和总结，不断扩大自己能力圈，长期的积累也在起化学反应，并最终反映到投资业绩上。最后，与优秀公司同行的过程也是美好的。笔者在从事投资工作的过程中，会接触到很多优秀的企业家，他们往往都有一些共同点，比如强烈的使命感、视中小股东利益与自身利益一致、简单专注、居安思危、勤奋质朴等，他们是整个社会前进和发展的中坚力量和原动力。细想下来，这些特质与优秀投资者的品质要求似乎是高度一致的，能持续与这些企业家学习交流，感触他们的人格魅力和时代发展脉搏，过程本身就是愉悦和幸运的。

在笔者所在的资产管理行业中，着眼长期也是保护投资者利益的一种方式。首先，从客户角度来看，这个行业存在严重的信息不对称，很多客户并不具备专业的投资能力，无法判断管理人和产品的好坏，而且经常受到各种短期因素干扰，从这个角度来讲客户既是我们的衣食父母，但同时也是脆弱的，是需要保护的。最根本的，客户如何判断和选择基金，很大程度上是受基金业绩引导的。其次，从管理人的角度来看，良好的业绩自然是最容易吸引客户的因素，但短期一两年的业绩很难说明什么问题，需要对其进行业绩归因——是因为投资能力持续优良，还是因为过去两年是牛市，抑或投资风格恰好迎合了短期的市场趋势，甚至是因为阶段性的放大风险来获取短期收益？

笔者认为，相信长期并坚持长期，是将忠实客户和优秀管理人连接起来的唯一可持续途径。很多客户并不要求自己持有的产品永远是上涨最多下跌最少的，他们更希望所持有的产品具有稳定的长期收益率，而不是市场贝塔的放大器，这需要管理人从内心深处树立受托人责任意识，真正把客户委托的钱看作自己辛勤劳动、勤俭节约的钱，时刻从客户的长期利益出发，永远以承担尽可能低的风险来获取可持续的较高收益，拒绝通过急剧放大产品风险来获取短期高收益以吸引客户。对管理人来说，从长期出发也绝不是简单地长期持有绩优白马股，相反，它需要管理人时刻保持勤奋，不断扩大能力圈，不断比较不同投资机会、衡量风险收益，保持组合的新陈代谢。

对比国外同行发展历程，中国的资产管理行业发展才刚刚开始，伴随着中产阶级不断扩大和崛起，未来行业发展空间还很大。坚信长期的力量，树立和贯彻长期可持续的投资理念，与所投资的优秀公司一起成长，在给客户带来持续收益的同时，优秀管理人也会不断发展壮大，最终实现三者持续共赢。

雷 鸣

汇添富基金权益投资副总监

（本文于2016年8月刊发）

投资经理的社会责任

作为一名从事证券行业多年的投资研究人员，笔者对自己所肩负的社会责任的理解有一个逐步加深的过程。刚入行时，研究并挖掘牛股、成为一名业绩优秀的投资经理是包括笔者在内的大多数从业人员的理想，勤奋工作仅仅是我们实现自我理想的一种手段，大多数人并没有意识到我们的工作所肩负的社会责任有多大。

工作了几年以后，有一段时间陷入了迷惘期，对自己工作的社会价值产生了怀疑，觉得自己的工作并未为社会创造财富。吴老在 2001 年曾抛出了中国股市的赌场说，有媒体调查，73％的人认为中国股市像一个赌场。笔者也感觉自己像在赌场里，以为自己比别人更聪明，玩着攫取他人财富的游戏。

女儿出生后，她让笔者体会到生命的价值和意义，让笔者理解了一个父亲所应该承担的责任。从前笔者只需要对自己负责，现在需要对家庭以及下一代负责。当你关心你的下一代时，就会关心他们所处的生存环境，我们能够为下一代创造怎样的未来呢？为了我们的下一代，你会发觉自己多了更多的社会责任。参观世博会美国馆时，笔者被其中的主题"为了孩子建设更美好的未来"所打动。可以说是孩子让笔者变得成熟，懂得了责任的含义。笔者也重新思索工作的价值，思索作为一名基金投资研究人员，应该如何去承担我们的社会责任。

经过几年的反思总结，笔者觉得要做一名有社会责任感的投资经理，应该努力去做到以下三点：一是善待基民的财富，二是寻觅投资的正道，三是善用基金的投资。

首先要善待基民的财富。作为基民财富的信托管理者，承担着为基民保值增值的责任，切忌有投资输赢与己无关的想法。事实上百姓买基金的钱大多是辛辛苦苦挣来的血汗钱，这些钱需要用来养家糊口，为家人看病，为子女付学费。一旦基金投资面临重大亏损，会影响无数家庭的生活，甚至会给基民的生活带来无可挽回的影响。时常怀着一颗善待基民财富的责任心，才会认真对待每一笔投资。

其次要寻觅投资的正道。投资既是一门艺术，也是一门科学。从业十年来，笔者一直在上下求索投资的各种方法，在很多年以后，笔者才悟到投资的正道。摘用一段笔者很欣赏的话："资本市场天然有赌场的倾向，因此，在股票市场中有意义的合乎道德的投资方法只有一种，那就是将资金投入有建设性的企业中去，通过企业的发展获得市值的增加，剩下的所谓获利方法不过是投机取巧的游戏罢了，有些方法甚至是带有掠夺性质的，如原来的庄股。"笔者所领悟的投资的正道即努力寻找内在价值不断增长并值得中长期持有的公司，所谓君子爱财，取之有道。不要把股市当作投机的赌场，每天追涨杀跌，则与赌大赌小的赌徒无异。

最后要善用基金的投资。我们需要投资那些具有社会责任感的企业，需要投资那些真正为社会创造财富而不是毁灭财富的企业。投资界常有这样的事例发生，某企业因发生重大环境污染事故而股价大跌，结果部分投研人员认为是买入良机。笔者常为这样的事例感到迷惑不解，难道因为我们不是受害者就可以毫无责任地去投资这样的企业?！难道非得等到我们自己喝到受环境污染的水或者吃到毒大米时才能醒悟?！当笔者选择投资那些为社会创造财富并且具有良好社会责任感的企业时，才会安心入睡。并且笔者愿尽自己所能，为企业提出发展建议，帮助企业更好发展，为社会创造更多财富。这样的行为一举两得，因为企业发展了，投资才会取得更多的回报。

值此汇添富社会责任基金发行之时，笔者愿与同行分享以上的心得，并以此共勉，努力成为一名具有社会责任感的投资经理，让千万基民放心，让投资为社会创造更多的财富。

张海容

汇添富基金固定收益投资经理

（本文于 2011 年 3 月刊发）

让投资变得简单！

投资确实是一件很有吸引力的事，任何想法都可以在市场里实践，且市场会迅速给你反馈。长期来看，市场里不乏 5 年 10 倍、10 年 20 倍的牛股；如果在实践中能买到这样的股票，且坚持持有，那投资带来的成就感和喜悦感简直难以形容。美股的好市多超市（NYSE: COST）就是一个例子，该股在 30 年间取得了 300 倍的涨幅，巴菲特的好搭档查理·芒格戏称想带其进棺材。从这个角度来看，投资其实可以很简单：找到好股票，买入然后坚持拿着。

当然，市场提供了一个巨大的舞台，笔者在上文也说了，任何想法都可以在市场里实践。有人听消息、猜政策，追逐短期热点；有人看动量、博反弹，玩技术；有人玩新奇炫，炒概念；也有人抢涨停板，纯追涨杀跌；各式玩家，不一而足。但从笔者的观察来看，除去市场整体的“贝塔”效应，各式买卖股票的方法中，真正赚到钱且可持续复制的最简单方法之一就是，通过基本面分析，找到好股票，买入然后坚持持有。

那么，如何才能找到好股票？

在笔者看来，首先是要找到好行业。好行业一般有以下几个特征：首先行业空间要足够大，看不到明显的天花板；站在当前时点，大概率可以在消费升级、科技创新等相关行业寻找。其次，从行业景气发展周期来看，仍处于成长的前中段。再次，行业竞争格局要好，不会因为行业中某个或某几个竞争者的存在使得行业严重受损。

找到好行业后，还要找到好公司。首先看其商业模式，所谓商业模式，简而言之就是公司是如何赚钱的，一个好公司的赚钱方式往往可持续、可复制，且不会经常变动，且随着时间的推移，这一赚钱方式的好处越来越明显。其次，好公司往往有独特的竞争优势，即所谓的“护城河”，从管理学的角度来看，竞争优势其实可以等同于优异的差异化，一般表现在较高质量、较佳形象、较低成本等。再次，关注其管理团队和执行力，很多时候一个公司只要找准了赛道，从小做到大靠的就是管理团队的企业家精神和其优秀的执行力。

找到了好行业和好公司，并不完全等同于找到了好股票，还要以较为合适的价格买入。买入它，然后持续跟踪。尽管短期会有波动，但只要买入它的逻辑没有遭到破坏，即你依然相信它是好行业中的好公司，那就坚持持有，下跌提供的是加仓机会。很多时候，短期的股价波动都是巨大的干扰：短期下跌，让你对自己的判断产生怀疑，这时候你唯一要做的就是反复审视它是不是好行业中的好公司；短期上涨，有时候反而更恼人，总让你有想止盈的冲动，想下跌后再买回来。但对于好行业中的好公司，一定要克制这种短期的诱惑，耐心、再耐心一点，坚信长期的力量。

在笔者看来，买入好行业中的好公司，应该就是投资股票最简单的方法之一了，但这主要是对于成长股而言的。对于价值股，其实也有一个非常简单的投资方法，那就是买入所谓的“隐含价值股”，即公司实际的价值远高于其市值所呈现的价值：有时候表现在资产仍按成本计量，但如果按公允价值重估，会大幅提升；有时候表现在公司由于各种原因，使得其真实业绩远高于其报表所呈现的。当然，在价值股这一投资方法中，也需要防范价值股的投资陷阱，由于篇幅限制，可能需要另外单独讨论了。

当然，如果你没有精力去寻找这样的股票，最省力的方法就是找一只投资上述股票的基金，这应该可称得上投资最简单的方法之二。笔者发现，自去年6月份以来的股灾，以及今年年初的熔断以来，市场出现了一些积极的变化：对所谓的概念多了一份谨慎，对从基本面出发的投资更为青睐。其实投资不一定需要很复杂，简单投资，有时候反而有意想不到的效果。

让投资变得简单，在简单中寻找快乐，与所有投资者共勉！

劳杰男

汇添富基金研究总监兼基金经理

（本文于2016年9月刊发）

有限理性与投资风险

有限理性由诺贝尔经济学奖获得者西蒙在半个世纪以前提出，挑战了西方经济学体系最重要的假设前提——理性人假设。有限理性是指人并非完全理性的经济人，由于人们通常不可能获得与决策相关的全部信息，并且人的大脑思维能力是有限的，因此任何个人在一般条件下只具备有限的决策和选择能力。著名投资大师索罗斯在其著作《金融炼金术》中阐述的最核心的观点就是承认人的有限理性。索罗斯认为投资者根据不完全的信息形成对市场带有偏见的预期和相应的投资决策，而这些带有偏见的决策会影响市场原有的发展方向，因此市场大部分时间处在非均衡状态，这种状态天生具有不稳定性。

在各国的经济实务中，有限理性的例子比比皆是，即便是闻名中外的经济领袖也难以突破"有限理性"。朱镕基总理 2001 年 9 月在全国华商大会的著名演讲中说，中国经济必须要进行结构调整，2000 年我国的钢铁产量达到 1.4 亿吨，这个产量应该是到头了。朱总理掌握的信息远超普通人，对中国经济非常熟悉，但是他当时也远未预期到中国重工业的大发展，仅仅到 2009 年中国钢铁产量就突破 5 亿吨，随后更是突破 8 亿吨。另一个例子发生在美国，美国前财政部长保尔森写了一本回忆 2008 年金融危机的《峭壁边缘》，这本书真实地记录了 2008 年美国金融危机出现苗头到结束的历程，从书中可以看出美国政府高层在 2008 年中期依然对经济危机的严重程度估计不足，甚至雷曼倒闭的前几天，许多大公司的 CEO 都没有意识到风暴如此剧烈。在我们的印象中，美国金融业高度发达，汇集了顶尖的人才，但是对于这么严重的危机，即使是高层依然是盲人摸象，走一步看一步。

金融投资领域比任何其他行业更能见证有限理性。人类凡事总希望找出因果关系，股票市场日复一日的波动自然也吸引着人们去探究其原因。市场上涨时，人们倾向于看到事物美好的一面；当市场下跌时，人们自然更关注种种利空因素。每一次大牛市或者大熊市，大众都会形成当时看起来很有道理但是事后回顾毫无逻辑的观点。许多投资者对去年A股市场的大涨大跌记忆犹新，上证指数5000点的时候，一切都看起来很美好，市场利率下降，互联网改变世界，国家牛市，场外资金不断涌入，上证突破6 000点在许多投资者看来就是触手可及的事情，却忘记了最终决定股价的依然是业绩与估值。随后，短短一个月无数财富瞬间灰飞烟灭。同样的情形在全球金融史上也不断发生，美国科技与互联泡沫，日本20世纪的股市与楼市，都如出一辙。

有限理性与投资风险有什么关系呢？毁灭性的投资风险往往源于投资者不承认有限理性。有限理性并非指我们要放弃研究与做判断，陷入不可知论，而是在努力提高投资水平的同时，每一次决策都要留有余地，不可自大。《股票作手回忆录》中有一句话："投机客要是能学会不自大，付出多大代价都值得。"最优秀的投资者永远是如履薄冰的，因为投资中的风险是不可消除的，不仅仅是有各种黑天鹅，更多的是我们的有限理性。相信有限理性的投资者往往不会过于极端，不易酿成大错，因为他认为自己总是有判断失误的时候，会及时修正自己的判断和行为。2015年股灾中爆仓的投资者都是过于自信，坚信大牛市会继续，因此敢于高杠杆持仓。许多投资者喜欢预测大盘的精确点位，或者没有经过深入的分析和研究就坚信自己持有的公司会成为十倍股，这些都是缺乏有限理性的表现。

投资者如何利用有限理性减小投资风险呢？第一，要减少判断的次数。市场大部分时间都是混沌的，正如巴菲特的打卡理论，单个投资者真正有信心的机会是很少的。第二，尽量做简单的事情。真理都是最简单的，投资者应该尽量避免去做大盘的短期预测，利用短线波段难度很大。第三，坚守自己的能力圈。关注自己非常熟悉的领域，而不是一味去追捧市场热点。一项投资首先要符合常识，如果违背常识，出于短期的冲动或者外界的光环，往往最终会产生永久性损失。第四，适度分散投资。分散投资是承认自己总会犯错误，凡事留有余地，因此避免过度重仓押注单个品种。

就具体投资建议而言，基金定投是一种非常有效的办法。基金定投本质上是有限理性的最好应用。一方面基金持股相对分散，不会出现单只个股黑天鹅事件，另一方面基金定投承认择时是非常困难的，因此放弃低买高卖而采用定期投资，从而发挥长期复利的魅力。这种看起来很简单的投资方法从历史上看，效果往往是最好的。

赵鹏飞

汇添富基金基金经理

（本文于 2016 年 7 月刊发）

新上市规则将给中国香港市场带来新的投资机遇

2013 年 10 月 10 日，时任阿里巴巴集团 CEO 陆兆禧宣布，在经过与港交所为期数月的商讨后，“决定不选择在中国香港上市”。其背后的重要原因就是阿里的“合伙人制度”有违港交所既定的“同股同权”的上市规则。不到一年之后，阿里在纽交所挂牌。时至今日，阿里市值已经超过 4 500 亿美元，约为上市时的 3 倍，其业绩和股价的走势都大幅超越了同时期的美股和港股的市场表现。

与阿里巴巴“擦身而过”之后，港交所便开始针对是否应该允许不同股权架构的公司在中国香港上市展开探讨，行政总裁李小加认为这是关乎“中国香港市场未来竞争力”的重要议题。但由于特别行政区的法律制度中，缺少集体诉讼等机制来保护少数股东的利益，因此也有不少声音反对简单效仿其他市场的双重股权结构规则。经过近五年的反复征询意见和修改，港交所于 2018 年 2 月正式公布了《新兴及创新产业公司上市制度》，并已于 4 月 30 日开始生效实施。在这份制度中，明确界定了对于不同股权架构的发行人以及尚未获得营收的生物科技公司去中国香港上市所需要的条件。在制度实施数天后，港交所就很快迎来了第一家采用双重股权架构的“独角兽”新经济公司，小米集团已经披露了在中国香港上市的招股说明书。

笔者认为，这次上市制度修改，是过去 25 年间港交所最重大的一次制度革新，也是顺应时代、提升市场竞争力的合理举措。回顾之前的中国香港市场，其上市公司结构的不均衡已经比较严重，在恒生指数中，金融、能源、电信和地产等传统行业的占比超过八成；在港股通的 400 多只标的中，能够代表创新性行业的龙头公司屈指可数。上市改革后，中国香港市场就可以像其他成熟市场一样来拥抱新经济公司，在不同投票权架构和收入门槛方面已经不存在制度上的重大障碍和劣势。另一方面，与海外发达市场相比，中国香港市场更贴近内地的文化、语言及交易习惯，并且有互联互通机制，便于在中国香港上市的公司直接引入内地投资者。而比起内地市场，中国香港市场则又更加国际化、市场化，在上市审批、发行结构、价格与时间安排上按照市场原则监管，有更加灵活和自由的优势。

近期在中美之间发生的贸易摩擦，让我们清醒地看到了中国在科技实力和产业布局等方面与美国的差距，也更加明确了国家提升核心竞争力的突破方向。近年来，我国在互联网、电子硬件、生物医药等方面不断快速追赶发达国家，在一些细分领域甚至已经赶上或领先。过去 10 年，中国研发投入的年复合增长率是 18%，每年总投入目前已仅次于美国，居世界第二位。2012 年以来，中国申请者每年被授予的全球专利数量已是世界第一。中国现有的研发人员数量大幅领先于美、日、德等科技强国，也给新经济行业的中国公司带来了“工程师红利”。尤其是互联网相关的行业在中国有着得天独厚的市场环境，已经逐步形成了一种国家竞争优势。广大的用户基础、领先的智能机渗透率以及创新性的使用场景，在提供给居民极大便利的同时，也培育着大量快速成长的“互联网＋”型创业公司。

由于大多数新经济公司在初期快速发展阶段需要多次外部股权融资，同时创始人团队又不希望丧失对公司的控制，因此双重股权架构的模式就成为一种较为常见的解决方案。但这种模式无法满足此前港股和 A 股的上市条件，很多优秀的中国新经济公司不得不选择登陆美国等海外市场。这样，对这些公司最熟悉的中国用户就错过了通过资本市场分享其成长的机会。这次港交所修改上市规则后，中国香港成熟稳定的市场环境、国际化和本土投资者融合的参与者主体以及较为宽松灵活的监管体制等，都会对后续寻求上市的“独角兽”们产生很大的吸引力，而那些已经在其他市场挂牌的企业也会认真考虑是否可以来做二次上市，以再次发掘公司价值。若成功登陆港交所，内地的投资者就可以很方便地利用互联互通机制，一同分享这些代表着未来方向的核心资产所给予的回报。

笔者相信，未来随着越来越多的具有科技创新和生产力变革能力的公司到中国香港上市，对于提升港股市场活力、优化市场结构以及吸引更多不同偏好投资者参与，都具有重要的作用。港交所的这次具有划时代意义的改革，可以说是与时俱进、恰逢其时。诚然，在港交所“重披露、轻监管”的大原则下，投资者也需要擦亮双眼，明辨哪些是真正具有长期竞争力的优质标的。但在中国经济转型的大背景之下，未来一定会不断涌现出更高质量的创新性行业和公司，给港股市场带来更多更好的投资机遇。

倪　健

汇添富资产管理(香港)有限公司前基金经理

(本文于 2018 年 6 月刊发)

认清风险以获得更好的回报

2018年夏天，世界杯如火如荼地在俄罗斯各个城市展开，32支世界足坛劲旅上演了一场场惊心动魄的好戏。对于球迷而言，本届世界杯的缺憾之一是倡导全攻全守的荷兰队在预选赛被淘汰，没有机会参加今年决赛圈的比赛。全攻全守的打法讲究场上除守门员外的10个队员都可以执行进攻和防守的职责，前锋可以变后卫，后卫也可以成前锋。这种战术经常带给观众赏心悦目的比赛，颇受球迷喜爱。但是，当今足坛真正踢全攻全守的球队非常少，原因就是这一打法在进攻的时候全力投入，给对手以巨大的压力，但同时自己的后防也更容易出现漏洞，被对方偷袭得手，这就对球员的意识和体能提出非常高的要求。能有这样素质的球队非常少见。

就如同球迷喜爱看全攻全守的足球一样，投资人也喜欢追求投资上的高回报。我们知道，投资就是将资金转换成某种资产并谋求增值的行为。既然是谋求增值，大多数人会认为回报越高越好。可事实并非如此。就如同前文所说的全攻全守足球，在有可能获得更高回报的同时，发生损失的可能性也越大。这种收益的不确定性，我们通常称之为“风险”。

在资产管理行业，经常会碰到这样有趣的现象：投资人往往想要获得更高的回报，但是当被提示可能需要承担更多的风险时，却变得畏缩不前。比如说投资国债或者地方政府债券非常安全，但是回报也相对较低。如果要获得更高的回报，那就要去投资公司债。公司债根据其偿还风险被分成不同的信用等级。通常情况下，大家都愿意把钱借给经营稳健、评级较高的公司，而这种公司的债券收益率会比较低。如果投资人想要获得更多的回报，那么就要选择经营风险高、评级低的债券。

所以，风险是收益的影子。收益越高，风险自然也越大。对于这一点，在20世纪60年代，美国学者就做了非常深入的研究，并且发展出一个叫作“资本资产定价模型”的理论来阐述市场上资产的预期收益率和风险之间的关系。这个被视为“现代金融市场价格理论基石”的模型得出的结论之一，就是投资者得到更高回报的方法是投资更高风险的资产。

然而，现实生活中的金融市场并非像模型中阐述的那么完美。我们经常会看到一些收益和风险并不完全匹配的现象。高回报投资并不一定伴随着高风险，或者另一方面，低回报的资产并不一定风险就很低。

再拿债券投资来说，一些发行公司债的民营企业评级都比较低，同时又碰上金融和实业双重“去杠杆”的大背景，民营企业的再融资更为困难，市场上的投资人纷纷抛售民营企业债券，他们认为虽然民营企业的收益率不断地上升，但是目前的预期收益率并不足以补偿其较高的违约风险。如果没有专业的公司基本面分析能力作为支持，投资人不敢或者不愿投资这样的债券。可是，民营企业的情况良莠不齐，在市场泥沙俱下的情况下，总有一些企业被错误地过度抛售，或者说风险程度差不多的企业中出现了个别企业收益更高的情况。这时候，具有专业投资能力的资产管理公司就可以去伪存真，在看似高风险的债券中挑选出“低风险”的品种，获得较高的回报。

再比如说，现金几乎是“零回报”的资产，但持有现金真是“零风险”吗？20世纪90年代末，一个人在餐馆里吃一顿饭大概只需要20多元，但是20年后的今天吃同样的一顿饭，花费大大上升，可能需要100元以上。这就是通货膨胀给现金带来的购买力下降。如果用“购买力”这把尺子来衡量，那么现金也并非“零风险”。反而长期投资股票带来的资产增值能维持购买力基本不变，大洋彼岸的著名投资家巴菲特就持有这样的观点。

伴随着金融市场的不断发展，现代投资人可以选择的投资工具越来越多。比如股票可以分为普通股和优先股，又比如债券可以分为政府债券、公司债券、资产支持证券等。除此之外，市场上还有黄金、外汇、原油、股指期货、CDR等各类投资工具，不一而足。这些投资工具中，有高回报高风险的，比如普通股和股指期货等，也有低回报低风险的，比如政府债券和黄金等。

投资人在了解自身的风险承受能力之后，可以选择某一类投资标的来获取合适的投资回报。有的投资人天生爱冒险，希望潜在回报高而对损失不太在意，就像那些偏爱全攻全守战术的球迷，“爱拼才会赢”。有的投资人谨小慎微，只求稳定不变的回报，像一个全面防守球队的教练。有的投资人多数时候较为保守，却伺机而动，随时捕捉可能出现的机会，打防守反击的球队也许会是他的最爱。

瑞士新锐作家若埃尔·迪克说：“生命就是一系列选择的过程，而关键是要知道如何去承受自己选择的后果。”如果投资人在认清自己的风险承受能力，具备一定的投资知识之后再选择适合自己的投资工具进行投资，那么他的投资会像世界杯足球赛一样，精彩纷呈。

何　旻

汇添富基金固定收益投资经理

（本文于 2018 年 7 月刊发）

股票市场如何起源？投资本身又该如何进化？

身处资本市场，林林总总的变化总是让人目不暇接，但我想，变化的东西越多，可能越需要我们关注不变的东西，回到资本市场建立的初衷，或许才能让我们更加深刻地洞悉投资的本质。

我们回到 1602 年，回到波澜壮阔的大航海时代。彼时，为了抗衡英格兰，14 家公司联合发起成立了荷兰东印度公司，其股份的 60％更是向阿姆斯特丹的公众发售，这是世界上第一家股份公司，第一次开始有了股票的概念。

那么问题来了，股票产生的初衷到底是什么？

16 世纪末最贵重的贸易物品之一是香辛料，尤其是胡椒和肉桂。由于这些香料可以大幅提升肉食的味道，同时又可以兼具防腐功能，因此在欧洲市场极受欢迎，但这些香辛料当时只产于印度和东南亚等远东地区，运输费用昂贵，因此其价格可以媲美黄金，蕴含着巨大的商业价值。1595 年，由阿姆斯特丹和鹿特丹商人集资成行的船队抵达了爪哇岛，顺利将香辛料载回。成功的航海带来巨大的财富，使得荷兰国内大受鼓舞，其后很快就成立了前文所说的荷兰东印度公司。

股份制结构的设计，使得耗资巨大的远洋船队得以快速筹集资金，而且即使出现了船队倾覆等风险，也不会导致单个股东的全部身家完全湮灭。荷兰东印度公司极为成功，不仅使得荷兰这个小国一跃成为“海上马车夫”，更为投资者带来持续近 200 年的平均年化 18％的股利，巨大的财富创造能力让人咋舌。

这里我们领悟到，巨大的成长潜力、风险分散机制、资源凝聚机制以及参与者各方之间的信任，才促成了股票的诞生。这是股票市场建立的初衷，这几项非常关键，环环相扣、互为因果。400 多年过去了，股票市场已经成为金融市场的支柱，无数明星企业在其中起起落落，如同大千世界的物种，在时间的海洋中，进化循环、生生不息。

拉长时间段来看，历史上大多数成功的股票投资，无外乎都坚守了这些初衷：

首先，一定要投具备巨大成长潜力的企业。所有成长股的上涨过程，几乎都是满足了某种数学范式的扩张，发现并深度理解其扩张的范式，是我们采取重仓行动前的必要功课。我们喜欢重仓投资医药行业，本质上还是因为这个行业的很多成长逻辑非常通顺，有很多优美简洁的成长范式。

如果中国找不到这类公司，就去全球范围找；如果还是找不到，宁愿空仓。也许优质公司短期可能买在价值稍贵的位置，但假以时日，时间逐渐会站在成长者的一面。

反观那些业务接近市场天花板的成熟公司，其成长动力衰竭，现有的盈利结构往往面临着新技术、新模式、新进入者的挑战，长期分红能力将日趋衰退，此时的价值投资者往往冲着便宜的 PE 去买，但却忽视了作为分母的 EPS 随时可能大幅度下调甚至变成亏损。这类公司，很容易产生价值陷阱。

其次，一定要注重风险的分散。股票市场有种说法，每天观察市场，唯一不出意外的事情，就是一定会有意外发生。风险无法被管控，只能被分散，分散的出发点是控制回撤，因为回撤本身具备数学上的不对称性，一旦回撤 50%，就需要上涨 100%才能回本，而一旦回撤引发了资本的撤资，回本的机会就不复存在。

桥水基金的达里奥说，成功投资的关键，是找到若干条不相干的、具有正向回报的现金流。不相干本身，即是风险分散的要求。要求简单，想做到则非常之难。一个同时了解制造业、消费行业、医药产业，又同时略懂宏观经济、产业政策、市场战略，还能同时操作股票市场、债券市场、外汇市场的基金经理，其培养周期可能至少长达十年。

此外，在实际股票投资中，风险分散意识的放松，往往来自贪婪。客户对短期回报的诉求、基金经理本人对短期排名的追逐、市场阶段性释放的乐观氛围，都在用更高的收益潜力来诱使基金经理放弃对风险分散的自制。能不能有超脱感，能不能自省和自我约束，可能反而是取得超额收益的关键。

最后还要谨记只有人本身，才是能够不断创造价值的最重要资产。而对人力资源的组织，最好的方式就是公司，英文 COMPANY，本意就是人与人之间的关系，一群人为着同样的愿景组织在一起。所以，如果我们相信人类社会有光明的未来，只有一种获取资产增值的方式可以穿越一切周期，就是与一群优秀的人才小分队为伍，也就是拥有优质公司的股份。

在市场经济中，良好的机制能够激发出人的主观能动性，其潜力不容小觑。如果仔细研究过世界战争史，我们很容易理解，当两军对垒出现转变奇点之时，双方力量的此消彼长会戏剧性地出现反转。正所谓“兵败如山倒”，市场竞争格局的变化，往往是在经历了长期僵持之后，扭转发生在电光火石之间。这种电光火石时刻，就是超预期产生的时刻，也是资本市场迎来剧烈价值重估的时刻。这种量变引发质变的奇点时刻，如同地震，无法被预知，只能等待。

从投资者角度来看，采用简单线性递归的经营预测，忽视外在经营环境关键变量的重大变化趋势，忽视人这个最大变量可能引发的经营潜力释放，则很容易落入对估值的偏执、对成长性机会熟视无睹。很多估算精确的财务模型往往基于线性假设，在产业结构调整中，经常会变得失真，从而在对投资的指导上频繁贻误战机。

我们为什么要花那么多精力和成本仔细开展行业分析、公司分析？我们为什么要拉长建仓周期来慢慢观察公司经营行为的变化？本质上无非是想要确认，我们希望投资的那一群人，是否足够优秀，是否有足够的进化潜力应对繁复的市场变化，是否有足够的胸怀和伦理与股东分享成长。

如果一家公司的治理机制谈不上分享，谈不上营造投资者对经营者的信任氛围，谈不上对资源和共识的凝聚，其公司股票将无异于一张赌票，涨跌与经营面何干？

谈完了初衷，我们再聊聊进化。如果说回顾初衷可以产生一点点基本的信念，那么对进化的观察，会让我们探寻到人类有限理性的前沿。

闲时，研读人类进化史，突然一种想象映入脑海，我在想：我们现代智人最老的祖先，是怎样的一只毛发稀少的裸猿，她，到底是如何在一堆毛发茂盛的同类古猿的歧视与恐惧中，打出自己的一片天地？最终子嗣繁衍、甚至成为这个星球上的主宰？

大多数成长型公司，与物种一样，并非只有最高最大最强才能一统江湖。恐龙世界让位于哺乳动物世界正是活生生的例子。同样的进化规律，都选择指向了最能适应环境变化的一方。因此，孤立地分析公司，静态地做财务数据的横向比较，实际上很难指向公司在环境中的真实竞争优势。

世界很复杂，理性很有限。宇宙有千万个银河系，而我们连近在咫尺的火星都知之甚少。我们能做的，就是时刻保持对现实、对市场的谦卑和敬畏，一方面要如饥似渴地学习，以跟上时代的步伐；一方面又要多做减法，时刻做好对自己既往认知清零的准备。

悉达多在大千世界中入定，不为外界所动，最终参透万物之理，成为佛陀。正视现实世界的复杂性和多样性，同时又能向自身寻找纯粹坚定的力量，或许才是正确的应对之道。就我理解而言，投资组合的业绩，只是基金经理本人知识储备、世界观、价值观以及方法论的自然外溢结果而已。不同的个人与团队积淀，会对各种证券的风险回报有不同的认知深度，组合管理的动态调整过程，就是认知的变现过程。提升组合回报的核心路径，只能是通过基金管理者不断追求自我进化。

投资者，更多时候，更像一个被裹挟于进化大潮之中的观察者。古人云："朝闻道，夕死可矣。"在观察之中，我们能够荣幸地获得发展自己哲学的机会。我们观察进化，我们也在进化。最终，将我们的思考以基金组合的形式释放出来，从长期出发，寻求基金资产的不断增值，这就是我们终极的数学范式。

刘　江

汇添富基金基金经理

（本文于2018年7月刊发）

建立和完善契合本性的投资方法

证券投资是一场长跑，要在长跑中胜出，需要有行之有效的可复制的投资方法。对任何人来讲，投资过程都不会是一帆风顺的，投资方法会受到考验、投资决策会经受质疑，我们需要不断地叩问本心，认清自己的性格特点。只有契合本性的投资方法，才能在市场纷扰中坚持，否则很容易随波逐流，迷失在市场的波动中；也只有熟悉自身性格的优缺点，才能在投资中扬长避短、不断进步，获取长期稳健收益。

众所周知，价值和成长是市场上最经典的两大投资流派。价值股投资者相信中期内公司的价格终将回归其价值，投资看重的是标的是否有足够的安全边际，需要投资者有足够的耐心和自信，在市场波动和业绩压力下保持定力。而成长股投资者相信投资收益来自企业的成长并愿意为之支付较高的估值溢价，看重的是成长空间、成长速度以及成长的可持续性。投资者需要对企业有前瞻性和独特性的判断，同时承担其中隐含的风险。实践中，我们发现两种显然不同的投资风格是由投资者过往经历、性格特征所形成的。

自知者明。成功的投资者首先需要认清自身的性格特点。想要认清自己，需要投资者在投资过程中不断进行有效和深刻的总结，尤其是通过失败的案例。我们可以在每一个重大投资决策后，记录自己的信心在市场变换下的关键变化，何时贪婪、何时恐惧，最终这项投资兑现时，就会有一个比较清晰的心态变化过程。经过多次、较长时间、针对不同风格投资主题的投资过程总结，就能对自己的性格特点有较为清晰的认识。

认清自身的性格特点后，能够有针对性地扬长避短，是成功投资的关键。价值投资者的优势是能够克服从众心理，耐心等待价格显著低于价值，设定足够的安全边际，勇于进行逆向投资。价值投资优势的发挥需要投资者有极强的耐心，价值修复的过程可能需要漫长的等待，面对业绩压力和市场的喧闹能够坚守平淡。当然这类投资者的性格也有缺点，往往是对新事物较为排斥，喜欢待在自己熟悉的领域里，建议价值投资者通过强迫自己不断学习来拓宽投资视野。

而相对的，成长风格的投资者对新模式、新变化的接受度强，愿意做积极的前瞻性判断。要想发挥优势就必须更加敏锐、深入地进行投资研究，通过聚焦好赛道上的优质公司来降低前瞻性判断的失误率。这类投资者的性格缺点是容易跟随趋势，在趋势中强化自己的判断，过度乐观，成为趋势的制造者和裹挟者。投资者需要保持清醒，认识到历史上能够持续保持高增长的公司凤毛麟角，即使对行业、公司盈利模式、竞争对手、上下游企业进行过深入的调研，仍可能有不确定性因素阻碍公司高成长的脚步，一旦成长放缓，业绩预期和估值的双杀非常可怕，投资者要时刻警惕这种风险，强迫自己在顺风顺水时适度逆向和分散投资。

当然，两种投资方法并不是对立的，在一定程度上可以融合运用。如果致力于持续跑赢市场，任何投资者都需要注意组合中成长和价值的相对均衡。如果一个高速增长的优秀公司，估值处在较低的位置，极具安全边际，价值股投资者完全可以介入；同样当价值型公司的经营出现向上拐点但价格并未完全反映时，成长股投资者也可以布局。

在实践中，需要警惕的是，投资者遇到挫折时，在巨大的压力下心态和行为容易向另一个极端漂移，这体现了人性的复杂性。比如原本喜欢变化的成长股投资者容易产生鸵鸟心态：当投资遇到损失、最初的判断遇到重大变化时，不能保持归零的心态，不愿对自己的投资标的重新做判断，只是放任不管，期待不切实际的反弹。比如原本注重安全边际的价值股投资者可能产生赌徒心态：在业绩压力增大或者遇到重大损失时，希望短时间内把损失弥补回来，投资判断会更依赖于短期的催化剂或者图形趋势等，把大量资金暴露在更多的不确定性中。投资者往往对自己心态的有害变化不自知，所以在挫折之后一定要冷静自省，并且可以通过适度设置量化指标来保证投资的纪律性。

没有最好的，只有最适合的，希望各位投资者都能在正确投资理念的指引下，发现并完善契合自己的投资方法。

李　威

汇添富基金基金经理

（本文于 2016 年 10 月刊发）

相信长期投资力量，分享优势企业成长

2016年初股市大幅下跌，特别是以创业板为代表的新兴产业公司跌幅较大，但是在一片悲观声中，我们也欣喜地发现一批上市公司股价在2016年创出历史新高，创新高的公司与行业没有明显关系，各个行业都出现了一批优秀的公司。

创新高的背后，是这批上市公司出色的业绩。贵州茅台(600519)15年股价上涨60倍，净利润由2001年的亿元级成长为2015年的百亿元级，年复合成长率30%。腾讯控股(00700)10年股价涨幅100倍，净利润由2006年的10亿元级成长为2015年的300亿元级。恒瑞制药(600276)10年涨幅30倍，净利润从2006年的亿元级成长为2015年的20亿元级。利亚德(300296)2012年上市以来净利润复合成长率78%。老板电器(002508)2011年上市以来净利润复合成长率58%。索菲亚(002572)2011年上市以来净利润复合成长率36%。

改革开放40年来，随着中国内需的扩大和中国企业不断参与全球竞争，一批上市公司的核心竞争力在不断提高。电子产业是最典型的例子。回想过去40年，松下、索尼、东芝、夏普、日立、三洋等一个个鼎鼎大名的日系品牌风靡中国，但是40年过后，东芝陷入巨亏、夏普出售给富士康，索尼和松下虽然在一些领域仍有优势，但是在其他领域的市场份额逐渐缩小。究其原因，一方面是由于日系企业没有跟上此轮消费电子的创新步伐，另一方面则由于中国企业的崛起抢占了其市场份额。再比如风靡世界的苹果手机，有很多关键零部件都是由中国上市公司制造，比如电池、耳机、Wi-Fi 天线、苹果标识的 LOGO、连接器等。在苹果的供应链体系中，中国优秀公司在不断抢占日本、韩国、中国台湾、美国竞争对手的市场份额，这批优秀上市公司的净利润持续保持高增长，诞生出很多牛股。

中国有着 14 亿人口的巨大市场，虽然受制于宏观经济增速放缓，大部分行业的增速出现了下滑。但是自下而上，我们仍能找到一些细分的朝阳行业，找到一批优秀的上市公司。例如医药行业，受制于医保控费，从 2014 年开始，医药行业成长速度明显放缓，但是我们可发现，中国优秀企业顺利通过了美国食品药品监督管理局的认证，把最难出口的药品卖到了美国，从片剂到注射剂，中国企业的产品正不断抢占印度和美国企业的市场份额。又如白酒行业，虽然经历“反腐”的阵痛，但一线白酒企业主动调整消费者结构，重点从“三公”消费转向民间消费，2016 年又出现了一线白酒供不应求、批发价上涨的情况。无独有偶，受益于消费升级，定制家具正在不断替代传统的实木家具，龙头企业的市场份额不断扩大。在环保行业，“十二五”期间国家在传统电厂的脱硫脱硝改造、污水治理等领域重点投资，“十三五”期间土壤修复、黑臭河流治理、可挥发性有机物等领域仍有较大的成长空间。

美国指数能长期保持牛市，因为美国在各个行业都诞生出一批世界级企业，IT 领域的苹果、谷歌、脸谱、亚马逊、微软，消费品的宝洁，零售业的沃尔玛等，这些企业不仅赚了美国的钱，更是赚了全世界的钱，尤其在中国市场赚到了很多钱。与此同时，巨大的中国需求让全世界其他国家诞生出很多牛股，比如日本的 TOTO 卫浴，有一半的收入来自中国。日本消费品中的药妆、狮王、花王、龟甲万酱油都是由净利润增长带动股价上涨，主要的驱动力来自中国消费者的购买。中国巨大的市场也为本土的上市公司提供了广阔的空间，我们相信，随着中国各个行业优秀上市公司竞争力的不断提高，未来一定有一批公司续写这些故事。

每个企业的成长都不是一帆风顺的，都有高峰和低谷，每个牛股诞生的背后都有阵痛的调整期。但长期的力量告诉我们，优秀的企业家会带领企业不断前行。我们相信未来中国会诞生出一批优秀的企业，长期持有这些企业将为投资者带来丰厚的回报。

刘　闯

汇添富基金专户投资经理

（本文于 2016 年 11 月刊发）

初探投资体系的建立

获取长期稳定可持续的投资回报，分享资本市场的成长是所有专业投资者的初衷。但是在投资实践中，投资业绩往往波动巨大、偏离明显，显示出“布朗运动”的特征，这当然受风格切换、板块轮动和投资者本人的路径依赖等因素影响，但是归根到底，问题的核心还是在于投资体系的建立和对投资体系的执行。因此，在笔者看来，建立投资体系并持续进行改进是投资的第一要务。笔者认为，投资体系最少应该包括三个维度：价值观、方法论和执行层面。

投资是个人价值观的完美体现，是对内心思想毫无偏差的映射。初入市场，我们往往会被很多逻辑相悖却貌似合理的观点所困惑。追涨杀跌可以描绘为砍掉亏损，让利润奔跑，技术分析可以解释为图形可以告诉你一切，长期持有可以被鄙夷为麻木不仁……林林总总的新说法，源源不断的新解释，让人无所适从。其实我们缺少的是一个锚，也就是价值观。任何系统都有明确的奖惩机制，做有益于这个系统的事情才能得到奖励，如果人人都想从中索取和不求付出，这个系统最终的结局就是崩坍。同样，资本市场就是这么一个极其复杂且高效的系统，由于人的参与，它与自然科学的系统有很大的区别，变量太多且不可控，输入和输出不稳定，实验不能重复，因此资本市场一直在创造各种神话的同时，也在不断消灭各种神话。正视市场的复杂性才能让我们认识到预测的局限性，进而才能平静、谦逊地坚守我们的价值观。2016 年股灾期间，市场极度缺乏流动性，此时有益于市场的行为是提供流动性，而不是加剧兑现流动性，理性的长期投资者将投资收益看成主动承担值得承担的市场风险的报酬，也就更容易做出有利于市场的操作，而坚守这种价值观的投资者最终也将得到奖励。事实证明坚持理性投资、价值投资和长期投资的价值观，投资业绩才具有持续性、稳定性和可复制性。

落实到方法论层面，获取投资回报无非是寻找伟大的公司共享其成长，或者挖掘阶段性低估的价值等待价值回归，这两种方法论也就诞生了价值股投资和成长股投资这两大著名的投资流派。两大流派都有大批的信徒，但是往往连投资者自己都很难回想起或者解释为什么选择这种方法论，这种看上去的偶然性其实本质上具有必然性，方法论的选择很大程度源于投资者的个人成长经历和性格特征。马克·塞勒尔在哈佛大学所做的《你为什么不能成为巴菲特》的演讲中，不无夸张地论断：伟大的投资者的特质其实在成年之前就已经决定了。虽然这种判断有武断之嫌，但是至少说明了个人的成长经历对其投资方法论的选择具有不可磨灭的影响。价值股投资者的性格偏内向，平静有耐心；成长股投资者往往充满激情，对新事物有天生的敏锐度。

投资者一般都基于自己的性格和特长专注于某个方面，只有极少数优秀的投资者才能做到很好的融合。而在实际的组合管理中，笔者认为，在自己的优势领域取得重点突破，在劣势领域做部分均衡配置，将对投资组合的稳定性有很大的帮助，这也和汇添富基金强调适度均衡的理念是一致的。

最后就是执行层面，首先必须做到知行合一，资本市场波诡云谲，每天都有无数的机会和风险，在信息爆炸的今天，疲于追逐热点，对投资水平的提高和超额收益的获取没有任何帮助。知行合一，想到即做到，加强纪律性，才能持续为投资者带来收益。历史上那些伟大投资者的投资方法和理念或许有很大的不同，但其共同的特点都是具有极强的自律性，投资者经常会后悔说我想到了，但是没有采取行动以至于错过了机会，其实本质上，他们没有意识到没有付诸行动的想法不是你真正的想法。其次是保持耐心，公司的成长和低估价值的回归都需要时间来证明，事物的发展不是一蹴而就的，而是螺旋式的，但是人性的弱点却往往会高估短期的冲击或者低估长期的变化。正确的做法是耐心跟踪你的持仓，归零思考，深入剖析持仓的逻辑，持续跟踪逻辑的变化，相互验证。最后还要善于接受市场的反馈，每个人的能力圈都是有限的，在专注于自己能力圈的同时，必须能够不断地接受外界的反馈，拓展自己的能力圈。教条的价值投资者经常对市场发生的变化视而不见，甚至充满鄙夷，但是殊不知人类社会的重大投机活动都预示着人类未来的重要发展方向。美国21世纪初虽然出现了网络股大泡沫，但是互联网却实实在在地改变了我们的生活。错把麻木当坚持，其实是懒于思考的想法在作祟。接受市场的反馈，拓展自己的能力圈才能不断进步。一言以蔽之，投资体系的有效执行，需要投资者保持知行合一，耐心跟踪自己的持仓，并且能够接受市场反馈，拓展自己的能力圈。

投资是一场长期的修行，投资体系需要不断精进，永无止境。认清自己，管理自己，提升自己，无论对投资还是生活都是很有裨益的。

谭志强

汇添富基金基金经理

（本文于2016年12月刊发）

短期与长期利益的平衡艺术

投资中最难的事情是什么？我的回答或许是短期与长期的平衡。例如某天自己持仓的个股因为走运而涨停，绝大部分人这一整天都会很开心，但倘若因为买入一个未来可以成长10倍的股票而承担了一个月的亏损，大家很可能这一个月都会闷闷不乐。短期与长期利益的平衡艺术不仅仅存在于投资界，实业界也面临着这个难题。

一个过去非常成功的企业，接下来很可能会进入成长的停滞期甚至衰退期。这或是因为它的主营业务遇到了天花板——行业驱动力的红利消失，抑或市场份额无法进一步提升，也许更糟糕——出现了强力的竞争者或颠覆式替代者。有些企业可以很快渡过这个停滞期或衰退期，然后又重新开始一轮欣欣向荣的成长，但有些企业会就此驻足很久，甚至最终走向消亡。

历史上最成功的企业，有一些是处于非常好的跑道上的——成长空间足够大、行业成长持续性非常强，10年前它们在做的业务，10年后并没有太大变化，只是中途不断进行产品或商业模式的渐进式创新。维萨（Visa）、万事达（Mastercard），以及消费品领域的宝洁、耐克等或许是比较典型的代表。以现在为起点去看未来的十年，如果还能找到这样的企业，股东无疑是非常幸福的。

但更多的优秀企业是阶梯状成长的——在原有业务遇到天花板或风险之前，为更长远的愿景投入战略资源；当天花板与风险真正来临时，不需要经过太久的盘整期，它们又可以重新焕发活力。这些企业是经营短期与长期利益平衡点的艺术家。

10 年前，我们提到的苹果是一家电脑公司，10 年后，它化身为一家移动智能终端公司；10 年前，微软给人的固有印象是在经营 Windows 系统软件，10 年后，它却更多在销售云服务；10 年前，云南白药是一个中药厂，10 年后，它成为中国最伟大的健康护理消费品企业之一。

但是，并非所有为“长期”所做的投入都会为投资人带来回报。在观察企业短期与长期利益的平衡战略时，需要非常小心地考察管理层的能力、团队的执行历史、企业现有的战略资源以及长期战略取舍的逻辑性与可行性。

成体系化的、与现有业务耦合度较高的长期战略性投入是相对成功概率较高的。中国市值最大的两家科技企业——腾讯与阿里——是两个比较典型的代表。

腾讯是一家致力于成为“连接器”的企业：连接人与人、人与服务。在移动互联网出现之前，腾讯的核心平台是 QQ，但马化腾的危机意识使得腾讯并不满足于此，事业部间的孵化 PK 让微信在移动互联网时代脱颖而出，获得了更多的资源倾注，也最终让腾讯的连接服务霸业从桌面互联网时代沿袭到了移动互联网时代。不仅如此，为了可以连接更多的虚拟甚至现实服务，腾讯还在支付服务、IP 化内容、云服务等领域投入重金，尽管这些在短期内消耗了公司的战略资源且无法盈利。

阿里的愿景是“让天下没有难做的生意”。这几年阿里一步一个脚印的布局，让人不得不叹服战略家马云的伟大前瞻。围绕以淘宝、天猫为核心的流量平台、随时随地提供服务的线上购物中心，阿里打造了支付与金融基础设施——支付宝/蚂蚁金服、物流基础设施——菜鸟物流、数据与营销工具——阿里妈妈、IT 基础设施——阿里云、电商内容化生态——优酷土豆/UC/微博，甚至未来为全渠道准备的数据工具、人工智能技术、新零售模板、供应链方案、地图工具等，目前只有广告与金融服务是阿里的核心盈利点，但没有人因为马云拿着投资人的钱投入了暂时亏损的基础技术和内容而抱怨。

在国外，为长期核心战略做蜂窝状巨额投入的典型代表是亚马逊，它以长期处于微利边缘，而投资人却给予极大宽容而著名。回头看，亚马逊没有像腾讯、脸谱等社交网络企业所拥有的优越跑道，但它将电商的商业模式不断扩宽、加固，从刚开始的似乎与线下零售并无二致，到现在将近40%的毛利率，人们开始惊叹亚马逊的愿景原来远非普通零售可以解释。除仓储物流外，亚马逊在内容与硬件、Amazon Fresh、Prime Now等服务也投入了大量战略资源，使得Prime会员不断深化内涵，用户黏性提升；2006年，亚马逊根据自身的计算、存储、网络资源优势，推出了AWS公有云服务，成为当前最主要的利润来源；此外，亚马逊的第三方平台业务也快速增长，FBA（Fulfillment by Amazon）、广告业务亦是利润贡献重点。由于Prime会员、AWS云服务、FBA等业务巨大的成功，让投资人更为相信，亚马逊宏大的愿景与卓越的执行力，可以将今天投入的每一分钱，都转化为未来的回报，以及阻碍竞争对手效仿的壁垒——让投资人更放心的是，亚马逊的现有业务每年可以产生约100亿美元的自由现金流，无须将手伸向股东的腰包。

相比之下，小体量企业的停滞期可能会比大企业更久，因为它们拥有的战略资源有限，多数时候管理层的格局也要小得多。我们看到大量的案例，都是由于一个产品线成功或下游行业爆发，企业出现了阶段性快速成长，但绝大部分会随着产品或行业红利的消失而沉沦。我们应当时常问一问，短暂的舒适期内，企业是否真的打下了三五年之后进一步成长的根基？是否在一切都看起来很好的时候就应当考虑卖出了？

还有一些企业并不缺乏长期的战略图景，甚至那个图景还很大，大得超过了企业现有的战略资源与管理边界。企业将资本投入执行力大概率无法落地的领域，它的平衡艺术很可能会出现问题——重视了长期却忽视了短期自身造血能力，本质上在毁灭股东的中长期价值。

还有一些企业是以项目制形态发展，项目组之间的耦合极少，但也阶段性取得了成功——或许是企业的机制、文化吸引到了优秀的团队并让他们高效协作，且背靠大企业拥有的丰富资源，例如网易的电商、云音乐、云笔记等产品，谷歌的无人驾驶、医疗科技等新业务，但长期是否能像它们的核心业务那样成功，笔者认为确定性要低于紧耦合发展的企业。

从短期与长期的企业利益角度去观察企业的运营，可以让我们不被短期经营趋势迷惑，而在关注长期成长空间的同时，又不忽略企业短期的经营风险。

企业的运营如此，小到投资、大到人生，又有哪些不是短期与长期利益的平衡艺术呢？

杨　瑨

汇添富基金基金经理

（本文于2017年8月刊发）

坚持长期 静待花开

股票投资是一项很复杂的工作，各种流派和理论林林总总，坚持长期投资是一种简单并且有效的方法，通过长期布局获得百倍千倍投资回报的案例数不胜数。但很多情况下，投资人即使意识到要坚持长期投资，仍然很难在实践中遵循；究竟该如何坚持长期投资，笔者将就投资工作中的一些体会与读者分享。

坚持长期，是有效控制交易风险的手段。众所周知，股票是一种高回报、高波动的资产，相对于现金、债券、不动产等，其期望收益率最高，而相应的风险是波动也最大。即使能选出最优秀的股票，其每日波动也相当大；波动很容易侵蚀已经获得的盈利。如果投资者总做短期交易，他将会一直承担股票高波动的风险，很容易在日常买卖中录得平庸的收益率。专业投资者的工作，就是从3 000家上市公司中，挑选出风险—收益比最高的优质证券，并且通过组合管理，尽量将波动的风险熨平，留下收益呈献给持有人。适度均衡是在空间维度熨平个股波动，长期持股是在时间维度熨平个股波动。

坚持长期，是分享企业成长的有效途径。股价体现企业价值，股价上涨反映企业的成长。投资人往往希望找到短期上涨的股票，股价作为买卖双方博弈的结果，有可能在短期剧烈上涨，但是企业作为一个复杂的组织，其经营状况很难在短期突变。试想一个人的资产或收入，如果能够每年增长20%，那将是何等的难得！那么，比个人复杂得多的企业组织，其业务规模/盈利想要保持20%的增长，更是非常优秀的！即使最优秀的企业，从小做大也要经年累月地磨砺。我们想要分享这份成长，只有一种途径，那就是买入并长期持有。也许有的公司可以在一年之内实现盈利翻倍和股价翻倍，但是一两年的翻倍成长，一定是厚积薄发的结果，对于投资人来说，想要抓住这种量变到质变的"薄发"转折点，大概率也需要在其"厚积"阶段保持长期忍耐和跟踪。此外，持有长期成长股的投资者往往都有一个困惑，即担心其在长期成长之后遇到增速向下的拐点，遭遇"戴维斯双杀"，股价向下的杀伤力极大，笔者认为，能够最快感知甚至预判增速拐点的投资人，一定是长期投资该企业的人，才能从细微变化之处发觉拐点。

坚持长期投资，是一种简单的选股哲学。从3 000家上市公司里选出可以赚钱的股票，是一项非常困难的工作，在这个过程中，投资者会面临很多困惑。例如，很多投资者下手前往往觉得标的"估值贵"，如果基于长期视角去思考，可以让事情简单很多。以房价为例，房价贵贱如何评估，单价高于月收入算贵吗？单价高于其他城市算贵吗？单价高于去年算贵吗？从投资的角度看，以上都不算贵。如果未来的房价比今天的房价高，那今天的房子就是便宜的。选股也是一样，如果只着眼于当前的估值合理与否，过往的涨跌如何，短期有没有什么催化剂，投资者很容易陷入彷徨，因为短期因素永远不可测。只有看长期，看企业未来盈利是不是能够持续增长，业务规模是不是能够持续扩张——未来能够越做越大的公司，今天就是便宜的；反之，如果其业务在未来是恶化的，即使相对估值再低，也是贵的。好股票的几条标准——广阔的行业成长空间、清晰可扩张的商业模式、显著的竞争优势以及优质的治理结构，都是基于长期视角才能看清的特征，而这些特征也唯有在长时间轴下，才能帮助企业战胜对手，跑赢市场。

我们正处于一个伟大时代，经过多年由固定资产投资和出口拉动的高速发展，中国经济已经积累了巨大的势能：良好的基础设施、高素质的产业人才以及旺盛的消费能力，中国未来必将诞生出很多世界级的品牌。阿里、腾讯、华为这些巨头，历经20多年成长为世界级的品牌；我们拥有不断培育世界级品牌的土壤，而新品牌和新企业的成长需要一个循序渐进的过程。坚持长期投资，在中国这片沃土上，静待成长之花盛开。

马　翔

汇添富基金基金经理

（本文于2017年5月刊发）

第二篇

运筹帷幄

上兵伐谋，其次伐交，其次伐兵，其下攻城。

策之而知得失之计，作之而知动静之理。

——《孙子兵法》

产业格局变化带来的投资机会

行业集中度的提高带来的投资机会在最近几年比比皆是，最为有名的当数家电连锁领域的苏宁和国美，在十多年的时间里迅速成为中国零售业规模排名的前两位。最近几年的案例则有工程机械里的三一重工，家电领域的美的电器。这些公司以超越行业增速的速度在成长，最终为投资者带来丰厚的回报，业绩和市值均增长了几倍到几十倍。

同时，也有市场集中度提高很慢，但是股东回报也不错的行业，最典型的案例当属银行业，由于股份制银行的更快发展，四大银行的市场份额这些年来有一定的下降。银行业繁荣的一个很重要的特点在于政府的高度管制，毕竟这些年全国性的银行数量没有太大的变化，供给的严格控制带来了很强的定价能力。

当然，也有大量的行业出现了几十年的发展中行业集中度一直无法提高的现象，如百货业、钢铁业、物流业等。充分竞争的行业如果集中度无法提高，带来的股东回报总是无法让人满意。如中国的钢铁行业迟迟无法整合，导致在世界三大铁矿石面前缺乏议价能力，利润大量流失。考虑到中国的钢铁产量占全球的一半，如果能够整合得好，不至于此。某种意义上说，美国2008年的金融危机的原因也包括美国投行业长年集中度无法提高、过度竞争，导致所有投行被迫大量卷入风险度极高的次债业务，最终美国的投行业差点就全面破产。

总之，充分竞争的行业从分散走向集中将会给投资者带来丰厚回报，那么哪些行业具有整合的机会？哪些公司具有整合的能力呢？

行业整合可能需要有三个条件：一是需要规模效益，二是出现强势整合者，三是监管环境变化。

规模效益对于大多数行业均适用。最妙的好处就是议价能力强，特别是面对政府。华尔街的投行也就是“too big to lose”的直接受益者。面对供应商和客户更是如此。

强势整合者的出现也非常重要。家电连锁行业集中度迅速提高的一个比较重要的原因就是国美以非常强势的整合者出现，将第三大的永乐和第四大的大中全部并购，加快了整合速度。最近几年国内产业整合有所加快的一个较为重要的背景在于，央企在国资委强势的管理下，纷纷成为各个行业的强势整合者。中国铝业利用行业周期性特点，整合了国内的电解铝。中国建材整合了南方水泥。美的电器的成长也伴随着对几个家电企业的收购。

行业监管政策的变化也非常重要。比如，美国军工行业在历史上出现过一波力度极大的整合，主要的推动者来自美国政府。对于中国行业龙头企业非常有利的一个政策环境在于，中国政府加大了落后产能淘汰的力度，提高了各个行业的准入门槛。最为极端的行业来自水泥，甚至暂停了行业新增产能的审批。

中国传统的制造领域正在面临系统性的整合。那么接下来值得关注的是，通过整合将带来的行业投资机会有哪些呢？

一个是太阳能产业。目前太阳能产业的终端电力价格在一些国家已经接近传统能源电力成本，比如意大利。如果进展快的话，在不远的将来，在中国也具有价格上的竞争力。特别值得关注的是，在这个产业链条上中国的企业已经具有了全产业链的全球竞争力，特别是在多晶硅上的进展最为突出，产业链条上的各个环节的国产化水平都在以较快的速度提升。中国的企业逐步具有了越来越强的成本优势和整合潜力。

二是物流行业。这本来是最需要规模效益的，但是由于种种原因，中国物流业的集中度一直无法提高，物流效率在全球比较来看是非常低的，甚至成为推动通货膨胀率的来源。目前来看，整合所需要的另外两个环节正在成熟，一个是网络销售的玩家包括淘宝纷纷表示要加大在物流领域的投入，传统零售商如苏宁也将会加大投入，这就是极度分散的行业出现了实力强大的潜在整合者。另外，政府也意识到物流领域正在成为制约经济增长效率的重要领域，也将会出台扶持优势企业的相关政策。

袁建军

汇添富基金副总经理

（本文于2011年3月刊发）

高通货膨胀环境下的投资选择

虽说市场现在一致预期通货膨胀率将会逐步退潮，但需要指出的是，较高的通货膨胀率将会在较长时间内存在。主要原因在于造成本次通货膨胀率的上升因素具有长期性，包括劳动力成本的上升、输入型的原材料价格上升和超发货币等因素。提高劳动力价格是推动中国经济转型的重要手段，再加上中国的人口红利也进入拐点阶段，因此劳动力价格的上涨将会持续很长时间。输入型产品价格上涨和超发货币的因素，恐怕很难在短期内消除。

超发货币很难在短期内出现逆转。虽然欧洲出现了希腊债务危机，美国面临提高债务上限的压力，中国也出现了地方融资平台的风险。这些均是2008年金融危机的延续，即将企业的高杠杆转移到了政府，解决的唯一办法是不断地借新还旧，直到经济的强劲复苏。在全球经济放缓的背景下，最终博弈的结果是政府难以坚持过度紧缩的政策。

中国经济的转型还处于关键时期，保持一定程度的增长是经济顺利转型的必要条件，这也是政府对于通货膨胀的容忍度在不断提高的一个重要背景，必须在通货膨胀和增长之间寻找平衡。特别是最近地方政府平台暴露的问题，使得金融监管部门也最终加入拥护适度通货膨胀政策的阵营。总之，中国将会进入长期较高通货膨胀的周期。

在这样的周期里，谈到投资，有定价能力的行业或公司将会是抵御通货膨胀的良好标的。

定价能力强是在高通货膨胀环境下维持企业繁荣和持续增长的关键。当然劳动力成本、资金价格、环保要求提高、人民币持续升值等因素不断地提高企业的经营成本，如果没有强有力的竞争优势，是无法将压力转嫁出去的。

定价能力强的行业和公司中包括下游消费品中的龙头公司，以及中游行业中市场占有率高的龙头公司。当然如果有市场占有率不断提高的龙头公司将会是更好的选择。举例来说，中国养殖行业龙头企业拥有一个市场占有率不断提高带来的增长机遇。中国劳动力成本进入中长拐点是大概率事件，中国的养殖业原先的散养逐步进入大规模养殖企业加速发展的关键时期。特别值得关注的是，养殖行业是一个大行业，中国有 6 亿头猪，现在最大的养猪企业市场占有率也就只有 1%，个体养猪户不断地退出这个市场，龙头企业的成长空间是巨大的。其他的养殖业也有类似的情景。虽然养殖业的需求较为稳定，由于供给的周期变动，产品价格表现为周期波动，但是由于劳动力成本的上升，产品价格的底部在不断抬高。虽然猪肉价格也关系到 CPI，但是由于关系到农民的利益，政府一般情况下不会进行直接的限价，而是由自身的产业周期进行调整。因此养殖行业中的龙头企业，在产品价格出现周期性底部的时候，将会是很好的买点。

中国进行经济增长的转型，新兴产业还没有发力，倒是传统产业由于供给受限，龙头企业定价能力大为提升，包括稀土、水泥、煤炭等。目前来看，产业供给端的控制还在不断收紧，很多传统企业的定价能力不但没有下降，反而在不断提升。

从投资的节奏上，由于消费品直接关系到通货膨胀和通货膨胀预期，定价能力强的企业往往会被有关部门约谈，导致定价能力无法在政府治理通货膨胀的关键时期得以发挥，也使得这些公司在通货膨胀上涨的阶段，股价会受到抑制。反而是那些定价能力强的中间制造业，产品价格不是直接与通货膨胀率挂钩，得以顺利地将成本上涨压力通过产品价格上涨向下传导，业绩增长非常快。一旦通货膨胀压力出现缓解，消费品龙头企业的提价将得以顺利实施，业绩也有望得以出现恢复性的表现。

为了控制银行风险，银监会不断提高银行的各种监管指标，直接的后果就是提高了资金价格，虽然名义利率还处于负利率状态，但是市场利率则要高得多。对于资金的争夺，导致股市估值水平的下降，股票投资对于企业质地的要求在提高。结合估值水平，寻找定价能力强、业绩确定性高的优质公司进行中长期投资，是战胜中长期较高通货膨胀的制胜之道。

袁建军

汇添富基金副总经理

（本文于2011年7月刊发）

商业模式之辨

面对流动性愈加弱化的市场，机会成本在不断提高，长期投资布局的重要性在不断提高。作为机构投资者，通过行业分析和公司竞争优势的分析，最终落实到公司本身商业模式的稳固性和持续性分析，成为进行个股选择的重要视角。

本文并未试图从公司发展战略的角度去对商业模式进行分类，而是从投资者的角度去给商业模式进行区分。优秀的商业模式必须给投资者带来良好的成长性，为了保持成长的持续性，还必须有稳固的竞争优势。商业模式的优劣和类型在财务指标上有着非常清晰的表征。成长性可以用经常性净利润的增长率来体现，公司的竞争优势用净资产收益率来表达。

净资产收益率对于投资者是非常关键的指标。从中长期看，只有净资产收益率高的公司才可能给股东带来好的回报。因为净资产收益率太低的公司，如果低于贷款利率而且持续出现，实际上无法实现对股东的回报。需要指出的是，由于中国目前处于经济转型阶段，因此整个社会的投资回报率将会出现下降。这将使得投资者预期的投资回报率被迫下降。因此能够持续保持高净资产收益率的公司也是比较难得的。

业绩增长的持续性和稳定性也是非常关键的。当前中国很可能处于十年增长周期的拐点，真正能够保持业绩持续性和稳定性的行业和公司是比较稀缺的。市场上有大量的公司其增长的动力可能来自宏观周期，目前的经济放缓和刚性成本上涨将会对这类公司形成重大不利影响。持续的经济下行将导致大量中间制造业公司的商业模式出现崩溃，股价持续下跌。更为关键的是，很多投资者还停留在过去的经验中，总认为只要跌多了一定会反弹。而没有意识到本轮经济下行周期可能影响深远，很多过去适用的商业模式实际上已经失效，无法给股东创造价值了。

如果一家公司业绩增长率和净资产回报率这两个指标都高，是最好的商业模式，属于明星成长股，也是最值得中长期投资的公司。一般情况下，这类公司的成长性表现为轻资产扩张，比较典型的有品牌消费品。这类公司由于高速增长需要极低的外部融资，经常表现出很高的经营现金流和自由现金流。如果分红不多，在账面上也会体现出极高的现金储备。这种公司往往也是所谓具有很宽的护城河的公司。

中国消费品行业和新兴产业可能是未来挖掘持续成长性投资机会的重要方向，也就是挖掘明星成长股的重要来源。当然也需要仔细鉴别。因为一些周期性的消费品最终会受到中国宏观经济长周期的不利影响。目前需求增长受宏观周期影响最小的行业有医药和替代能源等。例如，医药行业的特点在于需求受益于政策和人口结构，而供给相对稳定，门槛较高。

如果是净资产收益率高而成长性低的公司，往往是在某一个领域中的龙头公司，虽然竞争力较强，但是受制于行业趋于成熟而缺乏成长性，属于典型的价值股。由于成长性趋弱，这类公司的估值一般会较低。这类公司如果其分红收益率很高，会有一定的投资价值，否则就会令投资者陷入所谓的低估值陷阱。

成长性较高而净资产收益率较低的公司属于资本杀手，投资者很容易在这类公司上犯错误。一般情况下，如果未来净资产收益率不能高于一定水平，商业模式也不具有稳定性，依旧不具有明显的长期投资价值。当然这类公司可能也会在二级市场上阶段性地表现出上涨，给投资者以明星成长股的假象。但是这类公司的成长往往需要不断的融资来进行扩张。从中长期看，无法真正给股东带来自由现金流，因为公司不断进行的巨额融资将透露出其商业模式的真相。汽车和房地产行业的公司很大程度上属于这种公司。这种类型的公司阶段性成长性往往给投资者带来很大的迷惑性。因为这种类型的公司往往属于高资本投入型，由于阶段性的需求增长导致阶段性的高增长，一旦需求放缓，其资本杀手的本性将会暴露无遗，业绩可能会出现大幅下滑。那些将资本杀手型公司误认为是明星成长型的公司而一直坚定持有的投资者，往往在这个时期将会面临巨大的投资损失。

成长性低而且净资产收益率偏低的公司，很明显其商业模式处于非常危险的境地，对于这类公司进行投资将会面临重大风险，类似于风险投资。

根据公司发展阶段的不同，可能会出现商业模式的迁移。最为典型的是，随着行业的成熟，明星成长股可能会沦为价值股或者资本杀手。如果投资者还停留在过去对于公司的印象，依旧认为公司能够保持稳定的成长性，可能会损失巨大。因为一旦伴随着成长动能的丧失，估值的下降对于投资者来说可能是致命的。当然，如果是正好相反的情况，价值股或者资本杀手转型成为明星成长股，那么回报也是极其丰厚的。

袁建军

汇添富基金副总经理

（本文于 2012 年 9 月刊发）

供给面改善催生投资机会

在上轮经济周期，也就是过去十几年，对于需求面的分析至关重要，因为经济的高增长带动了各行各业的需求快速增长，研究哪个行业的需求增长最快成为投资机会分析的重要课题。而在经济转型的大背景下，需求增长分析依旧重要，但是供给面分析的重要性快速上升，因为供给面改善带来的投资机会比重大为上升。

经过十多年的快速增长，中国需求的增长正在面临各种“瓶颈”，包括环保、人口、资源等。目前，中国大量的传统行业成为世界第一，实际上更为惊人的是很多行业的产量或者消耗量占世界一半，包括钢铁、水泥和煤炭等。由于需求提升的难度过大，一些经济学家提出的政策建议就是所谓的“新供给学派”，只有改善供给面才能够继续大幅提升经济增长的潜力。加大供给面的研究成为寻找未来投资机会的重要抓手。

例如，2013 年一个正在研究的重大政策就是“二胎”的放开。由于中国目前已经出现了明显的劳动力红利的拐点，如果再不进行相关政策的调整，可能对中国未来经济的增长带来各方面的制约。人口供给面的紧张已经导致低端制造业成本快速上涨，人口老龄化过快带来各种社会问题，因此人口政策调整势在必行。

供给面改善带来的投资机会在股票市场的案例是非常多的。一个目前正在发生的案例就是如 2013 年创业板的连续上涨。你可以说是因为业绩的快速增长，其实不然，因为创业板作为整个板块的业绩增长也就是在 10%以内。当然一个重要原因就是持续的并购，那么为何在创业板上会持续发生并购呢？说到底就是因为IPO暂停，导致上市公司平台本身的稀缺性得以体现。创业板作为中小企业的代表更是如此，因为整体上来说创业板股票本身市值不大，更容易通过并购来实现增长。增长带来的估值提升又继续降低了股票支付型并购的成本。IPO暂停在另外一个层面又推动了并购，因为企业看到独立IPO无望，也加大了被上市公司并购来实现资产证券化的意愿。当然这个循环会在什么情况下被打破呢？那就是在IPO重启以后，那时上市公司供给的稀缺性下降，将会降低创业板的估值水平。当然降低到什么程度还有待观察。

某种意义上环保标准的提高带来的最大投资机会之一是化工股。主要的原因就是，当高污染行业的发展带来的环境污染达到社会发展所能容忍的上限时，高污染行业就会面临新产能审批困难，原有的产能受到环保标准的提升而被动停产的格局。现在新建工业区必须配套排污指标，某种意义上排污指标成为稀缺资源。即使有新建产能，由于审批流程的严格，也严重拉长了投产的时间。由于供给受限带来产品价格高涨的情况正在化工行业很多领域出现，包括以草甘膦为代表的各种农药以及染料等。

还有一个行业的高估值也和供给面的紧缺有关，即医药行业。目前，国内药物审批极其严格，每年只能新批准大约500种药品。供给端受限再加上需求的快速增长成为医药行业业绩高增长的重要保障。

供给面研究和分析不但对于股票投资越来越重要，而且也将会改变中国资产管理行业特别是基金行业的版图。

作为主动管理的资产管理公司来说，国际上几种成功模式的代表公司和人物分别是巴菲特、索罗斯、黑石和丹纳赫。巴菲特财富积累最快的时代是20世纪八九十年代，这也是美国需求增长较快的时期，目前中国也过了这个时期。索罗斯的商业模式需要有复杂的金融衍生品作为平台，目前中国不具备相应的条件。黑石和丹纳赫的成功适应了企业并购和整合的趋势，也就是在供给面改善上做文章。相比较之下，丹纳赫不但要整合能力还要对被并购对象进行管理上的提升，还不算是简单的资产管理。可以预见，在“新供给学派”可能大有所为的未来十年，黑石的商业模式可能是目前中国资产管理公司需要学习和掌握的方向。因为需求增长带来的投资机会相对比重会比上个十年有所下降，而供给改善带来的投资机会相对比重在未来十年将会大为提升。现在监管部门放开了基金行业投资非上市企业的限制，清除了类似于黑石商业模式建立所必需的政策障碍。

袁建军
汇添富基金副总经理
（本文于2013年8月刊发）

并购向纵深发展

随着中国经济的发展，并购正在向纵深发展，跨国并购、国内资本市场的并购风起云涌，甚至银行理财资金也开始逐步介入并购市场。

2013年下半年，媒体关注度比较高的一件事就是李嘉诚卖出中国资产，买入发达国家的资产。很多人对此解读为，当下发达国家市场的资产估值比中国资产更有吸引力。虽然对于这个操作是否恰当，评论很多，但是中国资本市场估值整体水平比海外市场要高确是不争的事实。如何利用这个估值差来创造盈利模式，现在比较常见的运作模式是把中国概念股在海外退市，在国内重新上市。由于过程较为复杂，流程也比较长，这种运作还会持续进行。

国内资产和国际资产还有一个期间套利的概念。发达国家由于在大量的领域发展得比中国要领先几十年，已经比较成熟。而中国在很多领域却刚刚开始面临几十年前国外企业遇到的问题。非常典型的就是环保行业，发达国家经过多年的努力，基本上把环保问题解决了。但是解决过程中形成了很多具有高技术含量的环保企业，当前由于市场萎缩导致估值水平较低。而中国环保行业的发展刚刚兴起，市场空间很大，企业给的估值也不低，但是往往缺乏核心技术。因此在某种意义上，中国环保企业和发达国家环保技术型企业的整合其实是一份天然的具有巨大协同效应的好姻缘，也是跨国并购的一个很好的切入点。这也是全球资源和技术与中国市场的完美结合。

并购市场正在吸引各方面资金的介入。当下最为突出就是PE资金直接参与到上市公司的战略性投资和并购中来。一些大牌PE公司均纷纷按照市场价格参股上市公司，如联想弘毅参股苏宁云商、KKR参股青岛海尔。这种类型的投资已经不能用简单的套利来解释，一个重要的策略就是如何通过并购协助上市公司做大做强。2013下半年公布的苏宁云商收购PPTV就有联想弘毅的身影。鼎晖投资在投资双汇集团后，2013年又协助其完成了几十亿美元的海外并购。

还有一种类型的资金就是银行理财资金，现在很多银行纷纷成立自己的资产管理部门，通过各种模式参与上市公司的并购和重组。实际上，很多并购背后的出资方就是银行的资产管理部门。

我们期待十八届三中全会能够打开一个重要的窗口，即从过去十多年的国进民退，逆转为国退民进。这将会成为打开产业整合和并购的重要契机。中国大量过剩行业之所以迟迟无法完成整合，就是因为各级政府的影响过大，导致大量不健康的生存。各级国有企业存在大量对投入产出关注不够、效率低下、漏出严重的现象。相反，在国有企业参与度很低的互联网领域，已经诞生了1 000亿元市值的腾讯和市场交易规模达到万亿元的阿里。为了自下而上激活企业活力，释放经济内生的活力，国企体制的改革势在必行，引入民间资本在所难免。

另外，由于中国目前处于转型期间，让民营资本进入一些行业领域的方式可以不是通过再新发多少牌照，通过并购重组的方式来实现可能更有效率。例如，目前鼓励民营资本进入金融体系，完全无须采用大量新发牌照的模式进行，允许甚至鼓励民营资本进行收购兼并就可以实现。在很多领域金融牌照其实不少了，大量新发牌照只会导致过度竞争，还不如通过资本的力量进行整合更有效率。

有一些政府审批环节过于烦琐，对于企业的并购重组有一定的限制。比如中国香港股票市场可以实现的闪电配售，在国内却迟迟无法实现。如果能够将再融资审批权限下放到交易所，将会大大提升企业并购重组的效率，虽然这个审批下放呼吁了多年，但至今未见成形。

减少审批环节和提升审批效率对于国企重组也非常关键。目前国企重组需要经历的审批环节偏多，导致重组效率大受影响。如果十八届三中全会以后政府审批能够真正减少环节，提升效率，对于重组将会是非常有利的。美国历史上曾经发生过8家上市公司同时停牌，同时和美国摩根集团进行换股合并。目前在中国要实现这种操作几乎不可能。

预计在社会各路资金的推动下，未来跨国并购和国企改革将会成为并购的重要发展方向。跨国并购目前在持续推进中，而国企改革带来的并购机会还有待十八届三中全会的改革政策落地来兑现。

袁建军

汇添富基金副总经理

（本文于2013年11月刊发）

中国股市的发展取决于改革进展

关于股市和改革的关系，市场上有一种观点，认为改革推动经济转型，必然带来经济增长的放缓，从而使得市场无机会。这种观点似乎很有说服力，但是事实上反例很多。

最直接的反例就是中国股市在过去几年中不断下跌，但经济增长还是保持着较高的水平。如果说股市是经济的"晴雨表"，过去几年就不应该持续下跌了。

其他国家也有很多反例，比如美国的股市在20世纪80年代经济增速比70年代放缓之后，股市却进入了长达20年的10倍上涨行情。也就是说，经济放缓不一定就等于股市走弱。实际上，经济放缓后，股市走强的案例还有很多，包括20世纪70年代的日本股市。

还有一种观点认为，中国的股市受到流动性的压制，这个似乎比较有道理。但是某种意义上，股市这么多年并没有受到过多少流动性管理的特殊照顾。当然也有反例，2007年央行对流动性收得比较紧，但是由于储蓄搬家，导致市场依旧出现了大幅的上涨。2013年的印度股市也是如此，虽然通货膨胀率很高，流动性偏紧，但是由于企业的ROE更高，导致股市依旧创出新高。

如果把中国的A股市场看成一个上市公司，中国股市不断走低的主要原因是估值水平的持续下降。毕竟中国A股市场的上市公司业绩还是持续增长的。投资者对于A股上市公司估值水平不断下调，还是出于对A股上市公司商业模式的担心。虽然利润最近几年表现不错，但是资产负债表和现金流量表还是出了点问题，很多利润增长的推动力来自加杠杆。虽说现在投资者担心比较多的是城投债的扩张，但是中国企业端的负债规模更大。而且更重要的是，大量低成本的债务由一些运作效率较低的国企承担。一旦无风险利率上升，很多运作不佳的企业将被迫去杠杆。更麻烦的是，由于这些传统企业肩负着 GDP 增长的重任，无法通过市场化的方式退出，形成了大量的过剩产能。

要改变 A 股上市公司的商业模式，唯有系统性的改革。十八届三中全会提出的改革举措对于股市的影响将会是深远的。

为何需要系统性的改革才能改变 A 股上市公司的商业模式呢？因为现在 A 股上市公司的商业模式就是过去几十年经济增长模式的产物，如果没有系统性的改革措施，将无法产生实质性的改变。

从 2013 年的情况来看，在各个部委中，金融系统的市场化改革力度较大。例如在十八届三中全会以后，证监会新股改革的市场化程度超预期。对于去杠杆，央行从 2013 年 6 月就开始尝试。但是如果没有系统性的改革配套，若干部门单兵作战的市场化改革反而会出现意想不到的风险。2013 年 6 月央行去杠杆的努力被轻而易举地转嫁给了实体经济，不但无法降低杠杆，还导致实体企业经营压力提高。

去杠杆要成功，必须要将地方政府的一些非理性扩张的债务需求给停止下来。这个不能靠简单的出台文件，还要靠改变官员提拔体系的考核指标，不能唯 GDP，而要变为考核改革力度和经济转型效果。只有切实改变一些官员的执政理念，才能够把经济结构转型的工作推进下去，诸如结束一些不健康生存的过剩产能和淘汰污染项目等。

真正把淘汰落后产能实施到位了，传统行业的供给结构改变以后，龙头企业的盈利能力才能够得到较大的提升，ROE 水平也才会得到系统性的提升。ROE 水平的提升至关重要，因为利率市场化改革，可能会带来无风险利率和融资水平的阶段性提升。只有 A 股上市公司获得了有质量的较高利润增长以后，投资者的回报才能够得到保证。

如果真正能够把一些不合理的投资需求给控制住，融资需求的扩张速度也会下来，很可能 GDP 增长也会顺势下台阶。但是利率水平会下来，企业的 ROE 水平会提升。届时投资者可能会发现，经济增长放缓了，但是股市投资回报却提高了。改革的推进，将会改变经济增长结构，最后会改变股市上涨的逻辑：中国股市上涨将不是因为 GDP 的高增长，而是来自系统性改革带来的经济有质量的增长、A 股上市公司商业模式的转变，以及投资者信心的恢复。

袁建军

汇添富基金副总经理

（本文于 2013 年 12 月刊发）

信用债投资的魅力与陷阱

信用债券与政府债券相比最显著的差异就是存在信用风险，所以信用债券比国债有着更高的收益，某些情况下收益率甚至高达百分之几十，而一旦债券发行人出现破产违约，则可能导致投资者遭受本金损失（事实上如果从国际投资者的视角来看，政府主权信用也存在违约风险，如新近的希腊国债）。正是因为这个特点，信用债券与国债相比，有着更大的投资魅力。美国著名的垃圾债之王迈克尔·米尔肯曾在20世纪七八十年代在高收益债券的投资中获得了巨大的成功，巴菲特旗下的保险公司在过去几十年中，也在高收益债券上取得了不菲的投资回报。当然，如果对信用债券的投资时机不当，投资者也可能会遭受重大损失。例如，2011年以来国内信用债券市场就经历了很大的波动，尤其是前几个月因为部分地方融资平台爆出一些负面新闻，一度引发了投资者的担忧，导致城投债出现大幅下跌，而一些重点投资信用债券的分级投资产品由于本身就存在几倍的杠杆，这些产品的价格波动甚至达到30%～50%，比起股票来有过之而无不及。因此，信用债券既充满了诱惑，又可能存在陷阱，这就给投资者提出了一个问题，究竟应该如何投资信用债券？

首先，时机选择对信用债券投资很重要。根据投资时钟理论，在经济周期的不同阶段，信用债券和政府债券的投资价值是不一样的，甚至不同等级的信用债券投资价值差异也很大。一般而言，当经济处于周期下行阶段时，政府债券和高资质的投资级别的信用债券具有较大的投资价值，而低信用资质的信用债虽然收益率很高，却需要回避。因为这个阶段企业的破产风险在加大，低资质信用债流动性很弱。一旦市场出现违约的事件，很可能引发连锁反应，导致这类债券出现巨大的波动。当政策开始放松、经济逐渐见底回升的时候，低资质的信用债将迎来最好的投资机会，而且从成熟市场的历史经验来看，在经济周期出现底部拐点的时候，垃圾债券往往是先于股票上涨的。事实上，过去几年国内债券市场也很好地印证了这一规律，比如2008年四季度金融危机全面爆发的时候，政府债券出现了井喷行情，但这个时候，信用债券却出现了大幅下跌，到2009年初，信用债券才开始上涨。最近的情况也是如此，2011年9月以来国债、金融债出现了一波明显的上涨行情，评级在AA+、AAA的高资质信用债涨幅较大，而评级在AA－的信用债却鲜有买盘，这正是投资者对信用风险谨慎心态的反映。

其次，信用债券的发债人资质是差异化的，所以做好研究对于防范信用风险非常重要。国内的信用债券市场远未发展到成熟阶段，目前无论是债券的信用评级、信息的透明度还是市场对信用风险的定价都还不完善。为了保证投资的安全性，对发债主体的研究就显得非常重要。一般而言，对信用债券的研究重点要关注以下几个方面：一是企业的经营状况。这方面债券投资者关注的侧重点与股票投资者有差异，股票更多关注的是企业的成长性，而债券关注的是企业的稳定性，尤其是盈利能力和现金流量的稳定性，因此，受经济周期影响较弱、现金流持续稳定的公司往往更容易获得债券投资者的青睐。二是发债主体的股东背景。这是国内信用市场比较特殊的一个方面，央企和地方大型国企由于具备国有股东背景，市场对这类主体发行的债券接受度要强于民营企业，其发债利率也低于可比的民营企业。但从另一个角度来讲，对于民营企业，只要对其研究透彻，对企业的经营状况非常熟悉，投资这些企业发行的债券能取得更高的收益。城投债的股东背景比较特殊，本质上来讲城投债是地方政府融资的工具，所以，对城投债需要把握的重点是地方的财政实力、财政负担以及地方政府对发债主体的支持等。三是债券的信用增强方式（也称增信方式）。目前国内的信用债券采用的增信方式主要包括股权质押、应收账款质押、土地抵押、第三方担保等，对增信方式的作用或有效性需要具体分析，难以一概而论。但如果有些债券因为发行主体本身资质偏低，有较高的票面利率，同时这些债券增信方式的有效性较好，那就具备很大的投资价值。

大体而言，做好信用研究、把握好投资时机是在信用债券上取得成功的关键要素。对于普通投资者来讲，信用债券投资上最需要防范的就是“高收益”陷阱，即主要冲着高收益率的债券去进行投资，而忽视了高收益背后潜在的信用风险和价格波动风险。要知道如果一只信用债券的收益率远远超过银行贷款利率，那么肯定是在某些方面存在明显瑕疵。这个时候必须弄清楚收益率高的原因，以及其背后的风险是不是自己所愿意承受的。2011 年出现的一些地方民间高息融资资金链断裂给债权人造成的损失就是信用风险最好的例证。毕竟，债券投资作为一种低风险的投资手段，保住本金的安全是第一位的。

陆文磊

汇添富基金总经理助理兼固定收益投资总监

（本文于 2011 年 12 月刊发）

行为金融学对投资的启示

金融市场上每天都在上演用传统的投资理论难以解释的现象。例如，金融资产的价格波动比基本面要素的波动大得多。同时，一些研究还发现，不管是成熟市场还是新兴市场，都经常会出现金融资产价格长期持续偏离基本面价值的现象。这些在传统理论看来难以解释的现象，却是投资者每天必须面对的问题，而问题的根源，主要还是传统经济学理论对“理性人”的假设。凯恩斯曾经说过，“很难明白理性人是如何进行投资的”，巴菲特也用“市场先生”来概括股票价格短期内的难以捉摸。可以说，我们每天面对的市场波动，是掺杂了诸多投资者情绪和心理变化的结果，而行为金融学将一些心理学的研究成果融入投资理论，从而给我们理解市场提供了新的思路。

行为金融学给笔者的第一个启发是对预期的理解。我们在做投资决策时离不开预测，比如对市场走势的预测、对经济指标或企业盈利的预测等。行为金融学的研究发现，投资者在做预测时会表现出一些较为明显的心理倾向：一是投资者在预测时会受趋势的影响，不管是市场本身的趋势还是基本面因素的趋势，人们倾向于从看到的趋势中形成外推预测；二是投资者在进行量化的精确预测方面会表现得过度自信，这两方面的心理学倾向结合在一起，很容易造成预期的过度乐观或悲观。以上市公司盈利预测为例，当某家公司经历了很高的景气度以后，市场往往会过高预测其未来一两年的盈利；反之亦然。因此，根据趋势的运行程度对市场一致预期做一些反向的纠正是很有必要的，趋势运行的时间越长，对市场一致预期的可信度就越应该警惕。

第二个启发是，投资者在对金融资产估价的时候喜欢寻找参照物或标准，并且因为这些标准的不同而导致对金融资产定价的偏差，这也是行为金融学发现的一个重要心理倾向。举个例子，美国的两位心理学家做过一个房地产价值评估的实验，实验参与者被带到一幢待售别墅内，要求对别墅进行估价。结果发现，当该别墅的参考报价为 119 900 美元时，参与者给出的平均估价为 114 204 美元，而当给出的初始参考价为 149 900 美元时，参与者的平均估价达到了 127 318 美元，这足以说明资产定价的时候投资者受参照标准的影响有多大。我们在投资中，经常有意无意地去寻找参照对象，新股定价时，相对估值法是最为常用的。很多主业较为特殊的公司在 IPO 的时候，尽管很难找到直接可比的公司，但市场也会尽可能地寻找可比公司进行定价。而很多研究报告也经常拿美国、日本等发达国家为参照，以这些国家的经验来作为投资的依据，从行为金融学的角度来看，这难免导致资产定价错误。因此，在这方面给笔者的启示是，在以某些参照物或标准为基础来做出投资决策的时候，要更多关注类比背后的逻辑和可比性，要尽量避免“A 是什么，所以 B 也应该是什么”这样点到点的直线对比逻辑。另外，对于流动性差、可比对象少的资产，用相对估值法进行定价就更应该谨慎，因为这些资产更容易受参照物的影响而出现错误定价。

第三个启发是，投资决策的过程中时刻需要信息支持。行为金融学发现，投资者在处理信息时会表现出一些有意思的偏好，即大部分投资者都倾向于选择支持自己结论的信息。对意见相左的信息却有意无意地忽略甚至充耳不闻，尤其是当市场的运行方向与自己的投资决策不一致时，这种倾向会更加明显。简言之，投资者要否定自己是非常困难的。行为金融学的这个发现对笔者的启示是，在投资过程中，要时刻关注与自己的投资决策相反的信息，同时尽量避免与自身观点类似的人做过多的交流，以免互相强化。

行为金融学给笔者的第四个启发是，研究发现在管理风险方面，人们对盈利和亏损的处置心理是不一样的。投资者偏好确定的利润，而对于已经出现的亏损则愿意承担更大的风险。这被称为“处置效应”。这样的心理倾向造成的结果是，人们往往会急于卖出盈利的资产，而对亏损的资产则听之任之，任由损失进一步放大。这样的行为大多数投资者都有切身感受，以前笔者在投资的过程中也经常出现这样的问题，但现在笔者会把更多的注意力集中到出现亏损的资产上，反复论证投资逻辑的合理性，如果发现决策存在问题就果断止损。

以上是笔者在日常投资过程中对行为金融学理论的一些粗浅体会，并且只是涉及了行为金融理论中的一小部分。总体来讲，笔者的感受是，行为金融理论尽管目前在体系上和实践中还无法与传统的投资理论相比，但其对投资的指导意义是毋庸置疑的。掌握投资行为中的心理因素，能够更好地为投资决策提供帮助。并且，正如计算机技术的发展使得天气预测正变得越来越准确一样，相信随着心理学等学科研究的进步，行为金融理论也将为投资者提供更大的帮助。

陆文磊

汇添富基金总经理助理兼固定收益投资总监

（本文于2012年5月刊发）

迎接资产证券化时代的到来

近期与债券市场发展相关的重大政策接二连三出台，给人以很大的想象空间，其中，有几个政策涉及资产证券化业务，首先是证监会在2013年2月末发布的《证券公司资产证券化业务管理规定(征求意见稿)》，对券商从事资产证券化业务进行了全面的规定，然后是2013年3月末银监会颁布的《关于规范商业银行理财业务投资运作有关问题的通知》(即银监会八号文)，对于商业银行的理财业务尤其是"非标准化债权资产"的理财业务提出了全面的监管要求。无独有偶，上海证券交易所也在2013年3月末发布公告，为资产支持证券提供转让服务。这些政策的密集出台似乎预示着，国内债券市场资产证券化的时代可能会很快到来。

资产证券化顾名思义，就是将非标准化、流动性差的资产变为标准化、流动性好的资产。被证券化的资产可以是实物资产，也可以是信贷资产、证券资产等金融资产，通过中介机构将基础资产集中购买和重新拆分并转让，对基础资产转让方而言可以实现资产从表内向表外的转移，对投资者而言则可以满足其以下三方面的需要：一是实现信用增级，通过引入外部担保人或内部分层设计，资产证券化产品可以满足不同信用风险偏好的投资者需求；二是将非标准化资产进行标准化处理，在资产证券化产品的面值、期限、现金流特点等方面都可以与普通债券类似，使得产品透明度更高，更容易被市场投资者接受；三是实现流动性，因为实现了标准化，资产证券化产品可以比非标准化资产更加容易进行定价和转让。因此，资产证券化产品是可以实现多方参与者共赢的金融工具。

资产证券化产品在发达国家的债券市场上占有极其重要的地位，以至于一些教科书将其与普通债券和债券衍生品并列，作为债券市场的三大金融工具之一。以美国为例，20 世纪 80 年代以来，美国的资产证券化发展非常迅速，传统范围涵盖了抵押担保证券、信用卡贷款、助学贷款、房屋净值贷款、汽车贷款等基础资产。根据美国债券协会的统计，到 2006 年底，抵押贷款证券化市场的规模达到 3.9 万亿美元，资产证券化市场的总规模接近 9 万亿美元，远大于国债 4.3 万亿美元和企业债 5.2 万亿美元的市场规模。在 2008 年美国次贷危机爆发前，其国内很多资产证券化产品层层打包过度增信，结构越来越复杂，投资者也很难真正理解其中的风险，最终成为金融危机全面爆发的一个重要原因。由此可见，过度的资产证券化也有潜在的不稳定性，但适度的证券化对整个金融体系而言肯定是利大于弊。

我国的资产证券化试点始于 2005 年，当年央行和银监会联合发布了《信贷资产证券化试点管理办法》，之后建行和国开行推出了首批试点产品，2007 年启动了第二批试点，之后基本处于停滞状态，直到 2012 年以后才启动了又一轮试点。但从现阶段国内金融市场的发展来看，大规模推行资产证券化的市场基础已经越来越趋于成熟，主要表现在三个方面：首先，从基础资产供给方来看，近年来通过信托贷款、委托贷款、银行票据等方式进行的表外融资业务规模已经非常庞大，银监会八号文颁布以后，这些传统的非标准化债权都面临着“标准化”问题，这将给资产证券化业务提供大量可供证券化的基础资产，而从更加长远的角度来看，2009 年以来银行体系资产负债期限错配的问题更加严重，信贷资产证券化有望成为将来银行改善其资产负债结构的一个重要途径。其次，从资产证券化产品的需求来看，在当前全民理财和金融工具创新速度很快的背景下，无论是基金、券商等机构投资者还是广大个人投资者，都渴望有更多收益率较高、价格和信用风险可控的金融产品可供选择。随着市场化的进一步深入，未来市场上会出现更多能够替代存款的投资理财工具，而资产证券化品种正好为这些投资理财工具提供了很好的对接。最后，从资产证券化的经验和资源储备看，经过了前几轮试点，各类参与主体都具备了一定的产品设计、定价等经验，这能够为将来进一步拓展基础资产的范围、设计和投资相对更加复杂一些的产品提供良好的基础。

随着近期一系列新法规的颁布，笔者相信中国资产证券化的大门正在逐渐开启，这将成为未来债券市场发展潜力最大的业务之一，而一系列新的资产证券化产品的陆续出现，也将使债券市场的投资变得更加丰富多彩。

陆文磊

汇添富基金总经理助理兼固定收益投资总监

（本文于2013年4月刊发）

从“钱荒”看货币政策面临的挑战

2013 年 6 月的债券市场经历了一轮不折不扣的流动性危机，从 6 月初银行间市场资金就开始日渐紧张，至下旬资金紧张格局达到极致，隔夜和 7 天回购利率均一度突破 20%，创下历史新高，大部分金融机构都在找钱。流动性的紧张导致投资者陷入极大的恐慌，股市一度两天内最大跌幅超过 10%，债券收益率也是大幅飙升，尤其是短期债券收益率在一周时间内上升了超过 200bp，均属历史罕见。

从动因来看，本轮钱荒可能是几方面因素叠加的结果。首先，为绕过管制，近年来商业银行表外业务均出现了大幅扩张，这些业务本质上都是银行传统存贷款业务的延伸，是以成本较低的短期融资来匹配收益较高的长期资产，而短期融资中同业存款资金占据相当大的比重。在利率市场化的背景下，大量原先存在银行中的活期和定期存款通过购买信托产品、理财产品、基金等方式流出银行，再通过同业存款的方式回流银行，构成了同业存款的重要来源。而非银行金融机构为了提高产品收益，通常还会再次加杠杆，扩大同业存款的规模，这个过程中，货币乘数无形中被放大了。而每当年中、年末等关键时点，银行需要扩大存款基数时，往往会导致投资者将其他资产变现或赎回，将资产变成存款重新回流银行，这个过程中同业存款规模往往会出现明显下降，同时会促使很多金融机构降低杠杆，正是在这个过程中，金融机构对流动性的需求会急剧增加。其次，人民币升值预期的变化导致的资金流动对整体流动性的影响也越来越大，例如 2013 年 1～4 月随着人民币升值，外汇占款大幅增加，随着监管的加强，2013 年 5 月以后外汇占款突然急剧下降，这也会对流动性产生冲击。再次，金融机构流动性分布的不平衡也加剧了流动性的紧张。在 2013 年 6 月的钱荒潮中，央行曾多次表示金融体系整体流动性充裕，对于几大国有银行而言可能流动性的确充足，但大部分金融机构都缺钱，只要几大国有银行不向市场拆出资金，流动性紧张的困局依然难解。

在本轮钱荒中，央行的言论和操作一度成为各界关注和议论的焦点。事实上，本轮钱荒也凸显了一个新的问题，即随着金融体系创新的加快和对外开放程度的加深，流动性需求的规模和结构正变得越来越难以捉摸，这对央行货币政策的操作提出了新的挑战。综观 20 世纪 90 年代以来主要发达国家货币政策的变化，我们不难发现两个趋势：一是大部分国家纷纷放弃将货币供应量作为货币政策操作的目标，重新转向以利率为目标的操作模式；二是更加重视预期对货币政策效果的影响，各国央行纷纷开始采用特定的货币政策规则，以提高货币政策的透明度和效率。以上两大变化正是在金融创新不断加快、金融体系的结构越来越复杂化的背景下出现的。

由此看来，笔者认为我国的金融监管和货币政策操作未来至少在以下三个方面有待进一步完善：一是对金融创新进行有效的监管和监测。相信在本轮钱荒发生以后，未来监管层对银行表外业务会进一步加以规范，控制金融机构杠杆，在此过程中，需要尽快完善现监管体系的不足，以适应利率市场化和金融创新的需要。同时，我国的流动性监测体系也有待进一步完善，目前亟须建立起一套涵盖所有类型金融机构的流动性的监测体系，除了银行类金融机构外，央行应加大对非银行金融机构流动性的关注度，并建立起极端情况下必要的流动性救助措施。二是尽可能地平滑短期利率的波动，减少流动性对金融市场的整体冲击。在金融市场中，价格永远是最敏感也是最有效的指标，金融创新会使得原有的数量指标体系不再那么有效，这时价格目标对货币政策操作就显得越来越重要。尤其是在流动性出现紧张的时候，央行必须要发挥最后贷款人的职能平滑利率的波动，否则很可能引发多米诺骨牌效应，导致流动性危机酝酿成全面的金融危机，希望本轮钱荒能加快央行从数量目标向价格目标的转型。三是对预期的引导。资产价格受预期的影响很大，预期本身是一把“双刃剑”，如果预期管理做得好，预期能发挥稳定的作用；否则，预期就会加剧市场的波动。因此发达国家的央行非常重视预期管理。而本轮钱荒跟预期管理不足也有很大的关系，在市场流动性极度紧张的时候，央行释放的信息是流动性仍然充裕，这反而加剧了市场的恐慌情绪，一些大银行即便有头寸也不敢向外拆出，从而进一步加剧了流动性的结构性紧张。在今后的货币政策操作中，央行需要更好地引导市场预期，在货币政策目标的透明化、定期的货币政策会议和决议、重要决策内容的公开等方面，我们还有较长的路要走。

陆文磊

汇添富基金总经理助理兼固定收益投资总监

（本文于2013年7月刊发）

逆向投资策略在债券市场上的适用性

逆向投资策略向来备受很多投资大师的推崇，在市场恐惧的时候买入，在市场贪婪的时候卖出，逆向投资往往能取得非常理想的长期超额收益。这方面的代表人物戴维·德雷曼在其著作中，将逆向投资的具体操作策略总结为41条法则，根据笔者理解，其中核心的观点有三个方面：首先是对资产是否便宜要有一个明确的判断，这是采取逆向投资策略的基础。判断的标准可能是非常简单的，借助一些普通的估值指标就行。而对于那些建立在很多预测或者复杂模式基础上得出的结论必须非常小心，很多时候用历史的眼光来看待资产价值的高低可能更有意义。其次是克服心理波动，尽可能采用系统化的投资方法，逆向投资需要回避市场追逐的热门品种，因为这些品种反映的预期过高，一旦有负面消息的冲击，往往会出现大幅下跌，给投资组合带来巨大损失，而买入关注度低的冷门品种，即便遭受负面冲击，下跌幅度也较为有限。最后是耐心，逆向投资要善于"守株待兔"，买入了价值被低估、市场关注度很低的品种，唯一需要做的就是耐心等待转机的来临，一旦机会到来，往往能获取理想的超额收益。因此，逆向投资需要有一个相对较长的策略执行期。

逆向投资策略不仅适用于股票投资，在固定收益市场上同样有很强的适用性。从某种意义上讲，债券投资过程中采取逆向投资策略，比股票投资更具有可操作性。

一方面，债券收益率中枢波动区间相对有限，价值的高估或低估比股票更加容易判断。在牛市和熊市中，股票估值的波动非常剧烈，有时会达到匪夷所思的程度，与之相比，债券收益率的波动可谓上有“天花板”，下有“地板砖”，债券收益率的上下限在实际情况中有很多可以参考的锚。比如，在国内债券市场上，资金成本对债券收益率的下限有明显的制约作用，政府债券收益率很难长时间低于回购利率，10 年期国债收益率也很少低于 1 年期定期存款利率。通货膨胀是另一个重要的参考依据，尤其对于长期债券，其收益率的中枢水平一般是长期通货膨胀平均水平再加上一个实际利率，债券的收益率围绕这个中枢水平波动，不会偏离太远。对于信用债而言，企业盈利能力和贷款利率是非常重要的锚，1 年期贷款利率下浮 70%～80%往往能作为大型央企发行债券的利率下限，而企业的 ROIC、贷款利率上浮 20%～30%则一般能作为多数信用债合理利率的上限。给出了这些参考的锚，再适度运用一些简单的历史统计规律，也就可以大致判断出债券的收益率是否合理、是否已经调整过度，从而对各类债券的投资价值做出评判。

另一方面，债券票息可以提供更好的等待保护，让逆向投资策略“耗得起”。与股票投资相比，债券投资的一个天然优势就是具有票息收益，“票息保护”是固定收益投资中的一个重要概念，票息越高、债券的久期越短，“票息保护”就越高，也就是说，债券抵御收益率上行的能力越强。当判断债券市场已经具备投资价值，但市场还在下跌、不知道何时能够反转的时候，只要把票息因素和久期因素合理搭配，就能充分利用债券票息的保护，在组合不亏损的情况下耐心等待市场反转的机会，这就给债券的逆向投资策略提供了很好的操作空间。

此外，金融创新也将给债券的逆向投资提供更多的可操作性。比如，国债期货推出以后，在国债收益率已经具备明显投资价值的情况下，可以逐步买入国债现货建立多头组合，但此时收益率可能仍在上升，因此，可以同时建立期货空头进行对冲，在不过分暴露久期风险的情况下达到持有现货组合的目的。在国债收益率开始下降时，在到达现货建仓成本的位置平仓期货空头，这样不仅可以更好地控制组合下行风险，而且在现货流动性不太好的情况下，也有充分的时间建仓，从而为逆向投资策略的实施提供理想的操作手段。

陆文磊

汇添富基金总经理助理兼固定收益投资总监

（本文于2013年10月刊发）

2014年债券市场 从扭曲分割到估值重建

正当2013年下半年以来债券出现全面暴跌、投资者陷入绝望的时候，2014年债市却出人意料地迎来了“马上有钱赚”的小阳春行情，年初至今各类债券普涨，债券基金的平均收益率已经接近2%，部分投资风格配置较为激进的产品甚至已经获得超过5%的收益。2014年以来的债券走势与2011年第四季度相似，市场上涨的动因来自货币政策出现微调、资金面转向宽松，国债、金融债和资质较高的信用债率先上涨。2012年以后债券市场迎来了一轮持续时间长达一年半的大牛市行情，很多人自然会关心这样的情景在2014年是否也会重演？这个答案或许要从2013年债券下跌的原因中去寻找。

对于2013年的债券市场，笔者最为深切的感受是债券市场出现了较为严重的割裂现象。其表现之一是长期和短期市场的割裂，利率市场化推动了货币基金、银行理财产品规模的快速膨胀，导致资金向短期市场流动，而短期产品主要投资到银行同业存款和短期债券等品种上，使得长期债券需求不足。另一个市场割裂表现在利率债和信用债的投资方面，传统的利率债配置主力机构——银行和保险——因为资金成本的上升和非标资产的替代，对利率债的配置大量减少，从而导致2013年利率债出现了近10年来罕见的大幅下跌，10年期国债收益率一度达到4.8%，而10年期金融债收益率甚至创下接近6%的历史新高。信用债2013年走出了一波过山车行情，上半年基金、券商等机构对信用债的配置需求仍较强，信用债收益率被不断压低，信用利差被大幅压缩，6月“钱荒”之后随着债券基金等产品规模的收缩，信用债的收益率也和利率债一样出现了大幅上升，但信用利差始终保持在偏低的水平，并未像2011年那样系统性地显著扩大。正如市场分割理论所描述的，债券市场按照投资者结构的不同被分割成为几块，债券受到货币市场资金成本高企和非标资产替代的双重挤压，不仅收益率水平大幅上升，而且债券的估值体系也呈现出脱离经济基本面的扭曲状态，典型的表现就是收益率曲线严重平坦化甚至倒挂，以及在大部分时间都偏低的信用利差。

2014年以来，债券市场分割的坚冰逐渐开始溶解，债券市场的估值体系开始重新修复。首先是央行的政策态度出现了一定的转变，货币市场的流动性保持宽松，2月以来隔夜回购利率甚至回落到低于2%的水平，银行非标资产的投资增速明显放缓，对资金的需求也有所下降，同业存款等短期投资品种的收益率也相应出现了明显的回落。尽管在利率市场化的大背景下，资金脱媒的趋势仍会持续，无风险利率难以很快回落到以往很低的水平，但像2013年下半年那样无风险利率飙升到6%～7%甚至更高的现象，2014年预计不太可能再次上演。其次是经历了收益率的大幅上升以后，各类债券的投资价值已经非常显著，从绝对价值来看，即便2014年初各类债券收益率已经出现了较大幅度的下降，但从历史上来看仍处于很高的位置。从相对价值来看，信用债的收益率与非标资产相比差距也已经缩小很多。在非标资产增长得到控制的情况下，银行、保险等机构对债券配置需求的增加是完全可以预期的。因此，笔者更愿意将2014年初以来债券市场的上涨视为估值修复的行情，在上述多重因素的作用下，债券市场的投资环境正在逐渐转暖，2013年以来被扭曲的估值体系正在重建。

未来估值体系的重建过程仍将延续，但市场的影响因素比2012年要复杂许多。从央行的政策导向来看，2014年1月社会融资总量创出历史新高，货币政策几乎不可能全面转向放松，公开市场操作存在变数，而银行体系降杠杆控制非标资产的增长都需要较长的时间，至少从上半年来看银行的资金需求不会明显减弱，季节性的需求增加仍将存在，加上货币基金继续扩大等因素，意味着货币市场利率的波动会较为频繁，并将传导到债券市场上。再从信用市场来看，2014年以城投债为代表的信用债面临还本付息的高峰，债券的供给量较大，同时，年初以来爆发的一系列信用事件预示着今年信用风险不可忽视，信用事件甚至可能明显超过 2013 年，未来信用利差面临扩大的压力。

因此，要指望债券市场一马平川、出现一波从利率债到信用债轮动的大牛市行情，目前看来存在一定难度。但令人鼓舞的是 2013 年以来困扰债券市场的深层次因素正在逐渐改善，小阳春的开局预示着债市的坚冰开始溶解，目前债券市场的整体投资价值仍然明显，把握未来机会需要在资产配置上踏准节奏的适度择时和对具体品种的精挑细选，2014 年注定会成为考验投资者债券主动投资能力的一年。

陆文磊

汇添富基金总经理助理兼固定收益投资总监

（本文于 2014 年 3 月刊发）

资产配置三要事

资产配置作为投资决策过程的重要环节，其意义已经得到市场的充分检验。大量研究显示，一个投资组合的长期业绩表现超过90%是由大类资产配置贡献的。以往国内投资者对资产配置最为关注的是社保和保险公司等长期资金管理者，但近年来随着银行理财规模快速壮大、高净值客户不断增加以及养老保险制度改革的渐行渐近，资产配置正日益成为人们关心的热门话题。那么，哪些事情是资产配置过程中最为重要的呢？

资产配置要考虑的第一个重要问题是“时间”因素。

这包含两层意思。其一，是要用“长期”的视角看待资产配置这一命题。在笔者接触过的投资者中，有一些投资者将资产配置理解成短期内如何调整股票、债券等资产的比例，以获取更高的收益。但事实上，资产配置很难解决非常短期的问题，也不是快速赚钱之道。

恰恰相反，资产配置之所以有效，就是利用了资产在长期中相对稳定的收益和风险规律。市场短期的运行充满了各种不确定因素，具有很强的不可预测性，波动越大的资产越是如此，试想一下，谁能准确预测股市未来半年或一年的投资收益是多少？有时即便预测对了也是运气；但如果把时间维度拉长，就不难发现各类资产的收益和风险是相对有规律可循的，并且随着时间的拉长，各类资产收益预测的可靠性会逐渐提高。

比如，美国市场一百多年的数据告诉我们，股票的实际收益比债券高将近7个百分点，波动率差不多是长期债券的2倍，是短期债券的4～5倍。在过去的

50多年中，如果剔除2008年金融危机期间的异常影响，以每个10年为周期，股票和债券的收益遵循类似的统计规律，这就为平衡收益和风险提供了相对科学的依据。

时间因素包含的另一层重要含义是淡化时机选择。一旦确定了大类资产配置比例，就应该在配置的时间周期内严格执行。

随着从业年限的增加，笔者越来越不相信频繁的时机选择能够创造超额收益。在一个波动的市场中，投资者很难克服恐惧和贪婪这些人性的弱点。因此，从较长的时间周期来看，频繁的时机选择往往是做对一些、做错一些，平均来讲并没有获得明显过人的收益，还增加了交易成本。但这还不是最严重的，更加严重的后果是，因为心理因素的干扰，频繁的时机选择有可能错失获取最高收益的投资机会。

以A股为例，在过往20多年中，上证指数的平均算术年化回报率是24%左右，但如果错失了其中最赚钱的20%时间，投资回报率将变成−2%，试问有多少投资者在A股的一轮完整的牛市中能跑赢指数？多数人往往是在市场已经上涨20%～30%以后才转为牛市思维。因此如果频繁进行时机选择，在股票牛市中可能会因为错失机会而导致长期业绩大幅下降。

资产配置需要注意的第二个问题是树立风险收益相匹配的投资理念。

从资产配置的角度来看，风险和收益总是成比例的。“时间”因素是确保这种比例可信的前提条件，在确定了配置时间的因素以后，选择承担多大的风险因人而异，对机构投资者而言更多与资金成本、流动性考量有关；对个人而言更多与年龄、收入等因素有关。但同样需要注意的是执行纪律，因为风险暴露过度和风险暴露不足都是可能导致资产配置决策失败的风险，前者可能带来超出预期的损失，而后者可能导致收益不达预期。要知道，“复利是宇宙中最强大的力量”，从长期来看，即便是一个百分点的年化收益或亏损都可能带来严重的后果。

资产配置过程中需要注意的第三个问题是选择合适的基金经理。

每个人都希望自己的资产配置决策定了以后，能把资金交给有能力的基金经理管理，以便获取超过市场平均水平的收益。但基金经理的历史业绩中既包含能力的部分，也包含运气的成分，因此要观察较长时间的业绩表现，业绩存续时间越长越有说服力，一般至少要观察 3～5 年的业绩。

值得一提的是，业绩排名不能完全替代对基金经理能力的观察，因为任何基金经理业绩都存在均值回复性，一名基金经理获取超额收益的能力并非意味着每年都有稳定的阿尔法，而是在较长的时间内平均能获取正的阿尔法，短期业绩表现特别突出的基金经理在随后的一段时间业绩表现往往不尽如人意，如果仅仅根据短期业绩排名挑选基金经理，结果可能会适得其反。

这其中，选择合适的基金经理可能是最为困难的事情。目前，国内的公募 FOF 产品已经问世，未来投资者也可以选择投资 FOF 基金，让更加专业的 FOF 投资经理来完成对最终管理人的选择。

资产配置是一件既简单又复杂的事情，真正重要的是形成对资产配置正确的理解，并且把资金交给有能力的管理人进行管理，给予其足够的时间和耐心，最终实现资产配置的目标。

陆文磊

汇添富基金总经理助理兼固定收益投资总监

（本文于 2017 年 10 月刊发）

关注投资理念 掌控投资过程

正如美国前财政部长 Robert Rubin 所言:“关于市场,唯一能确定的就是不确定性。”对于大部分投资者而言,宏观经济的波动是难以把握的。在经历了 2008 年的金融危机之后,经济将进入衰退成为普遍的观点,然而 2009 年在天量信贷供给和 4 万亿元财政投资的刺激下,中国经济甚至出现过热的迹象,这一点远远超乎投资者想象。公司的经营情况同样经常会发生意料之外的变化,例如新产品的开发进展,又或者是产品价格的剧烈波动。

既然宏观经济和公司的经营情况经常出人意料,股价的剧烈波动也就不足为奇,而投资者情绪的波动程度丝毫不亚于动荡的市场。在交易日结束之后,投资者往往会为重仓个股的大幅涨跌或悲或喜,又或者为没有即时买入牛股而哀叹不已。甚至于专业的基金经理,也会为即时的业绩排名变动而苦恼。

《汉书·礼乐志》中写道:“临渊羡鱼,不如退而结网。”面对捉摸不透的市场,投资者与其为短期的得失或悲或喜,不如认真思考一下自己的投资理念和投资过程,这也是投资者真正能够掌控的。长期投资成功与否,很大程度上取决于投资过程的把握。要成功做到这一点,需要解决好两方面的问题:一是选择优秀的公司作为投资标的,二是选择合适的价格买入。

第一个问题是,何为优秀的公司?首先,要判断公司所处行业的成长性。理想的行业是,随着时间的推移,该行业在经济总量中的份额能够持续上升,这也意味着行业的长期增长速度会快于 GDP 的增长速度。要找到这类行业,投资者需要对经济的某些变化有长期的趋势性判断。例如,2002 年以来中国的快速工业化进程使得全球范围的资源和能源需求大幅上升，这带来了最近几年的大宗商品牛市。又例如，收入水平的提高使得人们对健康的重视程度日益上升，人口老龄化趋势也会大幅增加医疗需求，医疗保健将会是持续高增长的行业。对于高增长的行业，能够把握行业趋势并且相对于同行稍有竞争优势的公司往往就可以成为优秀的公司。当然，好行业并不仅仅局限于持续高增长行业，周期反转型的行业往往会给投资者带来非常丰厚的回报，这需要对行业拐点有准确的判断，一般来说，只有少数的行业专家才有能力做到这一点。

其次，要分析行业在整个产业链中的地位。一个行业如果在产业链中处于强势地位，往往能够将整个产业链的大部分收益据为己有。以家电连锁行业为例，上游的家电厂商长期处于相对分散、竞争激烈的状态，下游则直接面对个体消费者，优秀的家电连锁企业自然成为家电产业增长的最大受益者。相反，大部分家电厂商在过去几年举步维艰。

再次，要考虑行业内部的竞争格局。高成长行业有时候并不能诞生优秀的公司，原因在于行业壁垒过低，新进入者源源不断，导致行业内的竞争过于激烈。典型的例子是国内的手机制造行业，2004 年中国的手机销售量为 7 870 万部，2007 年达到 1.5 亿部，行业增长不可谓不快，但国内的手机制造企业只能是各领风骚几个月，没有一家成长为优秀的公司。

最后，要考察公司在行业内的竞争优势。竞争优势的重要性无须赘言，对于各个行业也不尽相同，这里就不一一展开。对于股票投资而言，尤其要关注有创新商业模式的公司，这类公司往往能够建立起有别于竞争对手的优势，从而带来意料之外的高成长。

第二个问题是，对于一个公司而言，什么样的价格是合适的？这个问题很难回答，股票估值有科学性，也有艺术性。有两个思路可供投资者做参考。第一个思路是用 PEG 指标对成长股估值。传统理论是，对于成长股，PEG 等于 1 是合适的。但在实际应用中，在成长性之外，投资者还要考虑风险补偿。对于确定高成长的公司，PEG 大于 1 有时候也是合适的；反之亦然。第二个思路是用市值进行估值。对于短期处于困境或者账面盈利无法反映真实经营情况的公司，以盈利指标进行估值往往会低估公司的价值，而通过对公司各类资产价值与市值的比较，有时候会给投资者带来意想不到的惊喜。

总之，在波动的市场里，确定正确的投资理念，牢牢把握投资过程，选好公司，在合适的时机以合适的价格买入，将成为投资者长期投资制胜的关键。

王　栩

汇添富基金总经理助理、权益投资总监

（本文于2010年3月刊发）

大师们如何逆向投资

过去10年里，A股市场是成长股投资的乐土。由于中国名义GDP以年均14.9%的复合速度增长，许许多多的行业都在演绎相同的故事——企业由小做大进而成长为优秀的企业。在这种背景下，A股市场的投资者在成长股上获得了非常丰厚的回报。与此相对应的是，价值股在A股则显得过于乏味而无人问津。但在2008年全球金融危机之后，中国经济可以说进入新的发展阶段，相当数量的传统行业已经进入成长末期甚至是成熟期，如石化、传统能源、航运、钢铁、建材、家电等。而这些行业在A股市场占据相当大的权重，因此如何投资低速成长股或者说价值股成为一个重要的课题。

其实，价值股投资远不是表面看起来那么乏味。从美国股市历史收益率统计来看，成长型投资风格和价值型投资风格交替跑赢对方。1979～1991年13年间标准普尔500内部成长型股票和价值型股票的平均回报率都在16.5%左右。1991～2000年成长型股票显著跑赢价值型股票，但IT泡沫破灭之后，价值型股票大幅缩小与成长型股票的差距。从美国的经验来看，价值股投资也能获得非常好的收益，问题在于，是否以足够低的成本买入，在关键时点做逆向投资无疑是价值股投资最重要的一个环节。

逆向投资最早是由戴维·德雷曼(David Dreman)在对行为心理学研究的基础上提出来的。德雷曼被投资百科网选为19位最伟大的投资家之一。他认为股票市场是专门针对人性的弱点设计的，人性的贪婪与恐惧在股市中表露无遗。投资者情绪会导致股价大幅偏离其内在价值，而成功地利用其他投资者的错误定价能够获得相当丰厚的回报。德雷曼的主要投资方法是在股价受到打击的时候买入市盈率、市净率较低但分红高于平均水平的股票。德雷曼表示，成功运用其投资方法的一个关键点是：不要期望你所采用的策略在市场上马上就能成功，给它一个合理起作用的时间；也就是说，要把眼光放在长期收益上。1979 年，在美国股市已经持续低迷了 15 年之后，德雷曼出版了《逆向投资策略——证券市场成功心理学》一书，告诉投资者“股市正位于历史的低水平”，应当买入。最终，德雷曼的观点得到证实，1982 年起美国股市由熊转牛，并且一直持续到 2000 年。

约翰·聂夫(John Neff)被认为是典型的逆向投资者。他在《约翰·聂夫谈投资》序中总结道：“对我们来说，丑陋的股票往往是美丽的。如果温莎基金的投资组合看起来就很容易让人认同，那么可以说我们是在敷衍了事。”正是凭借着这种独特的投资风格，约翰·聂夫获得了令人瞩目的投资业绩，在长达 31 年执掌温莎基金的过程中 22 次跑赢市场，基金增长 55.46 倍，平均年复利回报率 13.7%，超过市场平均收益率 3%以上。约翰·聂夫的投资方法可以总结为以下几点：第一，低市盈率。对于周期性行业，只购买那些预计市盈率就要跌到底部的股票。对于成长性行业中的稳健公司，当被坏消息打击而进入低市盈率状态时加以关注。第二，总回报率最好能够达到市盈率的 2 倍以上。总回报率是约翰·聂夫战胜同行的法宝之一，它描述的是一种成长预期，收益增长率加上股息率。第三，只选择基本面至少接近平均标准的公司，这样低市盈率才说明公司价值未被充分认识。第四，坚定的卖出策略。在基本面变坏或者股价达到目标价格时要有卖出的决心。约翰·聂夫的经典投资案例是对花旗银行的投资。温莎基金从 1987 年就买入花旗，持股成本一度高达 33 美元/股，1991 年底花旗最低跌到 8 美元/股。但由于约翰·聂夫对花旗各项业务的深入认识以及对花旗管理层的信任，温莎基金在股价下跌的过程中持续买入，在 1992 年对花旗的投资即取得盈利并最终获得非常高的回报率。

总结两位投资大师的经验，成功的逆向投资至少需要做到以下三点：第一，对行业或企业基本面有深入的认识；第二，在关键时点敢于挑战主流认识，做出与大部分投资者相反的决策；第三，要有足够的持股耐心。对于能够管理好自己的情绪而且用功的投资者，做到这三点并非不可能。

王　栩

汇添富基金总经理助理、权益投资总监

（本文于2011年2月刊发）

长期投资之辩

与投资相关的经典教科书无一例外地教导我们，坚持长期投资和价值投资是在股市中获取超额收益的制胜法宝。然而，与世间很多至理名言一样，只有经历了众多酸甜苦辣后，投资者们才能体会到，坚持长期投资在真正实践中是多么知易行难。

以中国股市为例，十多年前沪深两市有两只著名的白马股，当时很多财经文章都教育投资者，在股市赚钱最简单的方法就是买入并坚决持有这两只股票（用当下流行的话就是hold住它们）。时过境迁，假如还有听从上述建议买入这两只股票持有至今的投资者，相信他们对长期投资的体验绝不美好。类似的是，几年前曾受市场热烈追捧的绩优蓝筹股等，过去几年的累积收益率也是很难令人满意的。

当然，以《漫步华尔街》为代表的很多投资书籍告诉我们，对大多数人而言靠选股战胜市场是神话，买入指数并长期持有才是投资的王道。从美国股市的实证数据来看，上述观点争议性不大。然而仔细想想，这种观点又何尝不是建立在美国股市经历了长达数十年的长期牛市的基础之上？如果让投资者在20年前买入日经指数并持有至今，必定没有任何投资者会感到满意。

以上论述并非想说明长期投资理论是错误的，而是笔者在研究投资实践过程中产生的对长期投资方法的一些粗浅思考。长期投资方法绝不是追随市场热点买入一两只广受追捧的高知名度白马股进行长期持有，或者随时/随机买入一个指数并长期持有那么简单。看似人人都很容易理解掌握的长期投资方法，之所以最终只诞生巴菲特、彼得·林奇、邓普顿、安东尼·波顿等少数几位投资大师，关键还在于这些大师们具有常人所不具有的能力和素质。

笔者认为，依靠长期价值投资方法获取超额收益需要具备两个素质，一是高超的选股能力，二是有强大的信心和长期投资信念做支持，两者缺一不可。在选股方面，巴菲特等投资大师告诉我们，必须寻找具备盈利模式好、管理层优秀、具有宽广的护城河并且估值合理甚至被低估等特征的股票，对专业的投资经理或资深的研究员而言，找到或曾经拥有这样的股票也许并不是很难，但在市场和行业出现波动时仍能坚持长期持有却非常困难。如同再强壮的人也无法保证几十年从不生病一样，再伟大的公司也难以做到连续几十个季度持续快速增长、始终达到甚至超越市场一致预期。在宏观经济和行业周期性波动的过程中，这些公司一旦出现短期的增速放缓或业绩低于预期，股价往往就会因估值和盈利预测的双重调整而出现大幅波动。这时，只有对公司理解最深、能够甄别驱动公司长期增长的关键因素是否发生变化、不受市场主流观点影响而对自己的判断充满信心的投资者才能坚持下来并笑到最后，这也是投资大师和普通大众的最大区别。笔者曾有幸向安东尼·波顿等投资大师请教与交流，印象最深的并非是他们对宏观经济走向的判断或是对某个行业某只股票的分析，而是被他们谦逊平和的性格，在遭受系统性风险、业绩受到较大损失时表现出来的淡定与信心所深深打动，也许这才是这些大师能够达到常人所不能及的高度的根本原因。

回到目前的A股市场，虽然因一些先天性的制度缺陷（如国有企业产权关系模糊、管理层更注重融资功能而非投资者回报等因素）的存在，市场总体呈现周期性而非成长性的特征（每年波动幅度巨大但长期复合回报率低）。但过去十年A股中依然涌现出一批涨幅数十倍的超级大牛股，这证明以基本面分析为基础的长期投资方法在中国依然是可行的。站在目前时点上，虽然股市跌跌不休、呈现典型的熊市特征，但放眼长期，驱动中国经济保持较快增长的因素（如城镇化、消费升级、装备制造业崛起等）并未发生根本性的变化，市场低迷、整体估值处于历史低位为优质股票提供了更好的安全边际。在这样的背景下，如果投资者能在市场恐慌性下跌中坚持独立判断，对各个行业中具备长期竞争力的优质个股进行深入研究、优中选优并敢于坚持持有，相信最终将获得不菲的回报。

陈晓翔

汇添富基金跨境投资总监

（本文于2011年10月刊发）

全球化竞争与全球视野

经济全球化的趋势不可阻挡，投资也必定如此。现如今，全球各行业的龙头公司，无论是金融行业的高盛、花旗，资源行业的埃克森美孚、必和必拓，制造业的 GE、西门子，还是科技界的苹果、微软、谷歌，其收入很大一部分来自海外。而中国很多优秀的企业，其收入和利润也与海外市场有着越来越紧密的联系。因此，在研究行业发展趋势和具体某家公司的竞争优势时，我们越来越明显地体会到，仅仅着眼于国内供求关系和竞争格局的分析是不够的，基于全球视野的研究在以下几个方面能给我们提供很大的帮助。

首先，对于很多行业尤其是大宗商品或全球性竞争的行业，在研究未来行业前景、景气度变化时，必须对全球供求关系进行全面和深入的计算，才能得出较为正确的结果。2004 年中航油事件、2005 年国储铜事件都说明仅凭历史经验、忽视全球供需方面的最新变化，将会导致灾难性后果。其次，在很多新兴产业，很多重要的技术创新最早是在国外产生的。例如 TMT 领域中互联网的诞生、电子商务的崛起、移动互联网的兴起、能源领域出现的页岩气革命，以及医药领域众多重磅级创新药的研发进展，都能给我们研究国内相关行业和公司提供很多思考与帮助。再次，某些好的盈利模式具有可复制性，通过国内外的比较，对寻找相关投资标的会起到事半功倍的作用。例如苏宁电器 VS 百思买，新浪 VS 雅虎，百度 VS 谷歌，新浪微博 VS 推特，等等。最后，近年来，一些有理想、有抱负的优秀民营企业为了提高国际知名度、到更大的舞台上参与竞争，选择了海外上市的方式，典型的如互联网公司中的腾讯、百度、奇虎

360 等，游戏公司中的网易、畅游、盛大等，天然气产业链中的新奥能源、安东油服、华油能源等。这迫使我们为了更好地了解相关产业链，必须拓宽自己的视野，把研究覆盖到海外市场。

当然，凡事各有利弊，在拓宽研究视野、增加研究比较的同时，我们也经常遇到困扰，例如我们发现很多海外上市的中国公司具有很强的竞争力和持续成长能力，但是与国内上市的一些竞争力稍逊的同行相比，它们的估值却有非常大的折让，大多数情况下海外公司估值远远低于国内公司。例如A股上市的游戏公司，估值普遍超过40倍，而海外上市的游戏公司估值大多不到10倍；A股上市的天然气产业链上的公司，动态估值大多在40倍以上，而中国香港上市的相关公司普遍在10～20倍；国内优秀的医药上市公司动态估值普遍高于30倍，而海外上市的公司大多为20多倍；A股上市的互联网公司，只要具备“平台”潜力，投资者可以忽视估值，而海外上市的龙头企业大多在20～30倍。以上这些现象，有时反而给我们的A股投资造成了困扰。当然这不应该成为否定我们增加海外研究的理由，我们需要用更好的心态，客观冷静地看待这个问题：

其一，在一定程度上，海外上市公司之所以低估值，是因为海外投资者对中国宏观经济、行业发展状况及具体的上市公司的情况不够了解。尤其是过去几年因为少数中概股出现财务造假丑闻，以及VIE结构引起海外投资者对治理结构的担忧，这种估值折价的现象尤为明显。只要相关公司治理结构进一步改善，业绩和成长性持续，未来估值水平回升应在情理之中。其二，国内外投资者风险偏好不同，国内投资者更愿意给予阶段性的高成长公司更高的估值溢价，而海外投资者更注重长期，更看重性价比。其三，正如索罗斯的反身理论所言，国内新兴产业的高估值和再融资优势，使相关上市公司有更大的动力和资金实力通过收购兼并等方式实现外延式增长，这在一定程度上推动了它们的估值在一段时期内维持在较高水平。其四，从长期看，随着国内部分投资者对海外资产配置需求的增加，以及资本项目下开放程度越来越高，海内外公司的估值差异将逐步缩小。目前部分优秀海外公司的低估值对于有准备的投资者而言也许是非常好的投资机会。作为国内的机构投资者，现在加大对海外公司的研究力度，并在合适时机通过 QDII 等方式抓住相应的投资机会，才是对持有人真正负责的态度。

陈晓翔

汇添富基金跨境投资总监

（本文于 2013 年 8 月刊发）

赢者的诅咒:新股定价的困境

最近在A股市场上,新股发行定价和上市后股价表现生动地演绎着“赢者的诅咒”(The Winner's Curse)。由于三个月锁定期的缘故,获得配售的一级市场网下申购者最终因为过高的报价而亏损。网下申购者贪婪的心理和畸形的游戏规则是造成这一现象的背后原因。

“赢者的诅咒”最早被发现广泛存在于石油、天然气钻探权拍卖市场中。1971年,凯本等(Capen, Clapp and Campbell, 1971)在《石油技术杂志》上第一次正式讨论了“赢者的诅咒”这一新的概念,发现在墨西哥湾油田拍卖之后,赢者最终在财务上亏损或者实际收益严重低于预期的现象,这还是在石油名义价格从3美元涨到35美元的背景下发生的。在他们和后来其他学者的研究中发现,这种拍卖的竞标价分布区间非常广,最高的往往是最低价的好几倍,甚至是次高价的数倍,而且竞标者往往没有体现出任何学习和总结经验教训的特征,多次重复相同的拍卖游戏,结果没有实质性改观。“赢者的诅咒”的严重程度随着投标者数量的增加而加剧。

除了石油天然气钻探权拍卖之外,“赢者的诅咒”还经常发生在移动通信频率拍卖、新股发行、公司控制权争夺、广告在线点击付费等多个领域。按照博弈论的术语,在不完全信息条件下的共同知识拍卖中,赢者通常会付出太高代价而被诅咒:赢标超过被拍卖资产的价值导致赢者亏损;或者是被拍卖资产的价值低于拍卖者的预期,赢者虽然还盈利,但是净收益低于预期。拍卖是市场经济中很重要的价格决定机制形式之一,存在的历史非常悠久,主要表现形式是一个卖家面对多个买家，这种经济行为很具代表性。拍卖理论的研究早就发生了巨大的变化，但是拍卖者的不理性依然是无法克服的。你可以让所有拍卖者在某些时候保持理性，也可以让部分拍卖者在任何时候保持理性，但是你不能保证让所有拍卖者在任何时候都保持理性。

在笔者看来，虽然A股市场的新股发行模式不断进步，但是有一些背后的深层次原因却无法在短期内改观：

首先是路演流于形式，仓促中留下遗憾。新股发行本质上就是基于公共信息的一次性拍卖，参与拍卖的投资者都要对拟上市公司的价值进行评估和判断。这些公司的招股说明书已经提供了初步的信息，但是监管机构和中介人主要负责这些信息的合规性和财务的可靠性，它们的成长性就只能依靠投资者自己的判断。但是现在的询价阶段非常匆忙和仓促，仿佛就是走过场，几乎所有的上市公司管理层无法有充足的时间与机构投资者沟通，最多也就连续三天飞京、沪、深三地做大型路演，短短数个小时，介绍就占了一大半，最后也就留有很少的时间回答几个问题。我们引入了路演的形式，但其实也就是一个形式而已。很多拟上市公司并不了解资本市场的双刃剑作用和上市意味着融资之外的很多内容，很多上市公司管理层以为现在融资容易就疏忽了投资者关系。创业板的推出和中小企业板的扩容让投资者看得眼花缭乱，要在很短的时间内分辨出真正具有价值的股票的确很难。

其次是用资金实力投票的利与弊。A股市场的新股配售全凭资金实力说话，就像房地产商拿地一样，不管你有没有很好的未来规划，也不管你有没有良好的过往业绩，只要有资金，价高者得。按照惯例，新股发行定价应该给二级市场预留一些空间，以保证打新股的投资者的积极性，这也是保证新股定价的群众基础。有意思的是，打新股最积极的参与者很多是债券基金、保险公司、年金和财务公司等这些保守的机构投资者。由于这些投资者本质上风险承受能力有限，对绝对收益非常敏感，一般热衷于相对稳定的一二级价差，经常动用大量资金打新股。在新股发行定价没有改变之前，资金力量雄厚的打新股机构更多。新股收益对债券基金都是相当可观的，因此，这些机构无意中抬高了新股的定价。新股中签率一直比较低，一旦发生中国一重和华泰证券这样的“黑天鹅事件”，那就只能打碎牙齿往肚里吞。另外，当中小企业板和创业板炒新股盈利模式被市场不断复制之后，中小盘股票的 IPO 越来越炙手可热，股票基金和平衡基金也大规模加入这一队伍，不断抬高热门股的新股发行价。一旦二级市场出现调整，因为锁定期缘故，破发带来的损失也是相当可观的。

还有就是新股询价的一对多格局很容易造成“赢者的诅咒”结局。为了确保能够申购成功，投资者往往会报出比自己心理价位更高的申购价，当参与询价的投资者数量逾百家的时候，其结果可想而知。上市公司和中介人自然掌握着大量有关公司基本面的私人信息。时间仓促之下，机构投资者根本无法细究，要不放弃，要不报高以博乐观情景兑现。

这一轮新股发行定价出现离奇的现象：上海交易所的传统大股票 IPO 破发较多；中小企业板和创业板的 IPO 发行价更高，短期内破发的还是较少，但是最近破发现象也开始多起来。三个月锁定期本来就隐含时间风险，理论上一二级价差就是风险溢价。但是，一旦投资者形成资产价格只涨不跌的错误预期，他们对时间风险补偿的要求就会下降。在 A 股市场的周期循环中，新股询价越来越高到频繁破发，最后沦落到无人问津，本身也反映二级市场的波动规律，以前也曾不止一次地发生过。出现在新股定价中的风格资产现象其实就是二级市场实际情况的镜像。在现有的新股定价游戏规则下，我们能做的就是引入投资纪律，严格从基本面出发，平衡成长性与估值之间的关系，挖掘低知名度成长股。

韩贤旺

汇添富基金首席经济学家兼国际业务部总监

（本文于 2010 年 5 月刊发）

证券分析的概率决策和小数定律偏差

大数定律又称大数法则或者大数率，是一个概率论的定律，核心思想是：在一个随机事件中，随着试验次数的增加，事件发生的频率趋于一个稳定值。经典的证券组合管理理论认为股票数量超过20只基本上就可以减少绝大部分非系统性风险，整个组合的收益率与指数的偏差就会比较小。股票数量越多，偏差越小。当然，这些股票的选择要在风格资产和行业选择等其他重要层面做好分散化工作。海外共同基金经理的游戏规则就是战胜基准，在资产和行业配置上自然要填充很多配置型资产——大部分来自基准指数的成分股；这其中也有大数定律的影子在里面，因为一个指数囊括的股票数量自然不会少。

但是，在证券分析现实中我们却经常在大数定律的潜意识支配下游走于小数定律之间，无论是策略分析、行业配置还是个股选择。究其原因，证券分析是一种在概率情况下的决策行为，参与主体在很多情况下分不清理性思维和感性直觉，在感性支配下就觉得证券分析是一门艺术，在理性支配下就觉得证券分析更像是一门科学。假如投资者能够通过逻辑思维把证券分析和投资的每个环节推导清楚，就像古典的数学和物理学告诉我们的，那么案例研究和比较就没有必要。但现实情况是：概率环境下逻辑思维存在很大的不可操作性，逻辑推导环节越多，犯错的概率越高。我们内部讨论行业和股票的时候，有人就会提"宁愿要模糊的正确，也不要精确的错误"，说的就是相同的事。

在主动投资中，投资者更多地依赖过往的经验进行案例分析和比较，逻辑分析基础往往非常脆弱，一是后者不够形象，而且容易引起争论；二是案例分析和比较很容易操作。但是只要存在不确定性，无论是逻辑分析还是案例比较研究，合成谬误是回避不掉的现实问题。合成谬误是经济学中一个经典的术语，其核心含义是由整体中的个别部分拥有某个性质，而错误推论出整体本身都具备该性质，此即"以偏概全"。其中小数定律是最常见的案例比较研究通病，很多投资者无意识中以小样本大肆演绎昨天、今天和明天，丝毫没有觉察到分析基础的概率论瑕疵。互联网的发展在便利投资的同时，也诱惑着投资者手比脑快；看到屏幕快速跳动的时候，思维决策越来越短期化，无效交易也会大增，证券研究也越来越短期化。频繁决策过程的小数定律很多，无效决策的结果却越来越符合大数定律，投资者事后发现自己总会犯相同的错误。

市场中流行的资产配置决策一般都称为投资策略，但是行业内并没有约定俗成的规范和套路。很多人还是有意无意地采用技术分析。技术分析就很容易陷入两难困境：要是频繁做判断，准确率一般就收敛于50%左右。假如出现情绪性偏差，从结果看，准确率还不到50%，这就是大数定律。决策过程就充斥着小数定律。依赖历史上出现的形态作为案例依据，由于历史上的案例有其发生的特定条件，抽象程度不够，样本的可比性就很差，而且容易导致与现有状况相似的统计意义上的比较无从谈起，因此很容易陷入小数定律偏差。所谓的压力线和支撑线都只是心理暗示而已，各种形态出现的可能性都是存在的，从历史中提炼普遍规律是一件很困难的事，要发现超过10个以上的相同样本都很难。结果就是，大家总是将指数的整数位作为心理底线，市场对指数点位的判断就是情绪波动的正态分布，只是平均数总在随着大盘涨跌而漂移。

在行业和股票基本面分析中也有类似情况。例如，我们总会不经意间把中国大陆经济与日本和美国对比，偶尔会把韩国拉进来，但是很少会去对比欧洲。其实，这主要是因为我们相对而言不太熟悉欧洲经济史而已。局限于这几个小样本就隐含着小数定律偏差的威胁，选择样本环节就已经出现了知识结构的偏差。具体而言，韩国经济结构存在严重的产业不均衡特点，这是小经济体的普遍现象。另外一个例子就是银行和地产业的简单对比。美国的银行发展路径是高度分散到集中，直接融资占主导型地位，而中国的银行业则从高度集中到相对分散，结果就是两者的资产负债结构完全不同，过多地拘泥于利差没有可比性。为了佐证自己的观点，投资者习惯于拿中国银行业的短板与美国的长处比，殊不知老外多么羡慕中国的银行有比例这么高的稳定的负债来源。地产则是典型的非贸易品，其定价更多地取决于各国的货币环境和内需驱动因素，而且地产都是各国的支柱产业，经济周期都逃不脱房地产业的波动。日本的案例是一个极端畸形的表现，拿日本样本演绎中国房地产业还是要谨慎。股票分析中小数定律更多，最典型的就是在寻找成长股中试图发现第二个微软、第二个苹果、第二个沃尔玛、第二个腾讯，当然还有第二个巴菲特，结果都是徒劳的。这些伟大公司的成功本来就有其独特的不可复制的因子，我们从微观角度看到的很多是偶然性，特别是企业家精神。我们去比较苏宁和百思买，也会发现前者拷贝后者商业模式的基础上大量受益于低成本这一中国特色，而且财务报表差别也很大。

有个同事很形象地说证券分析就像拼图游戏，一定程度上点中了问题的本质。面对复杂的证券市场，我们把复杂的现象简单化，概率决策的结果就是寻找有限样本之间的共同点和差异之处，但是要时刻提防小数定律偏差。

韩贤旺

汇添富基金首席经济学家兼国际业务部总监

（本文于2011年7月刊发）

毁灭性创造:苹果启示录

一个伟大时代的开始和终结一般都会与某些著名人物联系在一起。乔布斯一生的传奇不仅改写了多个行业的标准,也对我们这些股票投资者有很好的启示。他本身就是一个科技和艺术完美结合的图腾,苹果的产品在科技突破的同时,充满如此的美感,这和股票投资本身就有异曲同工之妙。另外,1997 年乔布斯重回苹果之后,我们彻彻底底体验了一次熊彼特的毁灭性技术创新之旅。苹果在短短的 14 年时间里,从失败边缘成长为市值最大的股票,把成长股演绎得淋漓尽致,但也把成长股的偶然性表现得如履薄冰。

笔者的初步体会是,技术领先的持续性以及设计一个围绕技术领先的商业模式是其成功的核心。

首先,技术领先和完美的艺术气质相结合创造出前无古人的产品,改写多个行业标准。苹果的成功建立在旧王朝崩溃的代价上,就是熊彼特的毁灭性技术创新理论的现代版案例。但是这种以技术创新为基础的成长之旅一直会充满偶然性,只要犯错或者技术领先优势被缩小,毁灭性打击就有可能光临。英特尔在微机时代与微软结盟,技术不断创新,成为行业标准的制定者。但是它对智能手机等新兴消费电子产品的判断保守(这些电子产品对零部件的要求与微机差别很大),导致自己的技术领先地位丧失。微机时代的巨头如康柏、惠普、戴尔等企业也纠结于成本而忽视了产品创新,失去了自己的领先地位。

在苹果进入的通信和音乐等新领域中,传统的巨头也是吃了对技术创新反应迟钝的亏。按照传统思维,通信行业的核心是基站等设备而不是手机终端,但是苹果反其道而行之，以耳目一新的产品彻底摧垮了传统模式，并把按照流量分成的模式强势引入通信服务业，彻底颠覆了基础运营商的垄断地位。在错误低估增值服务的潜力的情况下，基础运营商的网络几乎被几何级数增长的增值服务流量所占据，运营商为苹果打工。乔布斯离去之前已经为苹果的未来设计了蓝图，因此苹果无近忧，但的确有远虑。

A 股市场中也诞生过一些持续多年的成长股，其中依赖技术的多为制造业企业，遵循的规律多为从国外引入技术并消化吸收，同时配合以中国强大的低成本制造能力夺取市场，在毁灭性技术创新方面贡献甚微，多为改良性技术创新。笔者认为美国的技术创新有其雄厚的积淀为基础，但是哪家胜出有其偶然性。中国的企业在此方面还任重而道远。

其次，围绕技术领先的独特商业模式成就了苹果，但是也给苹果的未来埋下了不确定性。没有领先的技术和完美的艺术气质相结合，苹果的商业模式是没有成功的可能的。乔布斯的特质把这种模式的小概率事件变成了一个奇迹，在全球商业史上都是少见的。因此，他本人进入商业顶尖奇才行列是毋庸置疑的，超越了当代几乎所有的企业家。苹果最受争议的就是其封闭性商业模式，这与 IT 行业过去数十年占主导地位的技术开放模式完全不同。

1984 年有记者把乔布斯形容为小王国里的国王，1997 年之后这个王国变得越来越大。很多人骨子里认为王国总有衰落的时刻，分歧在于，乔布斯的离去是开始的结束还是结束的开始而已。这种以技术创新为基础的商业模式必须建立在苹果不断开发出领先于竞争对手的产品，并围绕这些产品建立封闭的收费模式来获取利润。技术授权的开放模式一直是行业主导模式，有人说现在的 IT 行业已经形成苹果、谷歌、脸书和推特四家驱动未来发展方向的格局，其中只有苹果特立独行。

中国很多新兴产业的成功案例多为借鉴国外的成功模式，从传统的家电零售到互联网无不如此。笔者认为虽然国情不同，但是商业的本质是相同的。在技术创新和商业模式突飞猛进的 IT 行业，中国企业只凭制造成本优势很难实现弯道超车。就商业模式而言，从精神气质上与苹果接近的公司其实并没有，最成功的中国互联网公司也只是国外成功案例的翻版，而且在技术和商业模式上还有很大的提高空间。

伟大的企业总有其独特性，在无数投资者不断寻找第二个微软、沃尔玛、苹果、亚马逊时，反映出的更多是挖掘成长股时缺乏敏锐的目光和足够耐心的问题。无论是依赖技术创新还是商业模式创新，真正的成长股都有其偶然性，并且给竞争对手带来毁灭性打击。苹果的商业模式在商业历史上并非先例（最后开放的谷歌是否后来居上也不得而知），核心是其技术创新营造了一个人口庞大的、愿意埋单的粉丝王国，而技术创新和艺术气质是乔布斯一生积累的结果。我们别忘了考察成长股最后还是要看管理层的核心人物。

韩贤旺

汇添富基金首席经济学家兼国际业务部总监

（本文于2011年11月刊发）

对信息不对称行业的投资思考

在现实经济中，信息不对称（Asymmetric Information）的情况非常普遍。它影响着市场机制配置资源的效率，造成具有信息优势的一方在交易中获取太多的剩余，出现因信息力量对比过于悬殊导致利益分配结构严重失衡的情况。信息不对称是信息经济学和博弈论这些经济学现代发展方向的核心假设，是对信息完全的自由市场假设的否定和延伸，对于我们理解很多行业的经济行为和政策变迁有很好的指导价值。其定义可以简单解释为经济活动双方对相关信息掌握程度不对称而产生的经济低效率问题。信息不对称最早在20世纪60年代被经济学家关注并研究。

在很多产业中，关于生产成本的信息就存在严重的信息不对称，提高了行业信息壁垒，并带来很多扭曲的经济行为，当事方都基于各自的利益最大化目标，互相博弈。在这种理论指导下，我们就比较容易理解一些信息不对称问题非常严重的特定行业的产业政策，并对股票投资提出适当的建议。信息不对称应用比较广泛的产业是带有公共产品特征的产业，这些产业必然会遇到政府监管问题，并在政府和产业之间不断互动，产业政策也不断动态调整。比较典型的产业有电信、电力、交通运输、金融、医药等。在实际操作中，由于发现实际成本的监管成本非常高，因此政府无法对这些产业形成有效监管。

在组合管理中，行业配置一般以基本面为导向，分析行业供求关系变化，并对行业的景气度进行判断，最后做出配置建议。但是对于这些产业政策影响很大的特殊行业，基本面分析本身就包括产业政策变化对行业利润率的影响判断，从更深层次理解这些行业的特征就显得尤为重要。例如，中国大型银行上市的时候，政府相关管理机构就提出让境外资本市场和中介机构扮演监督角色，约束管理层行为，把企业利润最大化。这种设想达到了一定效果，当然并不是完美的解决方案。

另外一个很特殊的行业就是健康护理业。除了 OTC 以外，整个产业链不仅包括医药生产企业和医药流通商，还包括医院和患者。这个产业链就是一个信息严重不对称的行业，而且基于医药服务的特殊性，患者和政府都处于信息劣势方。如何做好医改并控制住财政预算就需要很高的智慧。因此，我们很容易理解政府在医改政策上不断摸索以求最佳方案的初衷。但是医改政策的基础和核心问题是严重的信息不对称，包括药品生产成本、流通成本、医生的选择偏好（患者不具备专业知识，选择权其实就是对医生建议权的无条件接受，而这很容易上升到医生的道德问题）等。因此，我们可以肯定产业政策还会不断调整，并充分考虑信息不对称带来的低效率问题。在产业政策反复中，医药行业的行业配置和选股方向就有了很好的宏观指导。

在电力、电信和能源等其他产业中，类似的问题也非常多，政府监管也是艺术性非常高的公共事务。例如，高铁“大跃进”之后，媒体开始挖掘设备采购价格较高的问题，动力煤价格市场化之后发电企业与政府的博弈，电网和电信承担着村村通电和通电话的社会义务等。概而言之，这些特殊产业的投资需要充分考虑产业政策的影响，价格管制本身就消除了价格涨跌带来的投资机会，受益的企业往往只有两类：一类是受益于产业政策导向，销量不断增加；另一类是开发能够规避产业管制的新产品或服务。

韩贤旺

汇添富基金首席经济学家兼国际业务部总监

（本文于 2012 年 4 月刊发）

量化宽松的博弈逻辑及对投资的影响

金融危机之后，国际货币领域最受关注的货币政策就是美国的量化宽松政策（Quantitative Easing，QE），也就是美联储的三次大规模购买国债计划，简称QE1、QE2 和 QE3。大部分投资者对量化宽松政策存在不少误读之处，只是简单地把大量资金投放与资产价格上涨联系在一起。我们从政策背景、背后逻辑和对投资影响三个角度试图简要地剖析量化宽松政策。

日本是量化宽松政策的始作俑者，日本央行于 21 世纪初期实行量化宽松以应对不断恶化的通货紧缩威胁。2007 年美国爆发金融危机之后，美联储把量化宽松政策发扬光大。这一政策的背景是：金融危机之后，很多发达国家遇到产能利用率低、低增长、低利率水平、低通货膨胀（甚至通缩威胁）的经济状况；当以降息来增加货币供应遇到传统的流动性陷阱时，央行推出量化宽松政策。利用超常规注入货币方式在公开市场购买政府债券、借钱给接受存款机构、从银行购买资产等，压制国债收益率和银行同业拆借利率，其目的是促使商业银行利用低成本负债积极对外借贷，刺激私人部分的投资和消费。由于量化宽松有可能增加货币贬值的风险，政府通常在经历通货紧缩时推出量化宽松的措施，持续的量化宽松则会增加恶性通货膨胀的风险。另外，量化宽松直接造成本币对于实物的相对价值下降，也会间接带来本币相对于外币的汇率贬值。

量化宽松的本质是其背后的博弈逻辑，就是如何打破凯恩斯的诅咒——流动性陷阱，其关键假设是在名义利率接近零的情况下如何影响公众的通货膨胀预期，从而使实际利率为负，刺激银行放贷，达到私人部门增加消费和投资的目的。但这也是背水一战的非常被动的危险游戏，因为央行的手上没有多少筹码；没有财政政策的搭配，这一政策等于跛脚鸭。只要公众没有形成通货膨胀预期，那么量化宽松的结果就是商业银行资产负债表上低利率资产和无利率货币之间的互换，银行没有动力放贷，大量货币变成在央行的超额准备金。从美国和日本的案例观察，实际发生的也是基础货币和狭义货币增速逆转向上，但是广义货币没有增长，其结果是货币乘数大幅度下降。宏观经济学家从研究日本样本开始，试图打破传统货币理论的定论，研究零名义利率条件下的货币政策，其中被美联储采纳的是两个建议：一是前瞻性指引（Forward Guidance），即央行明确说明未来的政策展望，目的是让公众形成稳定的通货膨胀预期，说白了就是通货膨胀不起来，政策不终止；二是央行资产负债表政策（Balance-sheet Policies），即央行改变自身资产负债表的规模或者结构，其目的是压低长期利率水平以刺激私人部门的消费和投资。

一段时间以来，量化宽松被很多投资者当作拯救资产价格的灵丹妙药，特别是美联储连续三次推出大规模购买资产计划以来，股票、贵金属、资源、房地产等不同类型的资产价格都不同程度地得到了支撑。但笔者还是认为投资者要谨慎对待：从理论准备观察，量化宽松就是极端情况下的宽松货币政策，传统理论认为缺乏财政政策配套的情况下，流动性陷阱导致货币政策失效，量化宽松只是在狭窄的区间玩通货膨胀预期的博弈，成功与否建立在难度较大的假设基础上，这一理论也是一种尝试；从实践观察，日本案例并不成功，而美国经济复苏的必要条件也是失业率下降、房地产价格企稳回升等，量化宽松的作用是削弱金融危机对实体经济的冲击，但是要刺激私人部门的消费和投资，再宽松的货币也抵不过财政政策，量化宽松只是财政预算硬约束下的次优选择，我们不能本末倒置。

量化宽松对资本市场的影响大致有如下几个方面：

1. 对资产价格的支撑。量化宽松必然压低基准利率，资金成本降低，同时降低风险溢价，其结果就是刺激短期的资产价格。这本身对资产配置有积极价值。

2. 对金融业的影响。量化宽松改变央行和商业银行的资产负债表，商业银行用低利率的资产换成货币，大部分变成在央行的准备金。一旦通货膨胀预期形成，银行就会逐渐放贷。因此，量化宽松对金融业的影响就是短期降低资产盈利能力，但是提高资产负债表的质量和流动性，有利于长期的经营。就特定行业的配置而言，金融资产的逆向反转案例会比较多。

3. 对宏观基本面和产业的影响。量化宽松对实体经济的影响需要通过通货膨胀预期改变来逐渐实现，因此可以判断前期大量资金会囤积在资产市场或者央行资产负债表上。也就是说，量化宽松可以避免经济悬崖式下跌，但是很难提供上行的第一原动力。行业配置上还是要做结构性配置，并不存在基于基本面成长性的普遍性投资机会。一旦政策退出，资产和行业配置就要做相反方向的调整，而判断这一变化的关键指标就是通货膨胀预期。

韩贤旺

汇添富基金首席经济学家兼国际业务部总监

（本文于 2013 年 6 月刊发）

土地财政:中国经济增长和波动的魔咒

在资本市场,房地产板块一直扮演着核心角色,是投资者判断宏观经济走向以及大类资产配置的风向标。对于中国现阶段的经济增长而言,房地产则集合了中央政府、地方政府、开发商、银行信托以及房地产产业链形形色色的供货商、购房者等诸多利益相关者。今天只是从土地财政这一角度分析中国经济增长和波动的机理,间接地从另一个角度看待房地产的未来。

在2002～2008年的中国经济周期中,房地产和外需是两大引擎。房价暴涨之后,收入分配不均问题开始凸显;对政府而言,公平的重要性开始压倒效率。由于房地产业承载的经济利益规模非常庞大,参与其中的利益主体诉求各异。我们从根源上分析中国房地产的地位就能发现两个核心要素:一是房地产扮演着转化中国居民庞大的储蓄为投资的载体,之前过高的储蓄大多被银行用于对公借贷,现在绝大多数居民一旦买房就从净储蓄者变为净借贷者;储蓄转化为投资就是驱动经济增长的驱动力,这是宏观经济学最朴素的道理。二是土地财政构成地方政府预算外资金的重要来源,驱动着地方支出,并构成地方经济增长和波动的重要推手。

虽然2013年初颁布了严厉的“国五条”,但是2013年上半年的土地市场却异常火爆,上海、北京和杭州三个城市的土地出让金同比增加277%、390%和500%,其他城市也类似。大家都意识到房地产泡沫和地方债是困扰现在经济和金融的两大问题,而联系两者的正是土地财政。1999年土地出让收入占财政收入比例为10%左右,到了2003年这一比例达到35%,2009年这一比例达到了46%。假如算上营业税、土地增值税和企业所得税等各种税费，地方政府从房地产市场获取的收入规模又增加很多。呼吁从制度上改变地方对土地财政依赖的声音很多，特别是宏观经济降温之后恰逢财政收入增速下降、地方债务还债高峰来临之际。

投资者非常关注我国的货币政策，除了宏观政策影响经济周期和大类资产的盈利变化以外，资本市场本身的系统性风险也与货币政策休戚相关；但是财政体制却很少被关注。其实20世纪90年代中国经济继续增长的一个重要原因是，财政体制改革把中央和地方的利益绑定在一起，土地财政就是过去20年中国财政体制改革的产物，并且驱动着整个房地产业以及银行等关联产业。究其根源还要追溯到分税制改革。

自改革开放到1994年，我国在大部分省市试行固定比例分成的财政承包制。1994年，中央政府把地方财政包干制改革为能够同时调动中央和地方积极性的分税制，中央与地方政府在分权与集权的循环中实现了利益一致性，1998年的再次改革则针对财政支出。分税制明确了主要税种上中央和地方的分成比例，使财政体系透明化；地方政府只能通过扩大增值税规模来增加财政收入。中央财政占财政收入比例从1994年的22%左右很快上升并稳定在50%～55%，财政收入占GDP的比例也从底部的11%左右上升到2010年的22%左右。

在新的财税体制下，地方政府利用我国特有的土地所有权和使用权分开，实行土地出让或批租制度，最早在1987年的深圳和上海试点，后来被各地仿效。土地批租或出让从外资到内资、从商业用地到住宅用地，解决了地方的投资资金短缺问题。另外，土地批租或出让利用地方融资平台变成地方公共储蓄，城投公司举债利用杠杆不断推进各地的土地出让。

理解了财政体制改革带来的土地财政，就抓住了中国经济长期增长和短期波动的关键。我们可以清晰地发现土地财政构成了中国经济自下而上推动增长的核心驱动力，并且是目前两大经济问题——房地产泡沫和地方融资平台——的核心纽带，货币只是扮演了流动性的作用。由于中国各级政府控制大量资源，是经济增长的主要推手，中央控制财政收入就可以平滑短期经济波动，但是要掌握留给地方政府的财政比例，因为地方政府承担着主要的财政支出。但问题是，对于中央政府、地方政府、开发商和购房者四个主要参与主体，房价高到威胁了公平，新购房者的购房支出问题打破了这一共赢格局，中央政府立场也发生变化，短期限购和长期房产税就是必然之举。财政体制改革没有把土地出让纳入财政预算体系，这一疏忽意想不到地带来了一场壮观的地方经济狂奔。我们期待政府会有新的经济体制改革，但是要起到与财政体制改革一样的效果却需要更大的智慧。就房地产和土地财政而言，中央和地方政府的激励一致性问题和对于经济增长的角色重新定位是关键，经济结构调整的诸多设想（无论是医疗、教育、环保等民生问题，还是城镇化）都离不开这一根本。

韩贤旺

汇添富基金首席经济学家兼国际业务部总监

（本文于2013年8月刊发）

金融脱媒和混业趋势下的新商业模式

在A股市场，银行作为权重最高的板块对指数的表现起着举足轻重的作用，在2005～2007年的大牛市中表现非常出色，给投资者留下了深刻的印象。但是自2008年以后，这一板块的估值不断下降，投资者的投资热情也逐渐降温，对低估值和业绩增长之间的矛盾不太理解。究其原因，从行业景气周期阶段分析，银行股利润增长最快的阶段是经济景气上升期，财务报表呈现出量价齐升的特征，货币供应量扩张驱动资产负债表膨胀，有息负债和资产的规模都不断扩张，同时利率上升周期的开始阶段净息差也会扩大，利润表弹性增大。当经济周期进入平稳和下降阶段，上述驱动因素反向运动，尽管信贷成本上升存在时滞，但是投资者对盈利的预期发生逆转，利润增长无法同比例驱动股价上涨，估值逐渐下降。另外，长期金融管制带来的金融脱媒和混业冲动也是搅动银行盈利预期的重要因素，对于传统银行巨头和新进入者而言，如何在新环境下摸索新的商业模式来摆脱简单的行业竞争格局，是未来行业分化的重要原因。

当前，我国仍实行银行、证券、保险等的分业经营和分业管理。不可否认，银行在我国的经济发展过程中发挥着无可替代的作用，但当银行业的总资产突破140万亿元人民币、占金融业总资产的比重超过90%时，如此不平衡的金融格局使得银行脱媒和金融混业成为一个大的趋势。从世界范围来看，脱媒和混业也是金融业的大势所趋，美国1929～1933年的大萧条导致《格拉斯—斯蒂格尔法案》的出台，奠定了商业银行和投资银行分业经营的基本格局。但自1963

年开始，无论是商业银行还是投资银行都开始尝试突破限制，1999 年美国正式立法废除分业经营。在此之前，日本、韩国等国家也都通过立法废除了分业经营的管制。

尽管我国在立法方面仍无明确的说法，但金融脱媒和混业的大趋势已是不争的事实。存贷比和利率规定等数量控制手段促使影子银行的各种金融创新蓬勃发展；随着分业边界打开，银行已不满足于现有的传统信贷业务，与信托、券商、基金子公司等合作，攫取类投行业务的利润，通过信托受益权等业务，获得超预期的增长。证券公司已不仅仅提供经纪、承销等功能，而且可以通过资管计划实现资金的借和贷，提供类银行服务。在传统金融业态之间，类似不一而足的相互渗透，已使得金融一般意义上的商业模式和边界发生变化。

更令人激动的是，互联网的发展，将体制外的新兴角色带入这一脱媒和混业的趋势，必将掀起更大的波澜。第三方支付、P2P、余额宝、阿里金融等互联网金融成为脱媒和混业的重要助推因素已毋庸置疑。虽然互联网金融的盈利模式还没有完全成型，但利用流量、大数据实现价值应是基本的思考。如阿里小贷，利用商户的交易数据等量化指标，进行批量化小额贷款已取得不小的成绩。再如东方财富，利用股吧平台，进行基金销售也有不错的效果。互联网上边际成本为零的特征，使得互联网金融的商业模式一旦成型，将带来巨大的想象空间和价值实现。

不论是体制内的传统金融形态，还是体制外的新兴互联网角色，均在金融脱媒和混业的趋势下，尝试着各种商业模式。这一脱媒和混业的趋势以及各种商业模式的融合和演进，将持续很长一段时间。一方面正如本文开头提到的，银行业的总资产占金融业总资产的比例超过 90%，不平衡的格局回归平衡不会一蹴而就；另一方面是我国的存款利率市场化推进会十分谨慎，资金价格的扭曲会在较长时间内持续存在，这也给互联网金融等提供了难得的施展舞台。

就股票投资而言，虽然银行在脱媒和混业的背景下，也会有一定的模式创新并能获取一定的业绩贡献，但更多的是传统的其他金融形态和新兴的互联网角色来侵蚀传统银行的“蛋糕”。银行股再现 2006～2007 年、2008～2009 年那样的持续大幅上涨，需要信贷规模“量增”和银行息差“价升”的配合，这在经济转型的大背景下概率不大。我们更应关注传统金融中除银行以外的形态和新兴的互联网金融，关注其商业模式的演进，挖掘潜在的投资机会。

韩贤旺

汇添富基金首席经济学家兼国际业务部总监

（本文于2013年10月刊发）

行业结构变化中的投资“玄机”

对于绝大部分投资者而言，标准的行业分析一般首先自上而下分析行业景气度和行业成长空间，其次才考虑行业结构和行业竞争程度，尤其对于成长股投资者和趋势投资者更是如此。但是从去年开始持续到现在的A股市场表现较好的资产往往带有一些类似的特征：业绩成长确定和估值低的价值股，这些股票大多数集中在传统的稳定型产业或者周期性产业，这些行业整体增速不高但是比较平稳，行业的集中度逐年提高。简而言之，这些行业大部分已经度过了增长最疯狂的早周期，行业结构也比较清晰，行业草莽的暴利时代已经过去，行业内的优势企业凭借多年积累下来的产业经验、成本优势和管理能力不断扩大市场份额，提高市场份额占有率，行业新进入者也非常少。

从国际产业经济的经验看，很多成熟的产业的终端需求一般都有个位数的稳定年增长率，行业前三名或前五名的市场集中度往往超过70%，剩下的企业瓜分不到30%的市场。这样的行业结构一方面跟市场规模和地区分布有关，另一方面也跟商品特征有关。运输成本高的低附加值商品相对而言更容易形成区域分隔，运输成本低的高附加值商品容易形成统一的市场，龙头企业市场份额容易超过50%。

我们发现中国的经济发展阶段正在进入中等收入时期，消费升级、产业升级和对外开放都在不断改变中国各行业的结构变化。以空调为例，今年该领域的行业龙头成为表现非常优异的绩优价值股，很多投资者从中外估值比较发现它们的估值远远低于国外同行，但是盈利的增速却高得多。从行业结构变化角度看，中国空调行业正在经历快速的市场集中度提高的过程，前两名的企业占有越来越高的市场份额。这个过程曾经在2009年初家电下乡财政刺激政策推出的时候被打断，排名靠后的企业获得财政补贴，得到了暂时的休整窗口。随着政策取消，市场机制发挥作用，行业集中度继续提升，而行业本身的增速显然明显低于龙头企业的增长速度。龙头企业在规模经济的支持下，成本优势非常明显，无论是原料采购、生产制造还是网络渠道。从商品的特点观察，这种行业一般属于成熟产业，商品相对成熟，容易大规模制造。

这种现象在A股市场比比皆是。例如，白酒行业中的中高端白酒市场份额不断提升。白酒消费总量其实早在二十多年前就达到过高峰，但是市场秩序的混乱和分割带来的地方性低端酒充斥市场；同时，这与消费承受能力也有很大关系。随着个人收入水平提高和消费升级，中高端白酒的消费在过去十年呈现出快速发展的状态，高端白酒名义价格提升又为次高端白酒打开了空间。白酒行业进入了优质酒提价、低端酒逐步退出市场、不断萎缩的阶段。这种现象我们在水泥、调味品、工程机械、房地产等传统行业中都可以观察到。

这种行业不仅限于传统产业，在新兴产业中也有典型的案例，例如通信设备产业和安防产业中的龙头企业。以后者为例，整个安防产业的需求还在不断增长，增速比较稳定，但是处于产业龙头位置的几家企业的增速明显大大高于行业增速，这一现象一直持续了好多年。以安防为主业的上市公司不只这几家巨无霸，但是我们发现其他上市公司的收入和盈利都不能保持稳定持续的增长，更谈不上威胁到龙头的行业地位。

另外一种行业结构变化带来的投资机会来自全球开放产业的产能转移。这个现象在2001年底中国加入世贸组织以后，在很多产业发生过，纺织、机电、机械、化工等这些中国优势的出口产业无不受益于中国参与国际分工之后的生产成本相对优势带来的产能转移。最近十年的一个经典案例则更能说明这个国际分工下的产能转移和中国企业市场份额提高带来的投资机会，这就是苹果产业链中的中国制造。十年前苹果刚开始向市场推出第一代智能手机，彻底改变了手机产业的市场结构；但是当时能够参与苹果供应链的大陆企业凤毛麟角。从为日韩台电子企业做配套开始，中国大陆的企业通过学习，提高加工制造的能力,在每一代苹果新手机供应链里面不断提高自己的市场份额,提升自己在供应链的地位,经过十年努力,至今形成了庞大的配套梯队。受到冲击最大的是老牌台资电子企业。当然我们可以说现在这些大陆企业获取的盈利跟苹果本身相比只是平均的制造业利润,但是苹果帮助大陆电子企业学会了智能手机制造,也给国内整个手机整机制造业的崛起并挑战国际巨头提供了很好的产业配套环境;而且我们欣喜地看到,国内零配件龙头开始进入更高技术含量的领域,有望逐步逼近日韩龙头。

行业份额变化是观察行业结构变化的直接指标,再结合产品结构和盈利能力等其他指标,是分析优势企业的必备工具,也可以帮助我们发现其中的投资机会。

韩贤旺

汇添富基金首席经济学家兼国际业务部总监

(本文于 2017 年 9 月刊发)

如何通过报表分析增长的质量

伴随着近期市场融资环境的变化，投资者正在越来越重视上市公司的内生性增长或者说可持续增长。事实上，关注上市公司资产负债表的趋势可以帮助我们更好地回答这一问题，并相应地把握投资机会和回避投资风险。

应收账款周转的变化影响收入增长的持续性。同样的收入增长，如果应收账款周转放缓，意味着未来收入增长的持续性面临压力。当然，也要仔细分析应收账款周转放缓的原因，如果是行业经营环境发生变化，可能意味着收入增长放缓是迟早的事情。例如 2013～2015 年，医保控费使得制药公司的经营环境发生了很大变化，应收账款回收速度放缓，也导致医药工业的增速出现下降。

还有可能是公司进入了新的行业，而新的行业应收账款周转率本身就比原有的行业更低，这就要仔细分析了，收入增长不一定会放缓。最近两年，很多医药商业公司通过并购的方式进入了医疗器械经销领域。药品企业的应收账款周转速度要明显快于医疗器械经销领域。这种业务结构的变化，带来了整体公司应收账款周转速度的下降。但是考虑到医疗器械商业领域市场整合的空间大，通过并购的方式能够带来快速增长。因此最终应收账款周转速度的放缓并不影响收入的快速扩张，这也是一种健康的增长模式。

当然如果是企业为了实现表观的收入增长，放松了信用政策，那这个收入增长的质量就堪忧了。这种情况在一些通过经销商或者渠道进行销售的公司可能会出现，为了体现短期的报表收入增长，通过向渠道压货的方式来实现。这种情况会导致第二年收入增长放缓的同时，应收账款周转率上升。

盈利增速对财务资源的要求也值得重点关注。俗话说，巧妇难为无米之炊。上市公司要实现盈利增长必须投入财务资源，而财务资源可以来自三个途径：现金分红后剩余的盈利、提升财务杠杆来增加有息负债、发行股票进行融资。

可持续增速是指上市公司在不增加财务杠杆或新增股权融资的情况下可以维持的盈利增速，通常等于净资产回报率乘以1与分红比例的差额。换言之，可持续增速是上市公司仅依靠内生的财务资源可以维持的盈利增速。因此，该指标可以帮助我们更好地预测上市公司的融资需要或实现其经营目标的可能性。

由于净资产回报率与可持续增速直接保持正向关系，因此对于净资产回报率高的公司，应该高度关注。一般情况下同样的增速，净资产回报率高的公司更具有持续性。净资产回报率高的公司，往往意味着公司的竞争优势强，也就是护城河宽。反之，对于净资产回报率低的公司，需要保持警惕，如果短期内无法提升，很可能是陷阱。净资产回报率高的公司，即使增速很慢，也可以通过提高分红的方式给予股东回报。

有些公司的盈利增长如果是通过提高负债带来的，就要仔细分析其增长的持续性，因为有息负债的提升是有上限的，这种增长的持续性和空间都会比较有限。

当然对于上市公司，发行股票融资来提高增长速度也很普遍。对于这种类型的公司也需要仔细评估。关键点还是净资产回报率，如果很高，上市公司通过股票融资能够抓住行业快速增长或者整合带来的投资机会，对于股东来说，这种增长模式也会带来好的股东回报率，增长的持续性也比较好。如果净资产回报率很低，甚至低于有息负债成本，那这种增长模式就很有问题，不但持续性可疑，而且是在毁灭股东价值。

温宇峰

汇添富基金专户投资经理

（本文于2017年4月刊发）

估值体系重构下的投资选择

美国金融危机爆发后，全球主要股市在2008年都经历了一次暴跌。但近期美国股市已上涨到接近历史高点，纳斯达克指数更是创出11年来的新高。而A股市场2009年上涨后，在过去两年却连续大幅下跌，在全球主要股市里表现差劲。但中国经济在过去三年均保持了9%以上的年增长速度，在主要经济体里增速最快，并成为推动本轮全球经济复苏的重要力量。A股市场表现和中国经济增长反差如此之大，我们认为A股估值体系的重构是主要根源。

估值体系发生重构，主要原因有三个方面。第一，全流通时代股票供需格局发生根本变化。股改后进行IPO的上市公司股东在满足所持股份自愿锁定承诺期满后就可以自由流通，特别是近三年新上市的中小板、创业板公司数量众多，而且高价发行，但上市公司基本面参差不齐，大部分股票严重高估，再加上不少原始股东成本极低，获利已经十分丰厚，因此套现欲望极其强烈。这使得A股市场股票供给数量大幅度增加，源源不断的股票供给推动估值体系重构，迈向新的供需平衡的区间。

第二，增长方式转变和经济增速放缓。美国金融危机发生后，全世界经济开始重新步入再平衡，中国制造全球消费已难以为继，以往靠房地产投资、基础设施建设和出口来拉动经济增长的模式已经到了周期的尾声，中国经济发展方式亟待转变，加快调整经济结构。但受成本上升、环保压力、社会稳定等各种不确定性因素的影响，经济转型很可能是艰难和漫长的，而且转型期中国经济增速放缓可能性很大，导致上市公司业绩增速也总体放缓，从而使得A股估值体系面临重构压力。

第三,深化新股发行制度改革带来估值回归。新股发行价格形成机制进一步完善后,新上市公司的定价在一级市场上将有较合理和真实的体现,可以在很大程度上抑制新股定价的虚高现象,并对已经上市的"三高"背景下发行的股票形成估值压力,推动其价值回归合理水平,并将进而带动整个市场估值体系的回归。

基于A股估值体系重构的背景,投资人在进行股票选择时重点需要考虑两方面的因素。一是回避股东和管理层不断减持的股票。近年来中小市值的新股IPO普遍高价发行,许多新股上市后跌破发行价并持续下跌,但一些原始股东承诺期满后仍愿意大量减持,甚至有不少高管为了能够尽快套现,宁可用辞职的方式来解除三年不能出售股份的规定,原始股东或高管在公司上市后大量套现走人,使公司未来发展充满不确定性。另外,也有一些公司大股东在二级市场做少量增持,但公司管理层却纷纷减持,对于这类不断遭到减持的股票要尽量回避。另一个因素是用历史低估值水平来衡量并不合理。

A股估值体系的重构将导致市场整体估值中枢下移,但这并不代表所有行业公司股票的估值下降幅度都是一样的。对于那些能够获得持续高速成长的公司,它们符合社会经济发展趋势,行业发展空间广阔并快速成长,公司已形成清晰的发展战略、难以模仿的核心竞争优势、可以复制的盈利模式、完善的公司治理结构,在估值体系重构中很可能会被错杀,那将为我们提供一次绝佳的投资良机。

杨文灿

汇添富基金专户投资部总监助理

(本文于2012年2月刊发)

价值投资的回归

A股市场在经历了2015年的大涨大跌之后，2016年开始步入震荡调整，大部分股票表现比较低迷，但也有少数股票持续上涨，股价甚至不断创出历史新高，这些股票既包括了贵州茅台、格力电器、美的集团、福耀玻璃等低估值的价值股，也有索菲亚、老板电器、永辉超市、美年健康等优质成长股。笔者不禁思考，在A股市场处于调整，大部分股票下跌过程中，究竟是什么原因促使这些不同风格类型的股票能获得投资者的青睐，呈现如此显著的结构分化特征？答案应该是投资者重新回归价值投资，在震荡市中追逐确定性机会，寻找业绩和估值更匹配的股票。

价值投资之所以重新回归，笔者认为主要有以下几个方面的因素。

第一，进入2012年以后，以创业板为代表的题材和概念板块曾经成为市场炒作的热点，“新、奇、炫、小”等各类概念股不断被市场爆炒，但这些题材概念股大多缺乏业绩支撑，其行情多由政策或事件驱动，很难具有持续性，其最终结果就是泡沫破裂后，市值大幅度下跌，造成投资者损失惨重，使得他们对于概念题材类股票的炒作变得越来越谨慎，开始重新关注基本面确定的股票。

第二，A股市场投资者结构发生较大变化，散户占比持续下降，机构投资者尤其是追求绝对收益的机构投资者占比进一步提高。按照流通市值统计，散户投资者占比由2015年第四季度的50.4%降至2016年第一季度的43.6%，散户占比降低有利于遏制题材概念的炒作。而沪港通和深港通的北上资金、养老基金、银行委外、保险机构等是新进机构投资者的主力，对投资收益的确定性要求更高，更加注重价值投资，追求更好的估值和业绩匹配度，注重价值投资的风格对市场整体的影响力会逐渐加深。

第三，监管层加强管理，引导市场向价值投资回归。自2016年新任证监会主席上任后，其所倡导的依法监管、全面监管、从严监管的全新监管理念成效显著，市场投机炒作之风渐息。过去两年，证监会先后发布了《关于修改〈上市公司重大资产重组管理办法〉的决定》和《发行监管问答——关于引导规范上市公司融资行为的监管要求》，目的在于给非理性炒壳降温，打击通过资本运作的投机炒作行为。此外，监管层还明显加快了新股发行速度，强化退市执行力度，严厉惩罚证券市场的各种违法违规行为。在监管趋严大背景下，概念股、壳资源、内幕信息等投机炒作之风得到有效遏制，业绩稳定增长的绩优龙头股更受投资者追捧。

第四，消费升级已成为中国经济增长最重要的驱动力，这一过程将贯穿整个转型期，细分领域为价值投资者提供了较确定的投资机会。2016年以来的这一轮消费升级背景与前几次不同，虽然整体消费需求没有强劲增长，但各种消费细分行业如白酒、家电、家装及中药业景气度较高，自主品牌的电子产品、汽车等加速崛起，消费品牌化的中国制造渐起，其中三四线城市消费升级成为此轮消费升级的一个重要特征。我国的三四线城市人均GDP已经超过6 000美元拐点，进入消费服务业快速发展的产业结构转换阶段，收入水平迈过拐点是三四线城市消费服务业迎来快速增长的重要基础。此外，80后、90后人群的年龄结构在17～36岁，这部分人群已经进入消费高峰期。相对于上一代，年轻一代消费群体的消费需求更强，消费倾向更高，从而进一步推动我国消费服务产业发展。

另外需要关注的是，随着沪港通和深港通的实施，特别是A股市场纳入MSCI指数后，A股市场的国际化往前迈出了重要一步。海外资金将涌进A股市场购买中国优质企业股票，加速推动优质龙头公司的定价回归基本面，这将体现在两个方面：一是国内优质龙头公司估值显著低于海外龙头公司会得到修复，如同样是家电巨头的美的、格力，无论是盈利能力，还是增长速度，都明显优于海外的伊莱克斯、惠而浦，而其估值却明显低于后者，目前正在修复中；二是行业优质龙头公司市值大而估值低的情况会得到明显修正，优质公司估值甚至有可能从折价到溢价，如今年以来股价已翻倍的全球安防龙头海康威视，一直获得深港通北向资金的持续买入，目前持股已占其总股数的 6.75%，其估值也得到了大幅的修正。

总之，优质企业从长期来看可以为股东创造丰厚的回报，价值投资通过自下而上精选个股可以大概率获得超额收益。

杨义灿

汇添富基金专户投资部总监助理

（本文于 2017 年 6 月刊发）

对冲投资的模式渐行渐近

中国证券市场过去几年中最重大的事件就是股指期货的推出,并且获得了巨大的成功,交易额甚至超过了沪深两市所有股票的交易额,一定程度上改变了人们的投资模式。与此同时,对冲这个对中国投资者曾经神秘的字眼,现在来看,可能正在成为国人重要的投资手段。

A股市场经历了过去几年大熊市的洗礼,投资者理性程度增强了不少,熊市给投资者带来痛苦,也使其对股票投资的收益预期大大降低,同时投资者也对绝对收益的投资模式有着非常强烈的渴望。这些变化在客观上给长期收益不是很高但比较稳定的对冲投资模式提供了很好的生存土壤。

与追求相对收益的传统股票投资相比,对冲投资则是以获得绝对收益为目标的投资方式。对冲投资通过持有看好的组合,同时卖空不看好的组合或市场指数,来提高投资获得正收益的确定性。对冲投资认为虽然无法判断股市的整体走势,但可以根据研究判断股票之间的好坏,通过一边做多一边做空的方式,获得好股票和坏股票组合收益率的差额,而与市场走势无关。

从国际上来看,对冲基金从1949年一个不起眼的开始,到现在已被成熟市场的机构投资者认同,成为主要的另类投资品种之一,总管理资产规模超过2万亿美元。同时,对冲基金的投资策略也变得多样化、全球化,而随着中国资本市场的进一步开放,中国正在成为国际对冲基金争相角逐的地方。2011年以来,国内诸多私募投资者和基金专户管理人,正是通过对冲的方式,在熊市中获得了可观的正收益,也获得了较好的市场认可。

那么，对冲投资的绝对收益是从哪里来的呢？究其根源，对冲投资的绝对收益主要来源于三部分：深入的股票研究、精细的对冲操作、期货合约的时间价值。

首先，在A股市场中，深入的股票研究可以带来超过市场的投资收益。以A股市场中股票基金为例，2008年以来股票基金净值平均下跌了38%，而同期沪深300指数下跌了58%，两者数据的差异体现了研究的价值。这说明基金这样的机构投资者是可以通过股票研究超越市场的，但直接投资这些基金仍然是大幅度亏损，如果我们通过卖空股指期货合约来对冲系统性风险，就可以得到较为确定性的正收益，而这个正收益恰恰是深入的研究所带来的，并且是与市场总体走势无关的。

其次，精细的对冲操作是把相对收益转换为绝对收益的保证。对冲投资最重要的是要适时调整多空组合的头寸，使得二者比例一致；否则，对冲组合将阶段性地承受部分股票市场的整体波动风险，因此对冲操作需要精细的数量化方法进行控制，才能保证相对收益有效地转换为绝对收益。

最后，对冲组合始终持有股指期货空头合约。从期货定价公式来说，长期持有期货空头合约是可以获得无风险的时间价值的，从实际股指期货市场来看，这个时间价值在当前每年为3%左右。也就是说，即使对冲组合的股票组合收益率与沪深300指数一样，当前一年也可以获得约3%的对冲收益（当前由于卖空股票的各种限制，持有股指期货空头合约是实现对冲的主要方式）。

从以上分析来看，对冲投资模式所提供的收益率是不受市场整体走势影响的，其风险主要在于所持股票组合表现阶段性大幅弱于沪深300指数，而这一点是可以通过诸多数量化的方法进行控制的。因此，对投资者而言，对冲投资实际上是风险介于固定收益投资和股票投资之间的一种投资方式。长期以来，这种中等收益、中等风险的投资产品是缺乏的，而现在市场提供的做空机制使得这类产品成为可能。相信随着我国金融市场各种新产品的不断丰富，对冲这种投资模式对投资者而言将越来越具有吸引力。

吴振翔

汇添富基金指数与量化投资部副总监兼基金经理

（本文于2012年12月刊发）

金融杠杆反思录

“给我一个支点，我就能撬起整个地球。”小时候，阿基米德的这句名言总是让我浮想联翩。杠杆的应用在我们的生活中随处可见，居家中常备的扳手、钳子等工具就是杠杆原理的杰作。金融行业就更离不开杠杆了，回顾近两年中国股债两市的起伏，杠杆在其中均扮演了阿基米德式的作用。

2015 年股灾仍是许多投资者无法摆脱的梦魇。2015 年上半年，沪指从 3 200 点上涨到 5 178 点的 7 年高位，这是中国证券市场有史以来最大的资金杠杆推动的股票牛市，2014 年初券商融资融券余额不到 3 500 亿元，年底突破 1 万亿元，2015 年 6 月到达历史峰值的 2.27 万亿元，在狂热股市的驱动下，银行、券商、社会资金通过各种渠道为投资人提供各种股票配资资金，不完全统计各类融资额达到四五万亿元之巨，投资人从各种渠道获得年息 6%～30%成本不等的各类优先资金，以 1∶2 至 1∶4 甚至更高的杠杆比例投资于股市。2015 年 6 月 15 日至 7 月 8 日，股市开启了暴跌模式，短短 17 个交易日，上证综指大跌 35%，创业板指数大跌 43%，两市一半的股票跌幅超过 50%。1∶2 杠杆以上的客户大多被强制平仓或被逼补仓，平仓盘反过来又加速了股市的下跌，股市直至 8 月底跌至 2 850 点才见底。两年多过去了，此情此景仍触目惊心，杠杆的推动威力惊人。大潮褪去，融资融券余额自 2016 年 1 月跌破 1 万亿元以后，至今徘徊在 8 000 亿～9 000 亿元。

经历了 2015 年的股灾，2016 年投资人又遭遇了一次债灾打击，杠杆再一次起到了幕后推手的作用，而这次杠杆资金的主要来源是银行。2013 年 6 月出现的“钱荒”导致债券收益率上行，2014 年央行连续降准降息，债券市场开启了一轮时间长达两年多的牛市，10 年期国债收益率自高点 4.7%下行到 2.65%，10 年期金融债收益率自高点 5.9%下行到 3.02%。如果自 2014 年 1 月收益率高点至 2016 年 10 月收益率低点，投资人一路持有 10 年期金融债，可获得超过 30%的收益，年回报超过 10%，如果加上 2 倍资金杠杆，年回报可以达到 20%。

债市的惊人回报吸引了大量银行资金入市。银行资金的入市与近几年银行资产的爆发增长息息相关，银行业总资产由 2011 年底的 113 万亿元扩张到 2016 年底的 232 万亿元，5 年增长超过一倍。因为表内资产受到严格监管，银行表外资产扩张更迅猛，银行表外理财资产从 2011 年的 5 万亿元增长到 2016 年的 29 万亿元，增长近 5 倍。如果存款和贷款是银行负债和资产的核心，那么近 5 年银行扩张或者加杠杆的根本途径是同业资产和表外资产的扩张，即通过主动负债(同业负债和发行债券)以及吸收表外理财资金的方式不断扩张。由于传统信贷和非标资产的政策限制，银行新增表内外资产通过同业理财和表外理财等投向了债券。

2016 年下半年，随着大量资金涌入债市，债券收益率已经降到了历史底部，为追求高收益，各类投资机构不顾风险，不断拉长投资期限或者投资低等级信用债，部分机构通过高达 2 倍的杠杆融资扩大收益，银行本身的杠杆再加上债券投资的双重杠杆成为债券牛市的推手，同时也为债市泡沫的破灭埋下了隐患。2016 年 11 月债券收益率终于开始缓慢上行，某券商债券代持违约事件成为债市暴跌的导火索，债券市场一直下跌到 2017 年 5 月才企稳，债券收益率回到了两年前的水平，债券价格抹去了两年的涨幅。

2015 年的股灾和 2016 年的债灾说明，通过过高的金融杠杆追逐高风险收益，忽视风险防范，最终无一例外会遭受损失。中国股市是以散户投资人为主体的市场，约 80%投资账户资产在 50 万元以下，普通老百姓不了解风险的概念，容易超出自身风险承受能力去进行投资，如果金融机构不负责，没有区分普通投资者的风险承受能力，推销过高风险的产品甚至违规借贷资金给普通投资人从事高风险投资，其实是助长了整个金融市场的风险，无数事例包括次贷危机在内都证明，给不适当的普通投资人借杠杆资金从事风险投资，不仅危害普通投资人，而且会伤及金融机构自身。今年7月1日施行的《证券期货投资者适当性管理办法》将有效识别投资人的风险承受能力，控制不理性的杠杆融资，有助于避免股灾的再次发生。

一般而言，金融机构的风险控制能力远远强于普通投资人，但是2016年的债灾更值得机构投资人反思。与股市不同，由于交易所对普通投资人的限制，中国债券市场是一个以机构投资者为主的市场，为什么大部分机构都未能及时躲避2016年债市的泡沫风险，甚至在风险最高的2016年第四季度还有机构在加仓、加杠杆？究其原因，第一，与机构的资产配置能力有关，如何克服从众心理，具备独立的大类资产配置能力以及资产风险定价能力是优秀的机构投资者必备的素质。中外历史证明，机构投资者在面对资产泡沫时可能反应与普通散户一样，《大空头》这本书生动描绘了美国金融机构在次贷危机中的表现，值得大家借鉴与反思。第二，与部分机构的考核模式有关，重视短期业绩和过度追求规模增长都可能助长投机加杠杆的行为，如果业绩考核能长期化，并且把风险波动作为与业绩等同的考核指标，相信机构投资者的行为会变得更加理性，整个市场的风险度也会降低。

泡沫的特点是最终无一例外都会破灭。金融泡沫往往在无法继续生长的时候最终自我破灭，还有一种情况就是政府主动刺破。中国政府的宏观管理能力强，后一种情况出现得比较多。最近两年的股灾和债灾的出现，均是政府对于金融泡沫的主动管理。考虑到政府最近一年多对于金融行业的泡沫极为警惕，因此投资者应该放弃在金融行业寻找一夜暴富的努力，回归价值投资的本源。

金融杠杆并不是洪水猛兽，高杠杆的银行在各种规则限制下可以稳健经营，而片面追求短期业绩和高收益，在缺乏风险控制的前提下盲目加杠杆才是导致各种金融泡沫的原因。近一年股市的平稳运行反映了投资者的日趋理性，相信债市经过调整后，同样会迎来更美好的未来。

张海容

汇添富基金固定收益投资经理

（本文于2017年9月刊发）

市场风格切换与组合管理

在投资实践中，把握好未来较长一段时间的宏观环境和市场特征，并基于此进行组合构造，是成功投资的关键。而市场特征中最重要的是对市场风格的把握。我们看到，2006～2007 年周期股、大盘蓝筹股的风格非常突出，2012～2014 年成长股、中小市值股的风格十分显著。对于投资者而言，在一个相对明确和稳定的市场风格中进行投资，是相对愉悦和轻松的。但市场的复杂之处就在于，市场的风格经常会发生变化，也就是常说的风格切换。

市场的风格切换有长有短。有些是中长期的风格切换。比如 2000 年美国科技网络股的泡沫破灭之后，市场风格转向价值股并持续多年。又比如国内 2006～2007 年的市场风格以大盘蓝筹和周期股为主，而 2008 年之后，除了 2009 年周期股有短暂表现之外，市场风格基本切换到成长股风格上。有些是年度内的风格切换。典型如 2012 年和 2014 年，全年在前三季度以成长股风格为主，但在第四季度都出现了剧烈的风格切换，以金融股为代表的蓝筹价值股取得显著的相对收益。

对于投资者来说，试图把握住每一次风格转换是非常困难的。笔者认为，分清楚风格切换背后的原因，采取合理的组合管理，是应对风格切换的理想方法。

我们认为市场的风格切换存在三种情况：

第一种是由基本面变化引起的风格切换，我们定义为系统性的风格切换。典型如 A 股市场从 2006～2007 年的以资源能源、金融地产为代表的周期股向

2010～2014年消费成长和新兴成长股的切换。2006～2007年房地产投资和外需成为驱动中国经济的核心力量，相关产业链上的周期股景气持续高涨。但随着2009年基建投资刺激经济带来周期股的阶段性表现后，从2010年开始，中国经济向以消费、服务、创新转型的方向逐渐明确，投资风格逐渐转向这些资产。基于基本面变化引起的风格切换会持续非常长的时间，直到基本面出现新的重大变化，投资者如果无法进行相应的资产配置调整，就会犯战略性的错误。

第二种是由估值的相对变化引起的风格切换，我们定义为修复性的风格切换。金融市场总会阶段性地把某一类市场风格发挥到极致，典型如美国20世纪90年代末科技股的大牛市，以及A股2014～2015年上半年互联网的大牛市，都是把某一类资产、某一种风格发挥到极致的例子。但随着风格达到极致状态后，市场的均值回归定律会发生作用，越来越多的投资者会发现占优的风格资产性价比越来越低，而被忽略的风格资产性价比逐步提升。在这种情况下，市场风格会在某些催化事件的作用下出现修复性的切换，引导市场相对极致的估值体系恢复到一个相对均衡的位置。

第三种是由投资者行为、投资者结构变化引发的风格切换，我们称为博弈性的风格转换。典型如2012年和2014年年底，由银行股的大幅上涨引发风格从成长向价值蓝筹的短期切换。在这两个阶段，基本面并没有发生变化，但成长股持续上涨，获利盘丰厚，而价值股持续调整，卖空力量几近衰竭，投资者基于这种买卖力量的对比进行博弈，实现了短暂的风格切换。在海外市场同样存在这种行为金融学现象，比如临近年底，投资者卖出中小市值股票买入稳健价值股，出现阶段性的切换。但是这种风格切换更多基于博弈层面，当阶段性风格变化后，博弈的基础也就消失了，市场风格很可能恢复到与原有基本面环境相匹配的状态。

当然，以上说的三种风格切换的情况并不是完全独立和互斥的。很多时候市场的风格出现剧烈切换，可能是多种原因叠加的结果。

比如2007年的“5·30”之后，市场从年初相对均衡的风格向非常极致的大盘蓝筹行情切换。一个基本面原因是，宏观经济持续向好，大盘蓝筹股中的主要品种以强周期为主，基本面持续超预期；另一个原因是公募基金出现爆发式增长，机构投资者成为市场主要参与者，而机构投资者倾向于配置流动性好、市值大的大盘蓝筹。

再比如2016年上半年以来，稳定消费类、低估值价值类资产表现突出。第一个原因出自基本面，过去两年市场追捧的新兴成长类股票业绩低于预期，但家电、白酒、家具等稳定类、价值类资产中出现一批业绩持续超预期的公司；第二个原因是投资者风险偏好下降的背景下，投资者越来越关心估值的安全性，均值回归的力量发挥作用，市场相对估值体系向更为均衡的位置修复；第三个原因是，2016年市场新增资金主要来自保险、理财资金和实体企业，这类资金更为关注的是企业的价值，也有利于价值型资产的表现。

在组合管理实践中，怎样在不同的市场风格环境下保持业绩的稳健性一直是摆在我们面前的重要挑战。我们永远无法要求市场来适应投资者，而应该以清晰的策略去应对变化的市场。就笔者自己的总结和实践而言，我们认为以下一些方法有利于适应不同市场风格的切换。

第一，战略判断上一定要有前瞻性和预见性。投资者应该对未来3～5年的大的宏观环境和产业发展方向要有一个相对准确的把握，而不能被小的扰动干扰。但是当市场基本面出现了重大变化时，一定要有战略性的调整。投资者结构的变化对于市场投资风格具有重大影响，投资者结构的突变往往导致市场风格切换，需要仔细评估和认真对待。

第二，构建组合时需要注意相对均衡。过偏的组合可能在某一类市场风格下有显著的超额回报，但发生风格切换时很可能出现大的回撤，导致业绩的不稳定。

第三，在对组合进行动态调整时，需要有逆向思维。市场在某一类风格做到极致时往往也蕴含着最大的风险，而逆向思维很可能帮助你在下一类不同的市场风格中保持着投资的从容和业绩的稳健。

刘伟林

汇添富基金基金经理

（本文于2016年8月刊发）

长期持有的基石:长期调研 去伪存真

长期持股一直被认为是价值投资的典范,但过去几年的剧烈震荡,仍能维持这一记录的基金愈加稀少。翻阅某些公司财报,看着我们能够长达数年始终居于主要股东之列,回首其间的煎熬与最终获得丰厚回报的欣慰,心中会有很多感悟。“buy and hold”这种看似简易的一锤子买卖背后其实凝结着大量的工作和思考,通常是一个在系统的工作方法下,不断去伪存真的过程。这里就选股和跟踪公司谈些粗浅的体会。

我们看一个公司,主要着眼点集中于商业模式和治理结构两方面。两方面都令人信服的就是好公司,但怎么样令人信服却有很多讲究。

先说治理结构。这里面主要是股权文化、经营层激励和制衡等问题。几年前,我走访一家上市公司,其董事长介绍自己管理员工的做法,“员工毕业来到我这里,前三年就是给钱,帮他解决结婚买房等基本问题;后六年就是给位置,解决他精神层面追求的问题;再后面位置给不了了,因为总经理只能有一个,继续再给钱,又能管个五六年。这之后,他为企业服务的时间也够长了,再留就是感情了,要走也没有办法了。”几年来,我旁观着他一步步兑现自己的承诺,心中颇为震撼。从业数年来,我问过很多企业领导类似的问题,所获答复鲜有此君这般令人信服。每次碰见那些或博弈、或务虚的应对之辞,我都坦率地说出我的体会,“你能够影响员工,但你永远无法影响员工的家人,而员工最终只会对他的家人负责”。和谐合理的股权文化很多时候是好公司的基石,这也往往成为我们喜欢上一个公司的第一个原因。

再说商业模式。我们所处的经济大环境一直处于高速发展和大幅变化中，企业的经营业务和商业模式也在相应演变，核心竞争力也随之形成、演变并逐渐强化，这里面就存在一个理论与实践冲突的问题。很多直观看上去不过尔尔的公司，内里有着很多现实的门道，非常赚钱。对这样的公司，简单的、教条式的否定时常犯错误。

股改以前，分析师队伍相对较小，很多信息需要亲自找上市公司去了解。经过这么多年的发展，买卖双方的分析师队伍迅猛扩张，据统计已达数千人之多，基本上已经做到人均覆盖一家公司。这意味着作为买方，我们可以程序式地在短时间内完成对公司基本信息的整理和了解。

显然，凭借这些信息做出投资判断是远远不够的。在笔者做分析师期间，拜访公司之前都会拟出详细的问题提纲，逐一与公司进行沟通。实践过程中笔者发现问题可以分为两类，一类是即使公司毫无保留地回答你的问题，对你的判断也毫无意义；一类是只要公司没有心悦诚服地解答你心中的疑问，你就永远得不出明确的判断。后来，笔者的拜访工作就变得非常简单。找到能够说话的人，直接托出心中最大的疑问，寻找是与否的回答。咱们国家的发展，机会的出现时常是跳跃性的，身处第一线的上市公司更清楚钱是怎么赚到的，我们需要做的往往是理性地去倾听。我们遵循基本的商业理论的逻辑，但更尊重现实规则的威力。很多次，前者带给笔者的疑惑被后者来自实践的真知灼见一扫而空，而往往尊重现实规则威力的公司因为有别于粗浅的市场预期，成为好股票的概率就大得多。

无论是遵循基本的商业理论逻辑的公司，还是尊重现实规则威力的公司，两者都是让我们夜夜安枕的公司，我们可以毫不犹豫地长期持有，使其成为组合的战略性资产。但这些资产一方面数量有限，另一方面经常不便宜。还有一部分公司这两方面总是存在些不足，但处在积极变化过程中，我们也会组合型地持有，并随着进展做出调整。甄别进展的方式其实比较简单，好转的公司会不断兑现他的承诺而且会时常超出预期，而没有好转的公司会向你解释问题发生的原因。实际上我们很难去分辨这些解释的合理性，也很难判断这些问题解决后是否就会变好，所以我们就较少根据公司的解释去决定是否继续持有，而会将资产更多配置到不讲原因却经常出成绩的公司上。

齐东超

汇添富基金前股票投资副总监兼基金经理

（本文于2010年3月刊发）

世界第一,中国公司准备好了吗

几年前,一个在某通信公司工作的朋友开玩笑说:现在老外打不过我们,所以他们的策略就是撑死我们。当时只觉得这句话好玩,没有当真。后来,另一位外企高管朋友谈到中国企业的竞争力时,认为中国企业在后面(追赶)的时候很厉害,等到前面(超过对手)了,反而很容易出现危机,并列举了他们行业很多实例作为证明。他这番话提醒了我,让我回想起前面那位朋友说的话可能并不完全是玩笑,如果吃得太多、长得太大,的确有可能被"撑死"。为什么?因为中国公司还没有准备好做世界第一。

道理很简单,中国公司在世界舞台上崭露头角不过是最近10多年来的事情,由于一直扮演追赶国外竞争对手的角色,因此中国公司最大的竞争优势在于"模仿创新"。之前看过的一篇报道提到某公司对产品的定位是"德国产品能用4年,我们的能用3年,他们机器坏了维修跟不上,我们提供快速维修服务,这就是创新"——这个描述代表了中国追赶型企业的战略:提供更高的性价比,即便品质略低——这个战略对于追赶型的公司是适用的,因为可以采用诸如逆向工程之类的方法开发产品(比亚迪的强项)从而大大节省研发费用,因为我们的人工成本较低,所以加强售后服务成为相对于外企的一项竞争优势……就好比排成"人"字形的雁阵,外国公司如领头雁般承受着最大的风压和阻力,后面的跟随者反而可以利用气体的浮力而比较省力。

但中国公司终归要成为领头雁,这个时候,原来的竞争对手不再能推出更多的革命性产品供你模仿了,也不再冒险开拓新的市场了,这是因为他们在之前的竞争中已经实力受损。这些责任，将落到新的领头雁——中国公司——的身上。但这恰恰是中国公司的短板：我可以对现有的产品进行改善，获得更高的性价比，但要我做出开创性的产品，开拓从未被发现的市场，我做不到！但是，股东和来自对手的竞争都不会允许你停下来，中国公司只好在世界第一的茫然中匆匆亮剑，从而败招频出，自毁长城。曾记得否，当年中国 CRT 电视机厂商雄霸天下，长虹、TCL、康佳打得外资品牌抱头鼠窜，长虹祭出垄断彩管的狠招意在创建千秋霸业，TCL 则强势收购法国汤姆逊进军国际市场，结果液晶平板电视横空出世，中国厂商的优势顿时土崩瓦解……

时至今日，更多的中国公司开始迈进世界同行业的前列，有些公司更是成为规模上的世界第一，但是当年彩电厂商的命运似乎并没有远离这些中国公司中的佼佼者。比如，某规模世界排名居前的光伏企业，由于在原料和产品战略上的失误，从 2008 年的巅峰迅速跌入困境，国内还有很多类似的例子。当然，这种情形并非中国公司所专有，强大如雄踞手机行业多年的 Nokia，只用了 1 年多的时间，就被苹果的 iPhone 彻底击败，进入失意公司的行列。

今天，中国公司面临的挑战比十几年前更甚，成本优势，尤其是劳动力成本优势——中国公司曾经战无不胜的法宝——正在逐渐离我们而去。除了纺织、服装、家具等劳动力密集行业正在向越南、印度、土耳其等国逐渐转移之外，美国波士顿咨询集团 2011 年有份研究报告称，由于成本上升的原因，包括汽车零部件、电子设备和器械、塑料和橡胶制品、机械、金属制品和电脑等行业成为最有可能在今后 5 年回流美国的制造业，而这些类别的商品占美国从中国进口商品的将近 70%，年均耗费美国消费者大约 2 万亿美元！没办法，如果中国公司没有成为苹果或者三星，那么谁都可以动你的奶酪。

如果只依赖成本优势，那么中国公司的天花板已经越来越近了；如果一味靠模仿来追赶，第一反而会成为诅咒；如果不能成为创新型的企业，即便成为世界第一，也逃脱不了被淘汰的宿命。中国公司，你准备好成为世界第一了吗？

饶晞浩

汇添富基金前专户投资经理

（本文于 2011 年 11 月刊发）

术为实用

第三篇

智术之士，必远见而明察，不明察不能烛私。
无术以御之，身虽劳犹不免乱。

——《韩非子》

成长股迎来春天

现在大多数人对于市场向上的大方向没有分歧，分歧的只是上涨的幅度。然而，不论市场分歧何在，未来会如何演变，有一类资产在2010年必将大行其道，这就是成长股。

谈及成长，实际上A股市场所倚靠的中国经济就如同高速增长的列车，其成长性已令全球投资者侧目，而其所催生的投资机会更是令人眼花缭乱。彼得·林奇曾经在自己的书中提到要寻找10年10倍的股票，但在2010年之前的几年中，在中国，3～5年就涨10倍的股票却比比皆是。

在美国，纳斯达克的创立，让新技术在资本的坚强后盾下得以创造出新兴产业，也创造出大量财富。在中国，创业板的出现，则让中国资本市场显现制度性突破，使新发行上市的成长型企业数量成倍增加，特别是不同类型商业模式的公司一一登陆资本市场，作为潜在投资标的在公众面前亮相。

这种趋势让投资者不得不去关注成长股的繁荣趋势。笔者个人认为，2010年市场的超级成长股出现在两个领域：一个是消费领域，另一个是政府所倡导的新兴产业领域。这两个领域都是政府所鼓励的行业。

在过去，消费品一直被视为防御性行业，但在2010年这一看法可能会被完全颠覆，消费行业将被视为进攻性较强的行业。而这一转变背后的经济格局是，2008年的金融危机以后，世界经济面临重归平衡的问题，一方面中国要加大消费，另一方面美国要加大生产。中国政府通过税收、转移支付、加快中小城镇建设发展等手段继续加大力度刺激消费。经济格局的转变将使得部分消费行业出现超预期的高增长，并带来显著的投资机会。最典型的一个例子将是当前医药行业，2008 年中国 GDP 排名世界第三，而中国医疗产业的规模只在世界上排第七。通过医疗体制改革的推进，可以预期，中国的医药行业将会出现连续几年的高增长，行业性的机会非常突出。

而新兴产业背后的经济格局则是，“调结构”已经取代“保增长”成为经济政策的新关键词。控制过剩产能行业的投资，新兴产业是政府转变经济增长方式的重要抓手。笔者认为，新兴产业中的两个细分产业的增长速度可能会更快一些，一个是与 3G 相关的移动增值服务，另外一个是节能减排领域。3G 用户面临爆发式增长，将会给相关的移动增值服务带来指数型的增长机会。而节能减排领域，其明确的政策方向不会因为哥本哈根会议有限的成果而受阻，与此相关的技术发展一旦达到能够大规模应用的水平，行业的增长速度会是跳跃性的，投资机会也将比比皆是，比如发达国家已快速普及的太阳能领域，还有之后值得期待的 LED，以及更远时间后的电动汽车。

最后来谈谈如何寻找超级成长股。超级成长股有三个特征：一是净资产收益率高，二是高增长，三是对资金的低依赖。持续的高净资产收益率，来自企业超常规的核心竞争力，或者极强的品牌张力（如贵州茅台），或者核心技术（如烟台万华），或者独特的盈利模式（如苏宁电器）。高增长则是成长股的基本条件，持续高增长的基本条件就是行业空间足够大，若行业本身也处于较快增长阶段，则更具优势。第三个条件不是所有的成长股都能够满足的，这也正是很多成长股难以成为经典成长股的重要原因，比如需要不断融资来扩张的地产股。无须外部股权融资就可以实现业绩持续高增长的公司恰恰是最为稀缺的，这类企业能够给股东不断创造价值。

创新的商业模式是催生超级成长股的温床。但在中国，很多时候可能无须是首创，只需要将发达国家优秀企业良好的商业模式在中国进行嫁接即可。最为典型的是 20 世纪 90 年代的网络股，苏宁身上也有百思买的影子。一个很可能在最近就会重复国外高速增长的行业，就是移动增值服务行业。

最后不得不提醒一下，投资成长股非常关键的一点就是要避免伪成长股，或者可以说是成长陷阱。典型的伪成长股就是将一次性收益或者不持续的业绩长期化。投资成长股另外一个风险在于公司增长速度放缓，最终变为价值股，从而导致估值水平出现下降，这方面比较有代表性的案例就是美国的可口可乐，尽管其品牌力依旧很强，但是在其全球性布局比较完整以后，增长速度最终放缓，最近几年可口可乐并没有给巴菲特带来超额收益。

袁建军

汇添富基金副总经理

（本文于2010年1月刊发）

消费品投资的春天

中国经济转型的一个重要方向在于提高消费和新兴产业占 GDP 的比重，逐步降低投资对于 GDP 增长的贡献率。随着中国资本市场的不断壮大，对于实体经济的反映也越发明显。目前中国资本市场中偏周期类的公司所占市值偏大。而这些周期性产品的增长前景将趋弱，难以像上两次经济周期底部的 2005 年和 2008 年后，快速恢复其强劲的盈利能力。作为投资者，在目前就业压力不大的背景下，不能低估政府加快经济转型的决心和能力。因此，如果简单地以前两次经济周期中资本市场的行业周期轮动来推演当下的周期，可能会犯经验主义的错误。

虽然新兴产业是中国经济转型中鼓励发展的一个重要方向，但是从电动汽车的举步维艰就可以看出创新产业快速发展的不易。相比之下，消费类行业持续稳定增长的确定性就高很多。

中国政府已经出台而且正在不断出台 ·系列有利于促进消费的政策。最为重要的措施在于提高居民的保障水平和收入水平。完善社保和医疗体系，提高居民的保障水平，解除居民特别是中低收入居民在消费上的后顾之忧；不断地提高最低收入水平，降低所得税率，这些都是居民收入占 GDP 比重的有效措施。

目前中国资本市场的估值没有充分反映消费品资产的中长期成长潜力，这也是中长期产业资本不断地通过二级市场加大对品牌类消费品企业并购的原因。2009 年中粮趁三聚氰胺事件收购蒙牛，2008 年可口可乐试图私有化收购香港上市的汇源，以及 2011 年百胜私有化收购中国香港上市的小肥羊。2008 年平安战略性投资参股云南白药，三年获得 200%的回报。还有陈发树参股青岛啤酒。最近发生的就是中国平安成功并购上海家化。为何有大量的消费品公司发生了并购和私有化，最重要的原因可能在于市场定价还没有充分体现这些消费品龙头企业的价值。

从消费品上市公司的二级投资来说，有两个阶段是投资的黄金期。第一个阶段是消费品行业的快速增长期。从某种意义上来说，目前中国的消费品大部分均处于这个阶段，差别在于不同的子行业成长的速度可能不一样。从地域上看，由于中西部的经济增长速度高于东部，三四线城市的房地产行业的财富效应，决定了该区域的消费增长要高于东部和一二线城市。第二个阶段在于整合期结束以后龙头企业的收获期。目前比较典型的有乳制品行业，未来可以预期的有啤酒行业、肉制品行业、超市行业和养殖行业。特别是食品领域，由于国家对于食品安全的关注度不断提升，行业进入门槛不断提高，龙头企业可以获得更明显的竞争优势。对于进入收获期的龙头企业，最为典型的就是，虽然收入增长有所放缓，但是由于龙头企业品牌力的确立，规模效益得到体现，利润率得到迅速提升。

值得注意的是，部分高端消费品还具有一定的保值增值的投资性需求，这类消费品就不仅仅是简单的消费品，还有一定的投资需求拉动。更为重要的是，这类消费品处于价格持续上涨过程中，投资者不用过于担心渠道压货和库存贬值等常见的投资风险。比较典型的有高端白酒、珠宝、黄金和高端红酒。即使在高端白酒中，不同香型的收藏价值也不一样，其中又以酱香型最好，保存时间最长。

黄金饰品行业的增长也有投资需求的拉动。全球将维持长期宽松货币政策的预期，导致了全球性货币的竞争性贬值游戏持续多年，未来还将持续，投资者出于对纸币的担心，将货币不断转到黄金投资领域，这一点在中国特别典型。中国已经成为全球黄金消费增长最快的国家，成为全球央行以外最重要的黄金需求增长来源。最近两年，中国黄金消费的增长保持在 50%左右的水平，成为高端消费中增长最快的品类之一。

不论是在美国还是日本，在经济转型期以后，能够持续不断地创造超额收益的行业就是消费品行业，究其原因，最大的投资背景来自投资驱动型社会向消费驱动型社会的转变。

袁建军

汇添富基金副总经理

（本文于2011年11月刊发）

简单的道理

股票投资者经常要问自己或者被问的一个的问题是:“为什么买入这只股票?”回答可能不外乎两种,要么是公司的增长,要么是投资者的博弈。

随着市场投资者参与程度的不断下降,根据投资者博弈获利的空间和机会正在不断被挤压。因为投资者博弈获利的核心就是其他投资者的犯错导致获利,最为典型的就是一些投资者利用资金优势拉高一些没有基本面支持的股票,其他投资者追高以后,高位出货。这种买股票的盈利模式依旧存在,但是持续性存在问题。

还有一种类型的博弈就是认为公司股价跌幅巨大,跌破了长期价值底线。这种投资方法也曾经获得了很好的投资回报,如 2008 年年底就曾经出现了大量的股东和管理层增持,最终收益丰厚。但最主要的原因可能是,最终大多数企业在接下来的两年里获得了很好的利润增长,因此说到底还是基于业绩增长来投资。

大多数机构投资者还是希望通过企业的盈利增长来获得市值的增长。关键是如何对利润增长进行估值。

不能简单用市盈率和 PEG 来进行估值并做对比之后来选股,关键是关注增长的质量和持续性。按照戈登公式,$P/E=1/(k-g)$,估值的核心在于评估 k 和 g。

从公式上看,增长率 g 越高,就应该给予更高的市盈率,股价就应该越高。这一点在 2012 年的 A 股市场已经得到了相当程度上的反映。很多业绩高增长的股票获得了明显的超额收益,而业绩不增长或者负增长的股票,其股票被不断边缘化，如果是基金重仓股，其股价被腰斩也不奇怪。这也是2012年市场比较残酷的地方，结构分化非常显著，大量没有增长的股票被抛弃，这可能也是市场有效性的体现。

k 对估值也有重大影响，k 是投资者的预期收益率，由两部分构成，是无风险利率加上投资者对于这只股票要求的风险溢价。无风险利率是由外部流动性决定的，关注点就集中在投资者所要求的风险补偿。当然，k 是越低越好，越低投资者给予的估值和股价就越高。问题是，投资者会对哪种类型的公司风险溢价要求低呢？显然就是那些业绩增长确定性高、定价能力强、行业增长确定、竞争力强、治理结构良好的公司。在经济下行的过程中，必然是那些与宏观经济波动关联性低、偏稳定类的行业，最好是拥有强大品牌的公司。

在不同的发展阶段，公司具有不同的 g，投资者也会对 k 进行动态调整。公司处于持续增长的初期，行业发展空间大，可以给予较高的市盈率。但是对于那些已经处于衰退期的公司，如果利润持续负增长，未来发展前景不是很清晰，投资者所要求的风险补偿也越高，导致其估值水平必然会大幅下降。

当前的市场状态下，讨论增长的质量可能尤为重要。因为中国经济增长还处于放缓的过程中，高增长的行业和公司尤为稀缺。对于当前的高增长的公司，很多投资者也会心存疑虑，是否属于宏观经济后周期，增速放缓将会很快出现。总之，自下而上地进行公司研究，关注公司业绩增长的质量，在2012年的投资显得更为重要。

很多投资者会简单地比较市盈率来决定买卖的股票，这实际上是犯了投资上一个常见的错误。只有高质量、高增长的好公司才可以支持较高的估值和好的回报，而低质量的增长往往意味着投资损失。

评估一个公司是否具有持续高增长能力，某种意义上是对其商业模式的评估。首先要评估其行业背景，包括行业增长速度、增长空间、行业竞争结构。如果行业背景好，还要评估公司的核心竞争力，是否具有较好的竞争优势。最后还要评估公司商业模式的稳定性，仔细分析是否有导致公司增长放缓的重大风险。

高增长可能是好公司的第一个要求，其他包括公司治理、管理层能力、财务状况、政策环境等都是评估是否好公司的重要组成因素。

所以以合适的价格买入好公司，才能够获得相对持续稳定的回报，这是股票投资的一个简单道理，但是真正能够意识到这个道理的重要性并很好地执行，可能并不简单。

袁建军

汇添富基金副总经理

（本文于2012年7月刊发）

从农业问题公司谈起

日前，一家A股农业类上市公司公告称，因为遭遇天灾，前三季度遭遇巨额亏损。公告发出，市场哗然。

翻看中国证券市场的历史，农业上市公司板块曾经出现过不少问题公司。被称作“农业第一股”的蓝田股份，曾经创造了股市上的“神话”，业绩持续高速增长。然而实际情况是，该公司在1999年和2000年，虚构业务收入达36亿元，虚增净利润达到9.4亿元。而另一家具有同样知名度，也演绎了“神话故事”的银广夏，在1998～2001年的四年间，虚增利润7.7亿元，直到被查处。之后的丰乐种业和草原兴发，以及港股市场的超大农业、中国森林等公司，也曾由于种种原因，成为问题公司。

为何农业上市公司板块容易出现问题公司，原因何在？

首先，农业公司的业务往来方，很多是规模较小的中小农户。与这些农户进行交易时，银行转账的方式较少，而现金交易的方式较多。这和其他行业内的公司，普遍的业务往来是通过银行转账，有很大的不同。没有在银行留下记录的现金交易，意味着公司必须有规范的流程管理和良好的诚信，否则很容易造假。其次，很多农业公司受益于国家的各项税收优惠措施，减免税比较普遍。这使得公司如果虚增收入和利润，实际承担的税收很少，相应的造假成本低。这两点，客观上使得农业公司比较容易造假，特别是虚高收入和利润。

一些问题公司，利用国家对农业产业的大力扶持，通过虚高收入和利润，获取银行和资本市场的信任，不断地融资，通过这种方式做大企业规模。“业绩”越好，融资越容易，规模扩张越快。一些公司管理层并不想扎扎实实做好日常的经营管理，而打的是资本扩张的算盘，希望借此形成一个超高速发展的循环。而客观规律上，农业的投资往往周期较长，回报较慢。在此情况下，一些问题公司就不断地做假，虚高收入和利润，泡沫越吹越大……

防范投资农业公司的风险，并不简单。分析师凭借有限次数的公司调研，往往很难辨别真伪，即使是入驻公司的审计师，很多也无法及时发现问题。然而，怀疑乃至发现一家农业公司造假，还是有一些方法可寻。

首先，广泛地走访调研同类型企业(包括非上市公司)。通过详尽地了解同类型、同地区、同种产品的公司经营情况，可以作为一面镜子，了解到行业内企业的普遍真实情况。同行看同行，会看得专业和清楚，避免雾里看花。巴菲特曾说过:“如果不懂得辨认珠宝，去找珠宝鉴定商。”

其次，任何造假的公司，在财务上不可能做得完美无缺，总会露出一些“蛛丝马迹”。财务报表上，造假几个科目容易，但在其他关联科目上，则会露出马脚。造假一两个年度报告容易，但不可能长期永远地造假。因此，认真查看历年的三张财务报表(损益表、资产负债表和现金流量表)和详尽的财务报告，是不可缺少的功课。存货、固定资产、应收账款等科目，是农业公司容易做手脚的科目。虚增的收入和资产，往往就计入了这些科目。因此，这些科目金额不正常的变化，或者涉及会计政策的改变，都值得重点关注和研究。此外，收入和利润相对容易造假，而公司的现金流则很难造假，特别是连续多年的现金流。查看公司历年的现金流，包括自由现金流，也很必要。急于扩张的造假公司，往往各项负债指标会急剧恶化，这也是值得观察的地方。

最后，符合常识和逻辑的分析和判断，也很重要。问题农业公司出现的问题，往往暴露在“神话”演绎之后。不切实际的高利润率、高增长，常识和逻辑解释不了的，与公司管理素质不相称的优良业绩，往往背后都存在潜在的问题。在投资前，都值得深入挖掘，彻底搞明白。

在投资时，不人云亦云，坚持独立思考、严谨的调研、理性的分析，同时做自己能力圈之内的事情，是对投资风险最好的防范。

万 青

汇添富资产管理(香港)有限公司首席执行官、首席投资官

(本文于2014年11月刊发)

从中国制造走向中国消费

经济结构调整是近几年来中央政策的主导思路，也成为投资者的共识。谈起经济结构调整，大多数投资者的第一反应是新能源、节能环保、电动汽车、新医药、新材料、生物育种和信息产业等新兴产业。从历史上其他国家的经验来看，一个国家的经济在遭遇发展“瓶颈”时，政府往往会通过促进新兴产业的发展来带领经济整体走出困境。例如，1973年石油危机之后，日本大力引导电气机械、精密机械、电子工业等技术和知识密集型产业的发展；20世纪90年代初的经济危机之后，美国提出“信息高速公路”计划推动IT行业的大发展。而中国目前正面临相似的局面，发展新兴产业是大势所趋。但对于股票投资者而言，投资于新兴产业面临如下困难。第一，单一新兴产业的发展前景存在不确定性，技术和经济环境的变化可能会使单一新兴产业的发展不再具有可实现性。第二，即使新兴产业的发展最终得以实现，也往往需要耗费大量的时间，其过程充满曲折，例如，日本当年耗费了将近10年时间才实现几大新兴产业的发展。第三，新兴产业发展初期往往会吸引大量资本流入，而最后胜出者却寥寥无几，投资者需要从众多竞争者中挑选出最后的胜利者。因此，投资新兴产业对于普通投资者并不容易。

以下是我们与投资者探讨经济结构调整大背景下的另一个投资思路——制造业的转型，从中国制造走向中国消费。中国制造完全可以用价廉物美来形容，尤其是在中低端制造业，“made in China”遍布世界各地。然而，中国的制造企业大多致力于节约成本和小幅度的技术改进，在技术创新、品牌经营和渠道开拓等方面的投入严重不足，这也导致中国制造在整个产业链中的收益与其庞大的规模严重不相称。以制鞋业为例，代工一双在国外销售200～300美元的女鞋，代工企业的收入仅为20～30美元。而苹果iPhone的例子则更为极端，一台在美国售价为499美元的iPhone，代工企业仅能获得大约4美元。另外，人民币升值、劳动力、资源和环境成本的上升正在进一步侵蚀中国制造的微不足道的利润。因此，转型是中国制造业不得不考虑的问题。

而在需求方面，国内消费升级是长期趋势，中国人的消费能力甚至令欧美发达国家惊讶。从宏观来看，2004年以来国内的消费品零售总额保持了15%左右的平均增速，在收入分配向劳动力转移的大背景下，这一增速有望进一步提高。从微观的企业层面来看，国内消费是制造奇迹的土壤。例如，国内最大的饮料企业娃哈哈集团，1991年的收入刚刚过亿元，2000年的收入达到54亿元，9年时间增长了50多倍，而2009年已经接近500亿元。九阳豆浆机，一个不起眼的小产品，2007年的收入接近10亿元，而2008年因毒奶粉事件收入飙升至30亿元。因此，国内消费的崛起完全能为中国制造的转型提供良好的机遇。

中国制造的微利与中国庞大的消费能力无疑形成强烈的反差，其背后的客观原因是国内的渠道壁垒。2008年金融危机之后，许多出口制造企业将目光转向国内市场，作为中国外贸出口的主渠道广交会也首次开设内销展台，但成功实现转型的制造企业寥寥无几。一个产品要进入超市、百货等成熟渠道，往往要交纳不菲的费用(进场费、赞助费、庆典费等)，而渠道非但不保证销售业绩，有时甚至退货，这对制造企业而言无疑是巨大的风险。另外，国内的销售渠道往往会占用供应商的货款，对供应商形成资金压力。对于原来只会埋头生产、风险承受力低的制造企业而言，这些无疑都是巨大的障碍。

但企业如果能够通过品牌建设和渠道开拓，成功地越过渠道壁垒，则将迎来广阔的发展空间。过去几年，在服装行业——最早消费升级的行业之一，已经涌现出一批成功实现转型的优秀企业。随着国内消费的持续升级，我们相信在各个行业会出现类似的优秀企业，尤其是那些与生活健康、生活舒适度、精神文化消费相关的领域，可能的行业包括服装饰品、厨卫用具、家纺、家居建材、IT

制造、玩具、农业等。

因此，投资者需要通过日常生活获得更多的相关信息，并从消费者、投资者的多重角度来了解、考量此类企业，从而实现成功的投资。

王　栩

汇添富基金总经理助理、权益投资总监

（本文于2010年8月刊发）

成长股投资面临的两大挑战

成长股投资是过去两年多来A股市场最主流的投资方法。2009年7月1日～2011年12月31日，沪深300指数下跌了27.55%，而中证500指数仅下跌6.76%，中小盘成长股的表现显著超越市场。即便在2011年中小盘成长股大幅下跌之后，主流投资者依然坚信，在中国经济转型的大背景下大部分传统行业都将面临巨大的冲击，未来的主要投资方向是在内需消费型行业以及新兴产业中精选成长股。一种共识之后往往潜藏着风险，成长股投资未来可能会面临哪些方面的挑战呢？

成长股投资可能面临的第一个挑战是，中国经济结构转型可能是长期而艰难的，在此期间可选的成长股标的减少。一般来说，新技术的普及应用或者新市场的出现是成长股大量产生的重要先决条件。例如美国在20世纪末的IT革命以及中国2001年加入WTO，都对各自的经济体的各行各业产生重大而深远的积极影响，成长股由此大量涌现。而在当前时点，尽管政府通过各类政策措施大力促进七大战略新兴产业的发展，但考虑到中国目前的科技实力以及各种各样的制度障碍，在可预见的两三年内这些新兴产业很难对经济整体产生重要的积极影响。因此，新的成长股可能会局限于少数发展比较成功的新兴产业，这相比于中国加入WTO之后各行业普遍高速发展无疑有巨大的差距。经济结构转型对成长股投资带来的另一个风险是，转型期经济整体增速会下滑一个台阶，短期甚至可能会向下超调，企业所面临的外部经营环境发生重大变化。

在这种背景下，原来备受推崇的成长型公司可能会遭受业绩和估值同时向下的双重压力。

成长股投资可能面临的第二个挑战是估值体系的变化。对于成长股，最常用的估值方法是PEG。一般的观点是，PEG大于1意味着股价高估，PEG小于1则意味着股价低估。PEG估值方法的关键点是业绩增长的确定性和可持续性，而在投资实践中对未来长期业绩的判断往往具有非常大的主观性和波动性。尤其是创业板推出之后，上市公司的高管往往会在IPO路演中向投资者传达非常乐观的短期业绩预期，大量的投资者仅仅根据这一点就愿意给予上市公司非常高的估值水平。这种估值行为存在着以下两个方面的风险。第一，上市公司高管往往对于自己的企业前景偏乐观，甚至存在不诚信的行为。事实也证明了这一点，2009年、2010年、2011年上半年，全部创业板公司的业绩增速分别是45.37％、38.02％、22.68％，整体业绩增速下滑明显，甚至不乏刚上市业绩即大幅变脸的公司，这也是2011年中小盘成长股大幅下跌的主要原因。第二，即使上市公司能够在一两年内兑现其预期的业绩高增长，投资者是否会长期为其支付高市盈率？答案显然是否定的。最近两年来，许多投资者都有意无意地忽视了一点，只有长期持续高增长的公司才配得上高估值。而对业绩高增长可持续性的判断，需要涉及对盈利模式、公司战略的深入探讨以及对企业发展阶段的判断。经过了2011年的大幅下跌之后，许多投资者应该逐渐认识到这一点。在经济减速以及股票供给持续快速增加的背景下，对于成长股的估值方法甚至有可能往相反的方向过度发展，投资者甚至可能不愿意给真正的优质成长股以高估值。

上面讲了这么多成长股投资的风险，但是成长股投资理念中有一点是值得肯定的：积极寻找新技术、新市场带来的投资机会，并在其中发掘出优秀的公司。我们相信，尽管中国经济增速可能会下滑一个台阶，但仍将保持较高的绝对速度，未来必定还会有大量的优秀公司诞生。正如巴菲特所言："只有潮水退去之后，我们才知道谁在裸泳。"未来几年的经济环境是检验公司质地的好时机，只有经过经济波折考验的公司才能成长为伟大的公司。同时希望投资者朋友能够利用退潮期发掘出真正的牛股。

王 栩

汇添富基金总经理助理、权益投资总监

（本文于2012年2月刊发）

巴菲特投资富国银行的启示

富国银行是巴菲特最经典的投资案例之一。1990 年富国银行遭受房地产泡沫破灭危机，股价出现大幅下跌，在市场一片看空声中巴菲特却逆势大举介入，1992～1993 年富国银行因计提坏账业绩差点陷入亏损，巴菲特不为所动继续增持。此后的事实证明巴菲特的判断多么具有前瞻性：2004 年巴菲特持有的富国银行市值 35.08 亿美元，而其投资成本仅为 4.63 亿美元，十余年投资收益率高达 658%！

巴菲特投资富国银行的案例对我们有双重意义的启示：一是巴菲特为什么在那么多银行中选择了富国银行，他所看中的富国银行有哪些不同寻常的特质？二是对目前中国的银行股投资来说有什么借鉴意义？

首先让我们来看看巴菲特眼中的富国银行：

一是有非常出色的管理层。巴菲特在 1990 年致股东的信中说道："我们在富国银行找到银行界最好的经理人 Carl Reichardt 与 Paul Hazen，这两个人加起来的力量大于个别单打独斗。其次，他们对于有才能的人从不吝啬，但也同时厌恶冗员过多。再次，尽管公司获利再好，他们控制成本的努力不曾削减。最后，两者都坚持自己所熟悉的，让他们的能力而非自尊来决定成败。"可以说，出色的管理层是富国银行吸引巴菲特的最重要原因之一。

二是富国银行拥有行业中更好的盈利模式、客户基础和成本优势。据报道，富国银行的存款份额在美国 17 个州中名列前茅，是美国唯一一家被穆迪评级机构评为 AAA 级别的银行。它致力于为客户提供创新的、良好的金融服务，拥有全美第一的网上银行服务体系，拥有全美较多的 ATM 和较好的电话银行系统。它主要服务于中小客户和零售客户，同时强调交叉销售模式，充分利用银行平台销售各类金融、保险等产品，以最大可能满足客户一站式消费要求，提高客户忠诚度。这要求更高的管理能力但能为银行带来更高的利差。客户优势又带给富国银行比同行更低的资金成本优势。另外，富国银行在资产管理上做得很聪明，避开了大多数有大麻烦的领域。以上几点造就了富国银行的利差在同行中最高而承担的坏账风险却相对较低。

三是投资时点。虽然富国银行是公认的好银行，但巴菲特成功的很大原因在于他选取了很好的买入时机，即在别人恐惧时贪婪。据统计，巴菲特在 1989 年购入富国银行时对应 PE 和 PB 分别是 5.3 倍和 1.21 倍，而 1992 年购入时对应 PE 和 PB 分别是 15.3 倍和 1.41 倍，1993 年购入时对应 PE 和 PB 分别是 10 倍和 1.54 倍。

能够以很低的估值水平购入富国银行是和当时的银行业背景分不开的。1986 年美国开始推进利率市场化和银行业的跨区域扩张，银行间的竞争日益加剧。同时，加州等地的房地产泡沫开始出现，美国出现了很多为房地产提供信贷的金融信贷公司，这些都刺激了银行放松风险控制，开始介入风险更大的领域。而随着房地产泡沫的逐步破灭，投资者争相抛弃银行股，在巴菲特开始买入时富国银行估值跌到了极低的水平。

即使是在巴菲特买入富国银行后，其投资也并非一帆风顺。1991 年加州地区的房地产危机日益加剧，并波及信用卡和其他零售贷款业务。富国银行也未能幸免，1991 年富国银行不良贷款拨备急剧上升至 13 亿美元，是上一年的四倍多，几乎超出巴菲特预测的两倍。巨额拨备支出使得当年富国银行几乎陷入亏损境界。1992 年富国银行依然低迷，拨备仍然高达 12 亿美元，最终净利润相比 1990 年仍然下滑了 71%。但巴菲特的不同寻常之处就在于此，在 1992 年和 1993 年他坚持继续增持富国银行，最终成就了一个教科书般完美的投资案例。

回过头来让我们再看看目前国内银行股面临的形势。中国银行业因为在金融危机中的超常规信贷投放，此后就一直面临长期的坏账风险，而监管力度不断加大对银行资本充足率上升的要求也使其面临巨大的再融资压力。此外，利率市场化改革进一步加大了投资者对银行长期利差水平下滑的担忧。这些利空因素不断叠加,反复打击着银行股持有者的信心及其市场表现。但是从另一个角度看,投资者是否想过目前银行股的估值水平中已经包含了多少利空因素?在中国经济保持较快增长的背景下,中国银行业的发展前景真的如大家想象的那么悲观吗?银行在中国已经成为夕阳行业了吗?在美国有上百年历史的银行业能给巴菲特带来巨大的投资收益,而在中国却找不出一家具有投资价值的银行了吗?两地上市的银行股越来越大的A/H折价水平,显示出我们太悲观了还是国际投资者太乐观了?

也许市场总是对的,是否买入以及何时买入银行股是个见仁见智的问题。但当我们看到民生银行战略投资者积极参与定向增发,当我们看到一些未上市的城商行参股PB已经超过已上市的优质全国性银行的PB,当我们看到国内优质银行股估值接近甚至低于2008年金融危机时的水平,从中长期看,这是否意味着银行股的投资机会正在孕育?

陈晓翔

汇添富基金跨境投资总监

(本文于2011年1月刊发)

组合投资的五个制胜要素

进行大类资产配置时，要不要投资股市是许多有理财需求的投资者所纠结的问题。银行存款的风险最低，但没有哪位富豪是靠银行利息收入发家致富的，股票造就了很多亿万富翁，但一入股市就面临亏损的风险，房地产、商品期货、艺术品等投资也都遵循“收益越高风险越大”的规律。俗话说“不要把鸡蛋放在一个篮子里”，如何构建一个适合自己风险偏好和承受能力的大类资产组合，在承担一定风险的前提下尽可能地提高收益，或者在达到一定收益的前提下尽可能降低风险，是理财过程中面临的一个核心问题。

对股票投资者而言，通过组合投资有效降低非系统性风险是实现长期投资制胜的主要途径。现代投资组合理论认为，投资者天生是厌恶风险的。为世人所推崇的国际顶尖投资大师们，如巴菲特、彼得·林奇、安东尼·波顿等，他们的成功一方面来源于超强的选股能力，另一方面来源于良好的风险控制手段。没有哪位大师在投资生涯中不曾在某些重仓股上栽过跟头，但通过有效的组合管理，这种失误的风险被控制在可承受的范围之内，因而未对他们的长期业绩造成重大打击。

在A股市场心态较为浮躁、投资者偏好抓大牛股、追求一战成名或一夜暴富的环境下，组合投资的理念尚未如海外市场那样深入人心。但A股市场的特点(依靠投资拉动的中国经济的波动起伏明显大于发达国家经济体，以制造业为代表的周期性股票在所有上市公司中占比较高，股市在制度设计、定位等方面存在天然的缺陷等)决定了股市呈现典型的“熊市长牛市短”的特征，因此控制风险显得更为重要，组合管理的重要性也日益为机构投资者所关注。例如，广受赞誉的社保基金就是依靠科学的组合投资理念、方法和流程，取得了骄人的长期业绩。

对于专业的投资者而言，组合投资的主要难点在于，如何在提高收益和分散风险之中找到均衡点。这也是过去几年投资管理过程中汇添富投研团队反复强调、笔者在实践过程中反复思考和摸索的问题。以下是笔者关于组合管理的一些粗浅思考和经验教训，供投资者一起探讨：

一是明确"长期"的原则。组合投资的优势在于更好地控制风险而非一蹴而就。对长期投资而言，确保超额收益的持续性和可复制性，远比幸运地抓到一只牛股以获得阶段性的优异表现更为重要。只有确立了长期投资和积小胜为大胜的理念，才能在长期投资过程中保持良好的心态，避免在市场剧烈波动中走向极端、迷失自我。

二是要坚持客观和独立的立场，在顺势和逆向之间进行合理的取舍。股市中的两句谚语"不要与趋势作对"和"真理掌握在少数人手上"说明，一味地坚持顺势投资或逆向投资都可能犯错误，高明的投资者会结合实际情况在两者中进行取舍。当大盘、行业或个股的表现与自己此前的判断出现重大差异时，不要固执己见，首先应该反思是不是自己的投资逻辑和关键假设出现了偏差，如果经过反复论证后仍然相信自己此前的判断是对的，就要敢于做掌握真理的少数人。

三是开阔自己的视野，增强对各个行业的了解和熟悉程度。只有对各行业的发展现状、发展趋势、目前估值水平及合理估值水平有清晰的认识，才能在组合管理过程中结合风险收益水平对各行业做出超配、标配或低配的合理决策。

四是学会动态调整，根据市场变化对组合进行风险收益评估并相应地做出调整。从大类资产配置角度看，美林投资时钟理论揭示了不同的宏观周期下股票、商品、债券、现金以及实体经济下的各大行业具有不同的风险收益特征；从风格上看，大盘和小盘、成长和价值总是处于不断变换的过程中；从具体个股情况看，股价每天都在波动而其基本面不会如此频繁地发生变化，因此股票的风险—收益关系也在随时波动。综合以上因素，如果能把基本面、投资者预期、估值等因素综合起来进行考虑并不断对组合进行动态调整，获得超额收益的概率就大大增加了。

五是把握好集中与分散的尺度。不能为了追求分散而分散，过度分散的结果是类指数化投资，只能获得市场平均收益。大胆假设、小心求证，在深入研究的基础上敢于重拳出击，是一个优秀的投资者必备的素质，也是获得超额收益的真谛。

陈晓翔

汇添富基金跨境投资总监

（本文于2012年3月刊发）

价值股的投资机会正在临近

在股市中，十倍股的故事总是令人热血沸腾、无限向往，而一年隐含收益率约15%的价值股则显得过于平常、乏人问津。过去两三年间，上述现象在A股市场越演越烈，价值股不断被抛弃而成长股越来越受追捧。但实际上，能够保持10年15%以上复合收益率的投资者已足以进入顶尖的国际投资大师的殿堂。这个事实告诉我们，寻找高回报的成长股固然是成功的重要途径，但精心挑选质优价廉的价值股，同样可以实现良好的投资效果。

在A股市场近年来极度追捧新兴产业与成长性的氛围中，仍处于合理估值区间的优质成长股变得越来越稀缺，与此同时，一些优质的价值股却体现出越来越好的安全边际和性价比。在当前的时点，我们认为，在股市的廉价地下商场捡拾被投资者抛弃的优质价值股，看似简单却不失为一种有效的投资策略。

首先，自下而上分析。我们相信在极低估值的价值股中存在未来具备戴维斯双击可能性的标的。投资者往往倾向于按照行业属性把股票分为成长股和价值股。然而过去几年，在相对平淡乃至没落的汽车、家电、商业行业中，也涌现出了一批大牛股。从本质上讲，股票的投资价值取决于未来它所能创造的现金流的贴现值。这种创造现金流的能力，一方面受公司的行业背景、商业模式所影响；另一方面，也即我们认为更重要的，是由企业的管理团队来决定的。我们相信，即使在夕阳行业中，只要拥有一支具备前瞻性和强大执行力的优秀管理团队，同样也能产生一个朝阳企业。因此，在那些股价大幅低于DCF估值的交通基础设施企业、公用事业企业中，在那些股价大幅低于RNAV重估价的房地产企业中，在那些股价大幅低于自有物业出售价值和现金流贴现值的商业股中，在那些股票PB值大幅低于其未来几年平均ROE水平所应该对应的PB水平的金融股中，我们愿意把投资者看淡这些公司的理由如“行业处于下行周期，成长性差，受政策打压，受新兴产业冲击”等负面因素暂时放在一旁，而仔细甄别这些公司的管理层素质、企业文化、执行力、他们对行业的理解及采取的对策等。我们相信在这些具备极低估值水平的公司中，未来会有部分公司脱颖而出，打破投资者此前对其的偏见，创造出显著的超额收益。

其次，自上而下分析。我们也认为价值股相对成长股的性价比优势在加大。行业景气度和个股成长性并不是简单的等同关系，即使是过去几年高景气度的几个行业如白酒、医药、互联网，每年涌现出一些优秀企业的同时也都有大量的企业破产。因此，当最近一些新兴产业出现鸡犬升天的现象时，我们就需要警惕是否这些行业出现了明显的泡沫？前段时间市场流传一句玩笑话：“谈估值，你就输在起跑线上了。”这在某种程度上反映了投资者只注重基本面趋势而忽视估值的现象。在日常生活中，衣食住行的各个环节都有“性价比”这个基本规律在运转，否则所有人都会选择买豪车、住豪宅、过奢华的生活，整个社会也会陷入混乱、走向崩溃。同样，在股票市场上，性价比规律最终都会显灵，这也是历史上巴菲特、彼得·林奇、约翰·聂夫等风格迥异的投资大师都能实现优异业绩的原因。因此，我们认为考虑成长性与估值的匹配是非常重要的。当成长股和价值股的估值差异已经拉大到前所未有的地步时，我们也许应该更多考虑一下性价比明显占优的价值股的投资机会。

最后，我们想说的是，价值型投资者和成长型投资者犹如龟兔赛跑中的乌龟和兔子，在多数情况下，成长股更受市场的追捧，在赛跑中处于更有利的位置。但是错误地买入伪成长股，或者以过高的估值买入高知名度白马股，就犹如兔子在赛跑中打盹，会对长期投资业绩产生负面影响。而价值型投资者就像比赛中的乌龟，虽然爬得比较慢，但只要沿着正确的方向坚持不懈，最终也能获得理想的结果。这个市场中，永不气馁的乌龟和永不骄傲的兔子都会是最终的胜者，值得我们给予同样的尊重。

陈晓翔

汇添富基金跨境投资总监

（本文于2013年10月刊发）

再论成长、价值投资之辩

成长和价值是证券市场经典而永恒的两大主题，两大流派都有各自的明星——格雷厄姆、巴菲特和费雪、彼得·林奇，也都各自拥有无数拥趸。价值股投资和成长股投资孰优孰劣，一直是一个充满争议的问题。在经济快速增长、经济结构面临重要转型的中国市场，这一现象尤其显著。例如2010～2012年三季度，A股市场成长股相对价值股的溢价非常明显，拥有新兴产业、新技术、新盈利模式等概念的成长股受到热捧，而银行股作为价值型股票的代表，即使在ROE高过20%且动态PB低至0.8倍时也乏人问津。而2012年四季度后市场偏好出现明显的转变，银行股否极泰来，它们相对很多成长股获得了十分明显的超额收益。

对于成长股和价值股孰优孰劣的问题，虽然市场上有很多争议，但实际上很多历史数据和相关分析已经给出明确的答案，即从长期看，成长股和价值股并无显著的差异，关键是根据个人的成长经历、知识结构、性格特征等选择适合自己的投资风格和投资方法。

首先，让我们看两组统计数据，可以较好地比较价值股与成长股在较长阶段的回报率。从1992～2011年的20年投资回报率看，标准普尔价值股指数年均回报率为8.98%，而标准普尔成长股指数年均回报率为9.3%，成长股略微占优(如果再细分一下，我们还可以发现一个有趣的现象，即1992～1993年价值股连续两年战胜成长股；1994～1999年成长股连续6年跑赢价值股；2000～2006年价值股再次连续7年战胜成长股；2007～2011年成长股又是连续五年跑赢价值股)。另一组数据的时间跨度更长，从1928～2000年，美国大盘价值股的年均回报率是15.9%，跑赢大盘成长股11.8%的年均回报率，在此期间，美国小盘价值股的年均回报率是18.8%，也跑赢美国小盘成长股14%的年均回报率。

上述历史数据告诉我们，价值股投资和成长股投资本身并无绝对的优劣之分，即使是在成熟的发达经济体的证券市场，随着所处经济周期的阶段不同以及经济发展动力不同，价值股和成长股表现也会出现明显的轮动现象。

基于上述结论，结合我们在价值股和成长股投资过程中总结的各种经验教训，有一些体会与投资者分享。

第一，价值股和成长股往往会随着经济周期和股市周期而发生轮换。按照美林投资时钟理论的相关分析，把经济周期划分为衰退、复苏、繁荣、过热四个阶段，则在衰退和复苏阶段(往往对应股市的熊市后期和牛市早期)，价值股表现强于成长股，而在繁荣和过热阶段(往往对应股市的牛市中后期和熊市早期)，成长股表现优于价值股。

第二，价值股投资和成长股投资作为两种不同的投资方式，适合不同性格的投资者。通常价值股投资更适合于性格坚韧、拥有强烈意志和信念的投资者，他们在市场涨跌中具有很好的自制力，愿意耐心地等待价格显著低于价值(具有很高安全边际)的时机出现后再出手；而一旦出手，他们也具有强烈的耐心和信念等待估值修复、价值重估的时刻再次出现。他们对资产负债表和现金流量表非常重视，并且不愿涉足自己不太了解或熟悉的领域。典型的案例就是，巴菲特宁愿错过微软也不愿贸然投资新技术的股票。而成长股投资者更适合充满激情，对新鲜事物尤其是新技术、新模式充满兴趣的投资者，他们对新生事物的接受程度远高于价值型投资者，也愿意为高增长付出更高的溢价。

第三，从估值角度看，价值股更适合用现金流贴现、资产重估等方式进行估值，PB、PE、ROE等指标相结合是寻找价值型股票底部的较好办法。而成长股往往需要结合行业发展空间、管理团队的能力、成长确定性、增长的可持续性等因素，用PEG等指标来衡量成长股的合理目标价。

第四，价值股投资中需要防范价值陷阱，例如，某些传统产业或行业受新技术的冲击，最终会走向消亡。这种情况下即使静态估值再便宜，也不适合盲目坚持，典型的例子是被移动电话所取代的寻呼机行业和被数码相机所取代的传统相机行业。而成长股投资中，需要防范高知名度白马股和伪成长股的投资风险，切忌将某些周期成长股视为经典成长股而在周期上升的阶段给予其过高的成长溢价。

第五，虽然价值股和成长股很多时候泾渭分明，但有些时候它们又是相互融合的。例如美国 20 世纪 90 年代的富国银行和近些年国内市场的一些上市公司，它们都同时具备价值和成长两方面的特征。把价值和成长两种投资风格相融合是很多擅长自下而上精选个股的投资者的目标，也是汇添富投研团队所追求的投资风格。要实现这个目标绝非易事，我们将努力加强对成长股和价值股的估值方法、投资方法等方面的理解，并争取实现价值投资与成长投资的融合。

陈晓翔

汇添富基金跨境投资总监

（本文于 2013 年 3 月刊发）

移动互联网时代的商业模式

本轮全球性消费电子风暴的第一个毁灭性创造是计算机网络和通信两大领域融合的深化，原先由传统电信运营商和设备制造商构筑的产业壁垒最终在苹果领导的智能移动终端革命中土崩瓦解。在不远的将来，我们有希望看到电视、汽车等我们日常生活的重要组成部分都将智能化。

我们首先看到移动终端智能化快速提升，移动互联网时代不再是梦想。智能终端已经不限于手机，苹果创造的 iPad 引发了行业的平板热，PC 行业的萎缩和笔记本不断变薄等现象都折射出一个逻辑：互联网进入移动化年代，增值服务对于客户黏性而言越来越重要。

我们正处于一个智能终端普及的时代，据权威咨询机构数据，2011 年底，中国 PC 的保有量为 3.2 亿台，智能手机的保有量为 1.3 亿部，平板电脑（PAD）的保有量为 3 000 万台，并且，这几类产品的渗透率都相当高。预计到 2015 年底，这几类产品的数量不仅将大幅提高，并且渗透率也会随之提高。

在智能终端产业链上，目前主要有四种商业模式。

模式一：进入主流智能终端厂商的供应链。以智能手机为例，过去几年苹果 iPhone 的销量在全球取得了爆发式增长，中国诸多进入苹果供应链的元器件厂商，不论是企业业绩还是行业地位，均获得了飞速的发展和提升。而且，未来智能终端的功能趋于融合，开始在智能手机的创新功能，很有可能继续应用到 PAD 和智能电视上。笔者接触的为数不少的投资者第一反应是，中国企业只是挣利润很低的血汗钱，没有技术含量，毛利率低。其实这是一种有色眼镜。

在全球分工体系中，中国越来越多的企业通过与国际巨头合作，提供解决问题的优化方案，不断获取订单，本身就是竞争力的体现，而且也是中国电子行业技术水平提高的标志。全球只有一个苹果，但是也只有一个三星和鸿海。在传统电信设备业中我们诞生了华为，在新时代再出现一批世界级的企业也是大概率事件。

模式二：软硬件一体化是大势所趋。过去，Wintel组合主导的PC产业链，是一个分工合作的模式，产业链上的每个环节专注于自己的领域，基本互不干扰。到了智能手机时代，苹果开创了“App store＋iPhone”的模式，本质上是软硬件一体化，打通产业链的上下游：硬件终端黏住用户（其实iPhone已经卖得很好），软件服务平台获取用户价值；这种软硬一体化，极大地增强了苹果的竞争优势，获得了空前的商业成功。很多投资者只是关注到竞争对手在硬件策略上尾随苹果，给苹果带来不少干扰。不考虑常用的专利官司伎俩，苹果的手机是有灵魂的移动终端，有可能成为消费者生活中越来越重要的一部分。随着黏性提高，消费者在iPhone上停留的时间越来越多，那么虚拟世界改变我们的实体世界的预言就会发生。App store就是一个核心，开放式的平台意味着背后是数量众多的软件开发商（这是很多增值服务体验的狂热提供者），很可能进一步打击传统电信运营商的最后堡垒。

模式三：一云多屏是大趋势。不同智能终端之间不是孤立的，而是联动的，完全可以实现一云多屏，比如苹果的App store既可以在iPhone上，也可以在iPad上，还可以在iTv上。其实，国内已经有不少“一云多屏”模式的企业，如视频云、游戏云、语音云等，这些企业提供云服务平台，向不同终端屏分发；目前阶段，并非所有终端屏都可以实现商业价值，但这种模式可以建立起强大的竞争优势：有些屏是用来变现价值的，有些屏是用来黏住用户的。因此，这个领域很有可能出现可以做大的平台型服务企业。

模式四：优质内容/应用的价值越来越大。智能终端普及和多屏互动，带来的是传播效应的快速放大，这对于优质内容和优质应用价值的快速变现非常有利。比如一款移动游戏（如愤怒的小鸟）可以瞬间风靡全球，一个好的娱乐节目（如中国好声音）可以在1个月内做到收视率全国第一。

寻找强者恒强的优质企业。展望未来，以上四种商业模式分别对应智能终端产业链上的四个不同环节（元器件—终端—平台—内容），但共同指向各个环节上优质企业的强者恒强。以苹果公司为例，iPhone只是其商业模式的冰山一角，其商业模式的核心在于“软硬件一体化”和“一云多屏”，这种模式将在相当长时间内维持苹果公司的整体竞争优势，推动苹果公司“强者恒强”。当然，苹果公司是不可复制的，因为其抓住了这个产业链上最核心的两种商业模式。但是，我们可以去寻找至少抓住了一种商业模式的优秀企业，或者在某个细分领域抓住了一种商业模式的优质小企业，紧密跟踪，陪同其强者恒强。

韩贤旺

汇添富基金首席经济学家兼国际业务部总监

（本文于2012年10月刊发）

高知名度成长股的周期

今年以来，一批高知名度成长股跌幅巨大，让很多投资者唏嘘不已，也让不少重仓这些高知名度成长股的投资者损失不少。把时间追溯到过去几年，这些股票过去几年几乎都是行业龙头，遍布医药、消费品、TMT 等很多行业，也给持有者带来了巨大的盈利。突然的变化，让资本市场措手不及的同时，也让投资者不禁发问，为什么？

解释的理由有很多。从财务报表来看，部分高知名度成长股的增长确实放缓，过去几年 50%甚至 100%以上的利润增长率已逐渐回落至 30%甚至更低，且有进一步放缓的迹象；但这似乎也难以解释全部现象。我们同时观察到部分依然维持高增长的高知名度成长股也一同下跌，业绩并没有出现问题的情况下，利润增长无法驱动股价同比例上涨，结果就是估值下移。

对这一现象有多种解释：第一种从行业景气周期和企业商业模式看，在经济转型的过程中，从商业模式和业务经营来看，部分行业中的细分子行业已过了成长 S 形曲线中最好的那一段，被市场抛弃也在所难免。第二种从市场风格和投资情绪角度解释，风格资产阶段性的偏好发生转移。第三种解释则从均值回归角度看。各种解释都有一定的道理，限于篇幅，笔者试图只从价值型和成长型等风格资产配置、成长和估值角度给出自己的一些思考。

市场中永远存在价值型和成长型两类风格资产，随着经济、流动性、估值等因素的变化，两类风格资产的收益—风险比发生变化，资金对两类风格资产的偏好也发生变化。今年以来，政府稳增长政策带来的经济回暖和宽松的货币政策，使得资金抛弃一批高知名度成长股，转投汽车、有色等价值型资产。通俗且不准确地讲，价值型风格资产对应大盘蓝筹，成长型风格资产对应中小盘成长，总有一大批资金在两类资产中切换。笔者认为从风格资产配置的角度是解释年初以来高知名度成长股大幅下跌的重要原因之一。从成长和估值角度来看，持续超预期的成长才会带来估值的上移，使得股价持续上涨。而当前阶段的这一批高知名度成长股的增长几乎没有超预期的，而低于预期却是常态。因此，即使符合预期的高成长，而非超预期，高知名度成长股的估值下移也是大概率事件。

从全球范围的投资市场来看，高知名度成长股给投资者带来惨痛损失的案例也屡见不鲜。投资大师约翰·聂夫告诫投资者"不要追逐高知名度成长股"。他认为："人人都想拥有高知名度成长股，它们一般很安全，也很少让股东难堪。卖方研究机构宣称它们是'单向决策'的股票，也就是说任何时候都可以买入并持有它们。可这种投资策略的前提是公司的收益永无止境地增长，且不断有更容易上当的新投资者进入股市。"约翰·聂夫管理的温莎基金，1964～1995 的 30 多年期间，年化收益率高达 13.7%。他将成长股分为"高知名度成长股、低知名度成长股、慢速成长股、周期成长股"四类，温莎基金的组合中低知名度成长股占了突出地位，而非高知名度成长股。笔者的理解是，选择股票就是在公司质地、成长性和估值之间选择平衡，不同类型的股票，市场均会给予特定阶段的三者之间的大致比例关系，而成长性一般扮演着重要角色，特别对于成长股而言高成长性是决定性的，一旦达不到市场一致预期，投资者对估值的判断就会发生逆转。

综上，对我们投资的启示，笔者认为主要有这样几个方面：(1)除了成长类型的风格资产，也不可低估价值型风格资产的投资价值，特别是当高知名度成长股的成长不及预期的时候。两类风格资产的配置需紧密关注经济和流动性的变化。(2)需关注高成长的股票是否已在其估值中反映，只有持续超预期的成长才会带来估值的上移，而低于预期的成长甚至仅符合预期的成长，股票下跌或估值下移都是大概率事件。(3)对于跟踪的行业及公司股票而言,需思考及关注其成长是阶段性的还是可持续的,超预期的成长对成长股的投资永远是第一位的。

韩贤旺

汇添富基金首席经济学家兼国际业务部总监

(本文于 2014 年 9 月刊发)

迎接大健康行业下一个黄金十年

“没有全民健康就没有全民小康”，政府已把全民健康提到了前所未有的高度。“十三五”规划专门提出推进“健康中国”，“健康中国”已上升为国家战略，为中国人健康之梦勾勒出发展图景。

2005～2015 年，中国卫生费用从 8 659 亿元增长到 40 587 亿元，增长了约 5 倍，卫生总费用占 GDP 百分比从 4.73％增加到 6.0％，但相比其他国家，尚有较大提升空间。我们相信，大健康行业是未来拉动经济增长的支柱行业之一，预计未来行业增长依然会保持两位数的水平。

人口老龄化是行业驱动的主要因素之一。一方面，人口老龄化趋势比较明显，对健康需求持续提升，统计显示 2015 年 60 岁以上人口 2.22 亿，预计到 2020 年将达 2.48 亿人，老龄化水平达 17.2％；另一方面，随着健康管理意识加强、诊断和治疗技术的进步、居民人均寿命不断提高，以及老龄化相关健康问题如心血管病、癌症、糖尿病等发病率上升，人们的医疗健康需求将不断释放，按照国际统计数据显示，一般老龄人口的医疗健康费用是 45 岁之前的 3 倍左右。

医保、商保体系的完善也保证了行业长期健康发展。2015 年国家医保收入突破 1.4 万亿元，仍保持 15％以上的年增速。同时我国商业健康险迎来高速发展期，2015 年商业健康险规模 2 410 亿元，增速 52％；2016 年商业健康险规模突破 4 000 亿元，增速超过 70％。但我国商业健康险赔付占医疗卫生总支出比例不足 2％，远低于美国（33％）等发达国家。国家正大力鼓励商业健康险发展，预计到 2020 年商业健康险将突破 1 万亿元，与现有国家医保规模逐步接近，驱动医药市场增长的新生力量正在诞生。

我们认为，在13亿人口的巨大基数以及人口快速老龄化背景下，中国医疗健康市场规模和空间发展巨大，而且叠加“健康中国”等战略性政策支持，加之居民消费结构升级、医保商保体系完善、二胎放开及医药医疗新技术奇点来临，中国大健康行业正在迎来下一个黄金十年，同时也催生更多的投资机会。

首先，每年4万亿元以上的卫生总费用的存量结构调整将诞生巨大的投资机会。近年来，医药政策频出，医药卫生体制改革进入深水区，如深化公立医院改革，实行医疗、医保、医药三医联动，推进医药分开，实行分级诊疗等。医药产业供给侧改革已经风生水起，医药行业的产能过剩、同质化低水平竞争现象有望得到遏制，这将产生巨大的结构性投资机会。过去两年，我们看到了原料药、医药商业结构性的巨大变化，相信这个变化会延伸到医学诊断行业、化学制剂药等行业。医改将对原有公立医院运营体系进行解构，提高医疗服务价格，鼓励民间资本参与公立医院的运营，鼓励发展民营医疗，从而必将孕育出一批伟大的医疗服务类公司。分级诊疗正在加速推进，基层医疗将得到大力发展，实现大病不出县。医药的供给侧改革把优质企业的发展空间打开了，结构变化正带来巨大的投资机会。

其次，行业奇点来临，先进的诊断和治疗手段、创新药创新技术都将引爆更广阔的行业增量空间。精准医学正在快速发展，基因测序技术正在加大推广，由于规模效应带来成本的下降，以及基因大数据解读方面取得的进步，有望创造出巨大的新兴产业。创新药和创新技术领域也取得了令人骄傲的进展，如肿瘤免疫疗法为癌症的治愈提供了希望，特别是在治疗黑色素瘤、血液癌等领域展现了惊人的疗效。大数据、人工智能正在改变疾病的诊断和分析方式，如wason机器人已经能够为人类制定不错的癌症个性化治疗方案。在高端生物医药领域，技术水平也快速提升，3D打印技术、干细胞应用等都取得了阶段性成果。

最后，产业与资本互动、行业并购重组层出不穷。2016年前三季度，从国内行业并购案例数来看，生物技术/医疗健康名列第5位，并购案例数为210起，数量占比8.7%。而且，中国公司借助资本的力量，加快海外并购步伐，“中国优势、全球资源”，中国企业通过资金优势、市场优势从海外购买技术或者产品实现产业升级的案例越来越多，分享国外先进的技术和产品、加快产业进步和公司发展，这些都给行业带来巨大的投资机会。

我国大健康行业市场规模仍有巨大的增长空间，必将孕育一批伟大的企业。国务院《健康中国 2030 年规划纲要》提出到 2020 年健康服务产业规模目标突破 8 万亿元，2030 年突破 16 万亿元。过去十年已经诞生了一批优秀的医药公司，2006～2016 年的十年间，整个 A 股市场涨幅前 10 名的股票中医药类独占 4 席，涨幅均超过 20 倍。我们认为在下一个黄金十年，必定会诞生更多的优秀企业。

周　睿

汇添富基金前医药行业投资总监

（本文于 2017 年 1 月刊发）

站在医药新周期的起点

截至2018年10月31日，中证医药指数过去5个月间下跌了32.33%，是仅次于上轮股灾的又一次急跌。自6月《我不是药神》上映以来，不到半年内，医药板块接二连三遭遇黑天鹅事件，如长生生物疫苗事件、美年健康广州风波、药监局领导引咎辞职以及国家医疗保障局制定的药品带量采购政策流出等，引发了医药股的大幅波动，行业龙头恒瑞医药、中国生物制药市值蒸发近千亿元，医药板块三季度市值整体蒸发9 510亿元。医药行业投资者信心备受打击，似乎大家一夜之间都对医药行业失去了信心，认为在医保支付和监管政策的新约束下，药企的好日子一去不复返。

笔者的观点则不然，笔者认为我们的医药环境正在改变，一个新的医药时代正在来临，行业处于一个新的起点。过去十几年，中国制药企业经历了野蛮生长阶段，行业呈现乱、散、差等特征，而且由于行业政策不到位，并没有诞生多少有原创价值的中国新药，反而诞生了不少中国"神药"；"超国民待遇"让外资药在专利期结束后依然享受高额的溢价，而"救命药"却迟迟不能合法在国内销售；大量的医疗资源并没有有效服务民众，医药企业更是把大部分精力放在销售而不是研发上，一些企业的发展是建立在以药养医的畸形价值链上。

然而近年来，相关政府部门锐意改革，从鼓励新药研发、加快新药上市步伐，到出台仿制药的一致性评价等重大举措，不断推出重要政策。首先，中国与世界新药上市的速度正在拉平，新药上市速度明显加快，从肺癌神药奥希替尼9个月获批上市到9价宫颈癌疫苗一个月批准上市，药审部门工作效率明显提升；其次，国家医保支付端改革已启动，腾笼换鸟趋势非常明显，过去十年野蛮生长的中国神药正走下神坛，而一批疗效确切、临床必需、安全可靠但价格不菲的专利药或创新药正快速被纳入国家医保报销。新成立的国家医保部门已启动两轮药品谈判，共新增了 53 个品种，以前大多数患者可望不可即的各种替尼、各种单抗正通过谈判进入医保报销目录，药品可及性大为提升，销量也因此而快速提升，例如乳腺癌特效药赫赛汀进医保以来，终端患者渗透率从原有的 30%提升到 80%，2018 年销售额预计超过 40 亿元，药厂和患者都获益明显。医保部门的工作效率也大为提升，历史上新药进入医保报销目录平均需要 8 年的时间，而现在时间大为缩短，例如正大天晴安罗替尼上市 3 个月即进入医保。再者，我们也看到居民的可支付能力上升明显，对于刚性用药，患者自费意愿强烈，它们在医药终端快速放量，例如恒瑞医药的阿帕替尼、正大天晴的安罗替尼未进医保时很快成为销售收入 10 亿元的重磅产品，石药白蛋白紫杉醇上市半年就超过 3 亿元的收入。最后，医药行业准入标准不断提升，造假企业犯罪成本也大幅上升，医药行业的供给侧改革卓有成效，行业集中度正快速提升。作为一名医药投资者，我们欣喜地看到了行业正在发生的积极变化。

人间正道是沧桑。借鉴海外医药行业发展史，美国行业革命开始于 1938 年《食品药品化妆品法》的通过，结束于 1951 年 10 月。在此期间，制药行业从一小撮没有研发兴趣、没有医学专业人员的公司转变成一个能够发现、研究、销售具有真正疗效的药品的巨大机器。今天我们的医药企业起点肯定高于美国的 1938 年，且政策的背景有相似之处，我们正处于一个关键的转折期，需要忘记过去发展的舒适性，淡然接受政策洗礼，从粗放式发展走向有质量的内生性增长。国际著名医药企业默沙东的企业使命是："我们应当永远铭记，药物是为人类而生产，不是为追求利润而制造的。只要我们坚守这一信念，利润必将随之而来。"显而易见，行业净化、有序发展是医药行业当下的主旋律，企业发展不仅仅是追求商业利益，还需要兼顾良好的社会责任，过去粗放式的发展模式必然终结。桥水投资创始人达里奥在《原则》中讲到："进化，是宇宙中的单一最大力量，是永恒的，并且驱动一切。"活在当下，中国药企想成为优秀的企业唯有进化。当然，作为 A 股医药投资者也需要进化，需要乐观看待行业的积极变化，忽视短期扰动，与优秀企业同行，立足长期，等待玫瑰花开。

至于医药行业的发展空间更不用担心，上周一位领导的重要讲话已然明了：从国民经济良性循环看，中国经济正在进行一次结构性的变革，从传统动能向新动能转变，中等收入群体的崛起、人口老龄化、绿色发展以及生物技术和信息技术相结合为特征的新一轮科技革命和产业变革创造了巨大的需求。医药行业显然非常契合这些需求的崛起，我们正迎来新的行业发展机遇期，没有理由不对行业未来的发展前景充满信心。

周　睿

汇添富基金前医药行业投资总监

（本文于2018年11月刊发）

电商货币基金带来无风险收益率基准重建

多年以来笔者一直有一个习惯，到了岁末总要翻看上一年底各大分析师对下一年度的预测，梳理其中的逻辑，以求在总结中提高。相比于往年，2012 年末分析师们对 2013 年债市行情的结论有更多的一致性，对方向和节奏的预测也大体契合，大多数分析师都推导出了正确的结论，其中中信建投证券更是以“春夏寻芳犹可盼，秋冬应是苦寒来”为标题，观点鲜明，贯穿了 2013 年的市场。然而，2013 年 10 年期国债大幅突破 4.2％一线，收益率达到 4.7％的历史第二高峰；四季度信用债更是持续补跌，一级市场发行利率与二级市场收益率交替上升，8％的城投债发行利率已然被超越，不仅寒意远超预期，而且短期还看不到回落的希望。

市场预期之外的下跌，已经不是经济增速、通货膨胀、公开市场操作等传统因素所能解释的，利率市场化和机构风险偏好上升构成了新的长期和中期因素，还将继续影响债券市场。从 2013 年末的各种信息看，银行非标资产仍在被动扩张，信托行业面临兑付风险，同时债市担忧真实违约的发生，资金面难言好转，债券收益率高位盘整的概率较高，苦寒很可能还需要一整个春天才能慢慢化解。

但另一方面，互联网金融火力凶猛，各种“宝”实至名归，众多的网络巨头着眼于争夺客户，大手笔贴钱来保障确定性的收益，就当作“土豪们”的一笔广告费而已，其效果却远远超过了一般的广告投放。喧闹之后我们把视线转回到投资层面，淘宝上最好卖的是货币基金，再次是其他的固定收益产品，而权益类的则申购很少，说明在网络上大家更需要确定性、稳定性的标准化产品。而在货币基金的分类中，电商专享的货币基金又大大优于传统的货币基金，优势更为明显，客户分散，平均每个账户在几千至数万元之间，流动性管理的压力急剧下降，为组合运作带来了巨大的空间，从内在机制上，电商货币基金的收益率将持续取得相对于传统货币的优势。汇添富现金宝货币基金成立以来一直稳定在5%以上，最近在5.7%左右，操作便利，实时取现，支付功能等还会得到不断的提升。中信证券有一份报告，大力推荐电商货币基金，认为货币基金将在2～3年内从现有5 000亿元、6 000亿元的总规模迈向2.2万亿元的新高度，大致相当于活期存款中的5%，如果达到相应的总规模，拥有足够多的客户基数，借助于互联网的推动，电商货币基金的收益率将成为全社会重要的无风险收益率基准之一。

无风险收益率将深刻地影响各类资产的配置，以当前的5%为例，套用一个粗浅的逻辑，股市的整体市盈率是否该是5%的倒数即20倍呢？过去持续做到5%～7%的债基就是好债基，现在是否需要7%～9%呢？某种程度上，2013年下半年债基的净赎回已经反映了无风险收益基准上升的影响，产品定位的倒逼也必然会推到投资层面上，债券基金的资产配置策略如何来适应新的形势？投资能力的几大关键要素的排序注定会发生变化，大类资产配置、杠杆套利、对某一类属的重点配置、主动防御的策略安排等，孰先孰后？笔者相信必然不同于以往，在这里，笔者先提出这个话题，留待同业一起探讨。

从另一个角度，无风险收益率的提升会加大其他资产对基准收益的敏感性，加剧规模的变动，直至达到新的平衡，这正是2013年下半年债基所面临的局面。不过，在债市面临质疑之时，也有理性的观察，一位资深的记者朋友认为，2013年底继续唱空债市的观点是滞后的，甚至还可能是反向的。固定收益投资的最大收益来自债券的票息，2013年底信用级别达到AA+的优质债券票息也可能达到8%，信用风险较低且适合于配置的部分优质AA债券票息也已超过8%，在市场保持平稳时，普通债基将有可能获得7%以上的回报；货币基金受益于利率市场化，再叠加2013年政策推动降杠杆的资金面因素，处于有利于获取高收益的时段，如果央行货币政策有所松动，会早于其他资产而回落，届时债券基金的相对价值又会增强，进攻属性取代当前的防御属性。利率市场化进程中，无风险收益率的抬升不仅会影响债券基金，也会影响绝大多数的资产类别，带动不同资产的定位与配置策略往复运动，这就是无风险收益率作用于社会的基本方式。

曾　刚

汇添富基金前固定收益投资副总监

（本文于2013年12月刊发）

移动互联网的下一个春天

今年以来，与互联网相关的股票调整比较大，不少投资者颇为悲观，我们认为：从行业研究角度来看，移动互联网及相关产业的空间巨大。股市的适度调整与休息是为了下一阶段更大幅度的上涨，移动互联网的下一个春天很快就会到来！

移动互联网本质上是纵深化解决个人的信息连接问题。相比 PC 互联网而言，借助移动设备的便携优点实现个人用户和互联网之间深度连接，通过延长连接时间和增加连接频度大大强化了互联网对个人的黏性。从 2007 年 iPhone 为代表的智能手机推出至今，移动互联网获得了高速发展，2014 年全球互联网连接用户数就已经超过 75 亿。世界上近 3/4 的网民每天上网，一半以上的成年人现在使用网络，超过 1/3 的成年人每月至少使用一次社交媒体。如果把视野扩大到物联网，则信息连接主体将从人扩展到物，连接广度上获得了百倍增长，带来了更为巨大的想象空间。移动互联网在互联网上嫁接了“移动性”，物联网借助“移动性”实现了连接主体从人扩展到物，从而进入泛互联网阶段。2018 年开始，5G 试商用就将开始，相比于 4G，网络速度会有 10 倍的增长，这将会进一步推进和扩展各种移动互联的应用。随着重要移动终端形态（硬件、系统、软件平台、超级 App 等）市场相继出现行业巨头企业，未来行业整合加剧，移动互联网行业进入下一个崭新的阶段。

移动互联网的纵深化发展倒逼移动互联网运行系统的持续升级，未来 3～5 年需要继续夯实移动互联网的中后端基础能力，增强移动终端的智能化水平，基于更全面的大数据分析和高效率的人工智能处理能力来拓展新业务场景，推动移动互联网行业的深入发展。云计算基础设施、大数据人工智能分析领域以及 VR 和 AR 等新型接入将成为其中的重点领域。

云计算等供给端包含基础设备、解决方案、IDC 和云服务提供商，用户可以分为企业和个人两大类。云服务（包含 IaaS、PaaS 和 SaaS 等）直接对接用户，亚马逊、微软、BAT 等移动互联网龙头企业已经占据了 IaaS 和 PaaS 的主要市场份额，即使是应用场景多样化的 SaaS 领域也出现了众多细分领域的领军企业（例如 SalesForce、Paypal、阿里钉钉、用友等）；IDC 和解决方案主要对接企业客户（重点是提供云服务的企业），目前市场相对分散；基础设备的关键部分是网络和存储，目前还是以进口为主。从行业发展角度看，全球云计算市场复合增长率为 15%，中国市场 CAGR 约 28%。增速最稳定的是 IaaS 领域，最为活跃的是 SaaS 市场，PaaS 已经在通信、数据库、证券交易等领域逐步出现具备龙头潜质的企业。从投资角度看，具备规模化 IDC 的云计算企业、关键基础设备的自主可控落地都存在较大机会。

大数据已经被泛化，海量数据的高效率（实时在线、低延时）处理能力是不变的追求，人工智能是最有前途的实现途径。人工智能包含数据采集和处理（传感器、无人机等）、数据分析算法、数据的应用端呈现（机器人、控制器等）等几个环节。例如，大数据分析平台明星企业 Palantir 具备人和设备的信息智能处理能力，美的收购的全球工业智能机器人领军企业库卡具备人工智能全系统能力，中文语音数据处理龙头在语音数据采集端竞争力强大，数据堂、九次方等企业属于数据资源采集的集成企业等。其中，机器学习算法是关键，历史上主要包括基于形式规则的逻辑推理、基于大数据的统计分析等方法，前者发展到本体库构建阶段遇到障碍，后者借助人工神经网络算法在机器视觉和语音识别上获得成功而成为当前的主流。未来 5 年，人工智能市场年均复合增长率为 20%，中国市场 CAGR 约 50%。从投资角度看，这个行业刚开始启动，智能分析算法技术是关键，具备核心竞争优势的企业有机会在细分领域获得快速应用，可能诞生数 10 倍以上的牛股。目前可能得到大范围应用而产生巨大社会经济价值的领域主要有人工客服、工业机器人、服务机器人等领域，特别是人工智能和硬件结合的领域具备更好的商业模式。

VR和AR颠覆了传统的信息呈现和连接方式，为个人用户带来了更好的用户体验。VR/AR产业链包含零部件（处理器、传感器、面板等）、终端设备、应用、内容、服务等多个环节。预计2020年VR/AR将在游戏、医疗健康、内容直播、工程等9大领域率先得到普及，其中超过60%收入由个人消费者提供，剩余来自企业和公共部门。预计占比最高的游戏领域已经有各大巨头进入，索尼利用其游戏主机PS4作为优势推出PlayStation VR、脸谱收购Oculus得到Rift、HTC则与著名游戏制作商Valve合作开发Vive。当前阶段，VR/AR的各个环节都亟待突破，主要在图像刷新率、图像处理能力、内容制作、移动性（网络速度、电池续航）等环节。一旦突破，相关A股的公司马上凸显极大的投资价值。现在不过是万事俱备，只欠东风。

我们不过是描述了互联网及其相关产业的些许变化趋势，难免挂一漏万。互联网产业的变革日新月异，我们坚信，随着科技创新以及产业不断升级，移动互联网的投资春天正一步步朝我们走来。

欧阳沁春

汇添富基金前移动互联网行业投资总监

（本文于2016年10月刊发）

寻找具有核心竞争力的优质公司

2006～2009年，A股市场总体上呈单边走势，2010年主板市场虽然表现不佳，但中小板基本上还是单边牛市。在单边市场中，自上而下的大类资产配置最为关键。2008年发生的国际金融危机使得全球经济形势发生深刻变化，我国现有的经济增长方式已难以为继，2010年国家在“十二五”规划中提出要把经济结构战略性调整作为加快经济发展方式转变的主攻方向。作为国民经济“晴雨表”的股市，在经济结构调整取得重大进展前，将很可能在相当长的时间内震荡盘整，市场主要表现为结构性的投资机会，自下而上寻找具有核心竞争力的优质公司将成为未来投资制胜的关键。

“核心竞争力”一词在1990年首先由美国著名的管理学者普拉哈德和哈默尔提出，他们认为，随着世界的发展变化、竞争加剧、产品生命周期的缩短以及全球经济一体化的加强，企业的成功不再归功于短暂的或偶然的产品开发或灵机一动的市场战略，而是企业核心竞争力的外在表现。

按照他们给出的概念，核心竞争力是能使公司为客户带来特殊利益的一种独有技能或技术。首先，核心竞争能力能很好地实现顾客所看重的价值，它能够显著地降低成本，提高产品质量，提高服务效率，增加顾客的效用，从而给企业带来竞争优势。其次，核心竞争力还必须是企业所特有的，并且是竞争对手难以模仿的；也就是说，它不像材料、机器设备那样能在市场上购买到，而是难以转移或复制的。这种难以模仿的能力能为企业带来超过平均水平的利润。最后，核心竞争力还具有延展性，能够同时应用于多个不同的任务，使企业能在较大范围内满足顾客的需要。比如佳能公司利用其光学镜片成像技术和微处理技术方面的核心竞争力，成功地进入了复印机、激光打印机、照相机以及扫描仪等 20 多个产品领域。

核心竞争力能够建立巴菲特所称的将竞争者阻挡在门外的“经济护城河”，因此，能够保证企业的市场份额不断扩大、盈利水平不断提高，在较长时期内持续实现超额利润，随着时间的推移和公司价值的增长，最终能够通过股价的大幅上涨为投资者带来丰厚的投资回报。即使在估值水平保持不变的情况下，优质公司的核心竞争力体现出来的公司利润的不断增长和分红水平的不断提高，仍能长期给投资者带来可观的股利回报。巴菲特在 2011 年致股东的信中，以每年从可口可乐分得的大额红利来证明投资于伟大企业获得的丰厚回报。1995 年在他们完成购买可口可乐股票的后一年，就从这家公司获得了 8 800 万美元分红。自那时起，可口可乐每年都提高分红。2011 年，他们可以从可口可乐中获得 3.76 亿美元分红，并预计 10 年之内，3.76 亿美元的分红还将翻倍。到那时，他们每年从可口可乐中获得的收益超过最初投资成本的 100%。

需要指出的是，投资者常常以为高成长的高科技公司是很好的投资对象，实际上这通常是一种错觉。一般而言，任何一种基于技术创新，保持领先一步的竞争优势在竞争激烈的市场上，都可能是短命的，关键在于公司能否形成核心竞争力。因为高资本回报率对于竞争对手的吸引力，就如同花粉对蜜蜂的诱惑一样不可抗拒。如果没有核心竞争力，竞争对手迟早会撞开它的大门，抢走其利润。

综观国内股票市场，核心竞争力主要体现为以下不同的类型：拥有独特的商业模式、强大的技术壁垒、独特的产品和强大的品牌知名度、资源垄断、快速成长的行业龙头。我们发现一些拥有核心竞争力的上市公司，自上市以来，凭借强大的核心竞争力，资产规模、销售收入、净利润持续保持快速增长，其股票价格少则在 8 年内上涨了 10 倍，高则 10 年内涨幅接近 60 倍，为投资者带来了丰厚的回报。正如巴菲特所说：“那些被又宽又深的壕沟保护着的产品或服务才能带给投资者最好的收益。”

因此，对于具备核心竞争力的优质公司，投资者应该做到“莫为浮云遮望眼”，以合理的价格“买入并持有”，直到股价超出其内在价值或者公司核心竞争力衰退导致股价高估时卖出,就是这类股票最佳的投资策略。投资不是百米冲刺,而是一场长跑比赛,只有投资于具备核心竞争力的公司,才能最终赢得比赛。

杨义灿

汇添富基金专户投资部总监助理

(本文于2011年7月刊发)

平衡市的投资要诀

2008年美国次贷危机发生后，各国大多采取扩张货币政策来短暂地刺激经济增长，从而使经济表面上获得复苏。但各国采取的政策，只是延缓或者是掩盖了经济危机，危机对全球经济的负面影响远未结束。三年多来美国经济复苏乏力，欧洲主权债务危机不断蔓延，并呈越演越烈之势，欧美失业率居高不下，其经济发展格局正面临深度调整。而我国原有的增长模式在次贷危机后已难以为继，经济结构进行战略性调整、加快经济发展方式转变已成共识。在全球经济处于调整和转型的大环境下，A股市场未来较长一段时期内很可能将进入震荡调整的平衡市。因此，挖掘能够穿越周期的优质成长股，以成长来抵御估值下跌的风险，将成为平衡市中有效的投资策略和盈利模式。

真正的成长型企业必须能够承受住经济周期和股市牛熊周期的考验。1957～2003年，标准普尔500成分股里有20家公司保持了完整的结构，未与其他任何公司合并。从1957年以来，这20家公司的股票年投资收益率至少领先指数总体水平2.75个百分点，这意味着投资其中任何一只股票所能积累的资金，都是投资指数组合所能积累财富的3～37倍。20家公司中有12家是拥有知名品牌的消费品公司，6家是著名的大型制药企业，在过去的半个多世纪里它们都经历了经济环境和政治气候的巨大变化并最终生存发展。这些公司90％集中在非周期性的消费品行业，相比那些周期性行业，更容易熬过经济周期下滑的痛苦日子。它们生产高质量的产品，树立强有力的品牌形象，将产品价格提高到竞争对手之上，这也是这些公司能够实现长期快速增长的重要因素。

综观国内A股市场，虽然只有20余年的短暂历史，但成长型股票同样也穿越了周期。在2002～2005年的大熊市和宏观经济调控期间，股价涨幅超过50%的表现优秀的股票共有56只，它们平均净资产收益率超过10%，而同期全部A股仅为5.9%。高成长性成为这些牛股最大的共同特征，56家公司在熊市期间净利润年均复合增长率都超过了30%，其中有近一半公司甚至超过了50%。在2006～2007年的大牛市中，这56只股票再显英雄本色，平均涨幅高达389%，远超同期上证综指213%的涨幅。

企业生命周期理论告诉我们，企业的发展一般经历初创期、成长期、成熟期、衰退期四个阶段。因此，成长股在不同的地域和时代表现为不同的公司，但快速成长的企业一定契合了当时当地的社会经济发展趋势。上述进入标准普尔指数的20家公司主要分布于日常消费品行业和制药行业，说明在美国这两个领域是诞生成长型牛股的温床，这与美国创新型和消费型的经济结构特征是相吻合的。日本股市同样也验证了成长股具有很强的时代背景特征。20世纪70年代日本通过经济政策推动结构调整和产业转型后，其产业结构由重工业向消费和电子信息产业转变。对应到股市，日本经济转型期的10年间，涨幅超过10倍的个股中54%为通信、消费电子类新兴产业，26%为医疗保健行业。

海外市场成长型企业的发展历史表明，成长股具有鲜明的时代特征，不同社会经济背景下诞生的成长股可能大相径庭，但其背后逻辑一定与当时的社会经济背景密切相关。从我国社会经济结构演变过程来看，未来5年将是我国大力推进经济结构调整、加快转变经济发展方式的关键时期，战略性新兴产业、人口老龄化及人工替代、消费结构升级等将是未来社会变革和经济发展的重要主题，它们或将受益于财政、税收、金融等各种政策扶持，或得益于国家体制机制的进一步完善和创新，从而实现穿越经济周期的发展。借鉴海外成长股经验，这三个领域将是未来A股市场最有可能孕育并产生最多穿越周期的成长股公司的地方。

最后，投资成长股还有一个关键的问题是估值。投资热门股票是不可能赚大钱的，个中原因就在于热门股太贵，特别是高知名度成长股，其股价已经透支了未来数年的业绩增长，即使长期来看其业绩还能够大幅增长，但通常其市盈率也很高，最终会因其估值水平的下降而“对冲”掉部分甚至全部业绩的增长。好公司也要好价格，说的就是这个道理。因此，投资成长股真正能赚大钱的诀窍就是寻找“戴维斯双击股”，即业绩和估值都能够双双大幅提升的股票。正如巴菲特所说，“多数人买股票都是跟风，其实应该等到没人有兴趣时再进入”。简而言之，会买才是师傅！

杨义灿

汇添富基金专户投资部总监助理

（本文于2011年10月刊发）

“漂亮 50”的启示

美国股市在 20 世纪 60 年末和 70 年代初，“漂亮 50”(Nifty Fifty)曾经大放异彩。这些公司获得了非常好的回报。即使在经历了美国股市的暴跌之后，这些公司中的相当一部分最终还是创出了新高。虽然经历了之前的大幅上涨和 1972 年的股市暴跌，但是 20 世纪 90 年代初美国学者杰里米·西格尔(Jeremy Siegel)的研究表明，“漂亮 50”作为一个组合，确实经受住了时间的考验。即使在市场最疯狂的时候介入，由于这些企业本身业绩的持续增长，最终也没有输给指数。因此“漂亮 50”是能够配得上当时的股价的，其中很多股票又获得了很大的超额收益。

美国的“漂亮 50”拥有良好的基本面、出色的资产负债表、强势的品牌、难以逾越的竞争优势和流动性极好的市值规模。比较典型的公司包括可口可乐、麦当劳、迪士尼、美国运通、IBM、宝洁等。这些公司很多都成为进行全球扩张的跨国企业。

因此，“漂亮 50”之所以历经时间的考验，获得很好的回报，是离不开自下而上对于公司基本面的研究和分析的。

当前中国股市与当时的美国股市有一些类似的场景。从宏观经济背景的角度，美国经济经历了战后 20 多年的高速增长，进入一个转型的关键转折点。美国股市经历了 20 世纪 60 年代的投机横行，投资者也逐步回归理性。就是在这种背景下，投资者对于公司的基本面开始高度重视，最终选择了盈利稳定增长的优质龙头公司。

值得关注的是，在这50家公司中有很多获得了较好的长期回报，其中偏消费的品牌公司获得了更高的投资回报。这一点也与当时美国宏观经济背景有非常直接的关系。因为美国在20世纪五六十年代是工业化高速增长的时期，从70年代开始进入消费占经济总量比重大幅上升的阶段。这也就注定了美国消费品行业能够显示出超越其他行业的较高的增长速度。

中国当前也处于经济转型的关键时期，传统的经济增长模式面临换挡，中国原有的经济增长动力，包括地产和出口，均进入主动和被动的放缓阶段。政府积极培育消费和新兴产业成为未来经济增长的动力。

虽然最近几年偏股型证券投资基金的力量没有特别明显的增长，但是应该看到，坚持偏投机方式的投资者遭受到更大的损失。目前包括QFII和社保等在内的长线投资者还在保持力量的上升。坚持价值投资的机构力量整体上处于上升阶段。可以预见，机构投资者的资金有可能向一些优质公司集中，推动类似于2004年的中国版“漂亮50”行情的发生。

从中国资本市场本身的发展阶段看，经过20多年的发展，大多数有国民经济代表性的公司均已实现上市。为投资者选择未来具有良好发展方向的中国版“漂亮50”具有较为现实的基础。

自下而上选择“漂亮50”公司，非常重要的一点就是商业模式的可持续性。要知道在20世纪90年代初进行“漂亮50”公司的实证分析时，大部分公司依旧存在，而且大体上保持了持续增长。而中国资本市场上充斥着大量短期高增长的公司，由于商业模式的缺陷，很可能面临发展空间不足，或者竞争力不持续，或者公司治理存在着缺陷等因素，导致可持续性难以保持。

中国资本市场比较典型的现象就是给予一些只有几个产品的公司阶段性高成长的高估值。这类公司面临的成长风险来自发展空间的不足。提供的产品和服务具有巨大的发展空间，是一个重要条件。

竞争力的持续性也非常关键，很多公司的繁荣更多地可以用行业阶段性高增长来解释，一旦行业出现阶段性的低谷，其竞争力不足的特点就会显现，导致业绩高波动性，给投资者带来很大的不确定性。

拥有强大品牌的公司值得高度重视，特别是消费品牌。因为品牌企业直接面对消费者，行业地位较高，议价能力较强，现金流风险相对较小。品牌企业对供应商也保持着较高的议价能力，行业出现阶段性波动时，往往供应商会被迫分解相对大部分的行业风险，品牌企业还能保持相对较强的抗风险能力。

因此，在当前时点通过自下而上的分析，研究能够代表中国经济发展方向、具有良好商业模式和竞争力、估值可接受的中国版“漂亮 50”具有非常现实的意义。

杨义灿

汇添富基金专户投资部总监助理

（本文于 2012 年 7 月刊发）

选择有质量的成长

很多投资者选择成长股投资，选对了收益率很高，选错了则损失惨重。我国证券市场上小盘股一直很活跃，2012 年以来股票中上涨超过 50%的超过 100 只，下跌超过 30%的超过 200 只。其中大多为成长股或伪成长股，如何筛选出真正的成长股，成为决定投资收益率的关键因素。

有质量的成长才能持续。过去我国经济快速发展，市场有许多新增的需求，很多公司选择良好的切入点获得了一段时间的快速增长，在发展到一定规模后选择上市募集资金扩大规模。此后企业往往出现分化，有一些企业仍然保持了较长时间的快速增长，也有许多公司在越来越多的竞争者加入后陷入衰退。我们发现只有有质量的增长才能持续，否则成长往往是昙花一现。什么样的增长才是有质量的增长呢？以下我们试着找出几条：

首先，高毛利率显示公司有强大的核心能力。通常毛利率越高说明产品技术含量越高；反之越低。有时候低毛利率产品在需求旺盛时表现为量价齐升，利润增长率很高，但当需求回落时量价齐跌导致投资者损失惨重。维持高毛利率，通过量的增长来实现成长往往持续时间可以更长一些。高毛利率往往表现出公司有很强的能力，这种能力是其持续发展的基础。

其次，高净 ROE 显示公司有获得良好回报的能力。对于投资者而言，高 ROE 显示公司有很高的资本回报，此时扩大再生产和资本再投资才有意义，积极的管理层一定会致力于扩张，通过扩大再生产实现增长。由于资本能够增值，这类公司再融资时比较容易获得投资者的认可。适当加大杠杆能够提高资本回报率，即使是股权融资，短暂摊薄后往往又恢复高 ROE。

再次，产品有广阔的潜在空间。只有面对很大的市场，才能给公司留出足够的成长空间。我们曾经研究过部分给通信设备商配套的公司，由于其客户只有个别巨头，当它成长到巨头总采购量的 1/3～1/2 时，无论其产品有怎样的优势，都不能获得增长。这就告诉我们必须留下足够大的潜在增长空间，才有可能获得长期持续增长。

最后，要回避利润率下降的公司。经验告诉我们，当这类公司的利润率开始下降时，往往是一个悲剧的开始。利润率下降说明公司的相对优势在下降，原来的核心能力现在已经被竞争对手掌握，或者行业总需求趋弱。毛利率下降的下一步通常是增长的放缓，此后往往出现“戴维斯双杀”。市场上很多成长股在成长阶段完成之后，股价会有巨大的跌幅，这其中最有导向意义的是利润率的下滑，一旦出现这个信号，十之八九预示着成长阶段的结束。

当然，要实现持续成长还需要很多其他的条件，如优秀且进取的管理层，成长的公司起初规模大多较小，管理层将极大影响公司的发展。再比如行业景气程度，景气上升阶段的行业总归是远远好于景气下降阶段的行业。这些分析往往要建立在更多直接接触或更广阔的视野基础上，对研究分析能力的要求更全面。而上述几点通过我们认真阅读公司报表基本就可以得出结论，要求相对较低，大部分投资者都可以做到。我们认为投资者通过这些简单的分析和判断，能够过滤掉很多伪成长股，识别出一些成长阶段结束的公司，可以回避一些风险。

除成长股投资外，市场上还有许多很好的投资方法，笔者从自己的经历出发，总结了成长股投资的几点感受，在千变万化的股市中未必能一直正确，仅供参考。

陈苏桥

汇添富基金专户投资部 QFII 投资副总监

（本文于 2012 年 8 月刊发）

大象起舞的背后

45%～49%！WOW！

当阿里巴巴在6月8日全球投资者年会给出上述2018财年收入增长指引时，大感超预期的投资者不由发出一阵欢呼。截至当日收盘，阿里股价暴涨13.29%至142.34美元，市值突破2.4万亿元人民币，再次登顶中国市值最大公司。而此前另一家全球市值前十的公司腾讯发布的财报同样显示，其2016年收入同比增速也高达48%。体量如此巨大的公司竟然能够以如此之快的速度增长，甚至有加速增长的迹象，这让许多有多年市场经验的资深投资者大感震惊，这真是一个大象起舞的时代。

可以毫不夸张地说，当下"大象"们正在颠覆着传统认知下的思维定式，对于背后的原因，我们有如下一些粗浅的思考，希望能够抛砖引玉：

其一，创新的力量。傲视群雄的中国高铁已经成为闪亮的国家名片，最高时速达400公里以上的"复兴号"高铁再次让世人感受到了什么是"更高、更快、更强"，短短十几年，中国高铁经历了从仰望到模仿、从创新到赶超的过程。在高科技领域，以华为为代表的中国企业在全球市场所向披靡，任正非总裁总结公司正在"攻入无人区"，处于无人领航、无既定规则、无人跟随的困境，重大创新将是无人区的生产法则。可以说，从国产大飞机C919的成功首飞，到中国石化、中国联通的混改，从无处不在的支付宝应用，到遍地开花的共享出行，产品创新、商业模式创新、体制机制创新无处不在，创新是大象起舞的先决条件。

其二，市场垄断者的自我强化。这一现象突出体现在互联网领域，由于互联网用户数增长已进入平稳期，各个细分领域形成了相对稳定的龙头企业，这些龙头企业利用自己庞大的用户和流量，不断地叠加新的应用，提高在各自强势细分领域的市场占有率。目前在中国和美国都是如此，非常典型的比如中国的游戏、电商等领域。互联网奉行的赢者通吃的商业模式，使得龙头企业的市场份额可以很快形成市场垄断者的格局。由于互联网龙头企业的利润规模非常惊人，它们本身又有充分的意愿和能力介入新的投资领域，只要出现新的前景看好的互联网应用，龙头企业往往会迅速进行投资，从而加速该细分领域走向整合和成熟，比较典型的如滴滴和共享单车。

其三，政策和市场环境的变化。政策环境方面，供给侧改革在提高供给质量、减少无效供给、扩大有效供给的同时，客观上促使行业整合加速，龙头公司优势得以固化。再如，近年来不断升级的环保核查力度，使得钢铁、水泥、造纸、化工等一系列行业都出现了明显的集中度上升，龙头公司受益显著。市场环境方面，伴随着经济增长步入新常态，经济下行压力叠加，生产要素价格的大幅提升，也在倒逼行业集中度迅速提升。在土地成本、人工工资、资金利率明显上涨背景下，龙头企业反而能获得更低的发展成本、建立更高的进入壁垒、抢占更多的市场份额。

其四，工程师红利和产业集群效应。正如珠穆朗玛峰耸立于平均海拔4 000米的青藏高原之上，龙头公司的加速增长也离不开工程师红利的集中释放和愈发明显的产业集群效应。工程师红利方面，始于1999年的高校大规模扩招，延续13年之久，根据百度百科数据，2013年全国各类高等教育在学总规模达到3 460万人，高等教育毛入学率达34.5%。当年的政策受益者们现在已是各行各业的中坚力量，劳动力供给结构的显著变化和龙头公司对高素质人力资源的虹吸效应，无疑奠定了其高速增长的基石；产业集群方面，以智能手机产业链为例，国内庞大的苹果产业链集群在支撑iPhone的同时，也为国产智能手机龙头公司华为、OPPO、VIVO的迅速崛起奠定了坚实的基础。再比如，定制家居行业的产业集群效应也体现得淋漓尽致，广州一地集中了A股上市的主要定制家居企业，在庞大的消费市场和较低的市场渗透率之下，假以时日，该领域诞生市值过千亿元的龙头公司也不会让人太过惊讶。

其五，消费者信心的集中映射。不久之前，快消品龙头茅台在强劲基本面支撑之下，市值突破 5 000 亿元，成为超越帝亚吉欧的全球市值最大酒企，茅台集团总经理李保芳也数次表示茅台已经迈入了一个新的上升周期。制造业翘楚格力电器董事长董明珠在近期的演讲中表示，格力空调已占据世界 30%的市场份额，格力年报也显示，其家用空调产销量自 2005 年起已连续 12 年领跑全球。在我们看来，14 亿人口的泱泱大国、世界第二大的经济体量，伴随着产品品质、服务质量、品牌形象的大幅提升，在一个乃至数个领域诞生全球市值第一的公司实在是题中应有之意，这也是消费者对国货信心的不断增强在龙头公司上的集中映射。

其六，龙头公司估值体系的重构。除了强劲的基本面因素，“大象”们在资本市场的估值体系也迎来了“双击”。一方面在于投资者结构的深刻变化，股灾之后国家队万亿元长线资金入市，叠加边际增量“沪港通”“深港通”资金的北上，投资理念正本清源，长期被“炒小、炒新、炒差”所边缘化的优质价值投资标的的估值洼地被迅速填平补齐；另一方面在于监管环境的显著变化，IPO 常态化、再融资新规和减持新规使得小市值绩差公司实现外延增长逆袭的逻辑发生改变，而在金融去杠杆背景下，市场无风险利率一再攀升，理财产品收益率大幅上行，这将对估值中枢仍然高企的小市值绩差公司带来较大的估值压力，而增长确定性高、估值相对合理的中大市值龙头公司理应享受相对估值溢价。

姚宗辉

汇添富基金前专户投资经理

（本文于 2017 年 7 月刊发）

量化的刚性 投资的柔性

根据 Wind 的基金数据统计，截止到今年 7 月中旬，全市场的基金数量（含未成立和已经到期，并具有独立的证券代码）超过了 7 000 只，其中，基金名称中含有“量化”字样的基金数量也超过了 90 只。在这些量化基金中，最新管理规模超过 20 亿元的有 6 只，规模最大的量化基金超过了 80 亿元，规模不到 1 亿元的有 40 多只，甚至还有些量化基金的规模长期低于 5 000 万元。从量化基金的成立年限看，运作年限最长的超过了 12 年，有 10 只量化基金的运作年限超过了 5 年，有超过 2/3 的量化基金运作年限则不到 2 年，绝大部分量化基金都是最近两年发行成立的。再从量化基金的业绩看，今年以来，有 3 只量化基金获得了超过 20％的投资收益，10 只量化基金业绩超过了 10％，同时也有 8 只量化基金的业绩低于 10％，95 只可统计业绩的量化基金平均收益不及 1.5％，明显落后于大盘指数。

分析以上的量化基金数据，可以看到两点比较明显的特征，一个是绝大多数量化基金运作年限不超过 3 年，基本都是最近 2 年内成立的，另一个特征是最近一段时间量化基金业绩远远不及之前的业绩表现，特别是今年以来，量化基金的业绩明显落后于上证指数，于是对量化投资策略的质疑也在市场上开始出现。那么，应该如何客观、理性地看待量化投资这个小众化的投资方式呢？

我们可以分析一下量化投资的主流方法。分析国内量化基金的招募说明书不难发现，绝大部分量化基金都是以多因子分析模型为主流方法。所谓因子分析，简单地说，就是分析两个变量之间的影响关系，或者若干个变量与另一个变量之间的影响关系。具体在股票的多因子分析模型中，就是分析哪些市场因素影响了股票价格的波动，或者说哪些因子与股票的价格变量具有一定的统计意义上的影响关系，常见的影响因子有盈利因子、市值因子等。比如，贝塔指标就是用来描述股票的价格波动与市场波动之间相关程度的指标。

1993 年，法玛(Fama)和弗兰奇(French)建立了一个三因子模型来解释股票收益，可以说是开拓性地提出了多因子模型的分析框架。该模型将单个股票的超额收益用三个因子的暴露来解释，这三个因子是：市场组合因子、市值因子、账面—市值比因子。在此之后，学术界和投资界纷纷出现了五因子模型或者七因子模型，最新的研究报告显示，在多因子模型的研究中，国外有超过 100 个的因子用于解释股票收益的来源。无论是三因子模型，还是五因子模型，甚至更多因子的模型，无非都是通过数量化的方法来分析这些因子对股票收益的解释程度，从而找到一个具有统计意义的解释因子或者因子组合，进而用于后续投资决策。从数学建模的角度看，这种从历史数据中提炼的规律在多大程度上对后续的投资有实质的指导意义，取决于后续的投资环境在多大程度上与采样的历史数据的环境相近，如果后续数据较好地重复了之前的市场环境，则这种量化方法提炼的规律对后续投资的指导意义就明显，反之，如果后续数据的市场环境发生了较大的变化，则这种提炼的规律性并不适合用来指导后续的投资，甚至会对后续投资形成明显的拖累。

分析今年股票市场的环境，不难发现，去年下半年到今年上半年，股票市场的监管导向发生了变化，最明显的特征是市场结构从二八法则，到一九法则，进而是漂亮 50，而 3 000 多只股票今年上半年基本没有表现。也就是说，今年的市场环境相比前几年发生了实质性的变化，如果仍然延续之前的量化模型进行投资决策，无疑会出现不适应的状态。最典型的示例就是股票的市值因子，该因子是前几年为量化基金投资业绩提供明显超额收益的因子，而今年以来，市值因子却严重拖累了量化基金的业绩。

因此，笔者认为，对于量化投资，我们可以采取客观、理性的态度，首先要相信量化投资是一种长期有效的投资方法，基于历史数据的分析，是可以提炼出一定的统计规律的，这些统计特征完全可以用于后续的投资决策，历史总是会重复出现的，而且是极其相似地出现，因为人性不变，100 年之前如此，100 年之后仍然会如此，这是量化投资的刚性特点，只要历史数据的采样正确，采用的数量模型科学合理，就要相信量化模型的结果；另一方面，在 A 股市场不断成长和成熟的过程中，我们也需要保持谦卑，要善于把握市场大势，灵活应对，对影响市场环境的因素保持警觉，适时调整对策，包括量化模型的完善，量化策略的扩充，顺应市场大势而为，在投资中体现必要、合理的柔性，这样在量化投资的道路上完全可以走得更稳、更远、更轻松。

吕先进

汇添富基金增强收益部投资经理

（本文于 2017 年 8 月刊发）

中国高端制造迎来黄金时代

在1943年末的德黑兰会议上，斯大林说，“为美国的生产干杯，没有美国的生产，这场战争就会失败”。这是实至名归的赞扬。美国强大的工业体系在1940～1945年的短短5年间，制造出数倍于德军的武器数量，根本性地决定了第二次世界大战的胜负，也让美国迅速崛起成为世界强国。纵观全球，先进制造业是一国强大与繁荣的基石。18世纪的工业革命让英国成为日不落帝国；20世纪初期，制造业的突飞猛进带来了美国的百年富强；第二次世界大战战败的德国与日本凭借先进制造业在短短几十年再次成为经济强国。只要具备强大的工业基础，一个国家的经济就具备充足的韧性，在全球竞争中可以从容胜出。

我国制造业的发展可谓一波三折。洋务运动以失败告终，国家被铁炮洋枪打开国门，大跃进时期的工业梦想过于激进，最终适得其反。仅仅20年前，路边时常可见抛锚的汽车与无奈的司机，慢悠悠的绿皮火车挤满了疲惫的乘客，城市居民也经常遭遇突然的停电，在没有空调的炎炎夏夜中无法入眠，简单而粗糙的电动玩具已是小朋友少有的宝贝，拥有一台外资品牌家电让邻居们羡慕不已。

我国制造业的起步之晚令人叹息，但在经历无数坎坷挫折之后，中国人终于在过去二三十年中创造出了世界瞩目的奇迹。我国自主研发的载人飞船进入太空，规模庞大的航母群开始下水，高铁驰骋在神州大地，国产冰箱、洗衣机、空调进入千家万户，服装、玩具遍布全球，电子产业链齐全而高效。制造业不仅改变了我们的生活，更是极大提升了中国的全球竞争力。中国现在已经成为全球制造业第一大国，制造业增加值占全球 20%以上，出口金额占全球的 14%。以电子产业链为例，大陆厂家在触摸屏、电池、声学、摄像头、指纹识别的全球占比为 80%、70%、60%、80%、78%，几乎是垄断地位。

但是随着土地成本、环境成本以及低端劳动力成本的大幅提升，大量低端制造业正在丧失比较优势，而高端制造业的比较优势开始显现。我国几十年的工业化进程积累了巨大的人才、技术与资本优势。中国每年培养 160 万名工程师，是美国的 8 倍，相当于美、欧、日、印的总和。当前也涌现出一批优秀的企业，在许多高端制造领域实现了突破。当然，高端制造的发展从来都是艰苦卓绝的，从材料到工艺，从产品到认证，需要漫长的过程，最终厚积薄发。

我们在全球高端制造领域的份额依然很低，存在巨大的增长空间。中国武器出口全球份额从 2011 年的 3.8%提升到 6.2%，排在全球第三，但与美国的 33%和俄罗斯的 23%差距巨大。中国自主品牌乘用车在国内市场份额只有 50%左右，每年出口数量不到 100 万辆。中国空调产量占全球 70%，但是空调的海外品牌依然很弱，出口主要以贴牌为主。医药出口中 80%是原料药，作为高端产品的制剂比例只有 10%左右。这样的例子非常多，随着技术和品牌力的不断提升，中国高端制造业将迎来前所未有的黄金时代，更多的民族企业将在世界经济中扮演更重要的角色。若干年后，当国人出国旅游时，会逐渐发现乘坐的是国产大飞机，满大街跑的是中国品牌汽车，世界人民都在用中国品牌手机通话，公共设施中的监控摄像头、无人机也是来自中国，酒店的空调、冰箱、彩电是中国品牌，药店购买的药品都是中国制造。

军工行业的龙头企业将迎来持续稳定的增长。从军工装备存量来看，我们与美国差距依然很大，中国的战斗机数量只有美国的一半，直升机数量不到美国的 20%，海军军舰总排水量只有美国的一半。但是近几年我国军机、军舰发展极快，中国海军每年下水量全球第一。中国已经成为世界战斗机的主要生产国，2014 年中国军机市场大约 800 亿元，预计到 2025 年市场规模有望达到 2 400 亿元，由此带动的军用航空发动机每年需求量超过 300 亿元。需求大幅增长的同时，中国的军工技术水平也在飞跃发展。中国在 2012 年成为继美国之后第二个同时研制两种五代机的国家，我们的发动机技术不断完善，现在大量的主流战斗机、直升机已采用国产发动机。我们最看好的方向是需求确定的发动机、直升机、战斗机、军舰、雷达。

高端消费制造的品牌能力将持续提升。相比于其他制造业，高端消费制造业通常直面消费者，凭借品牌、渠道和技术优势形成的核心竞争壁垒，可以在相当长的时间内阻挡新进入者，维持较高的利润水平。家电行业就是一个最好的例子。随着国内消费升级与国际市场的开拓，高端消费制造品牌的成长之路尚未结束。

高端医疗制造是最突出的刚性需求。糖尿病、心血管领域、麻醉药、肿瘤领域等大病领域已经形成一批最优秀的公司。人口老龄化带来的刚性需求以及国际市场存在巨大的未开发市场，将使得医药企业集中度进一步提升，国内龙头公司的竞争优势将进一步增强。

人工智能与机器人将显著改变人类未来的生活。工业机器人已经得到广泛应用，大量的产业工人已经被机器人替代。人工智能的革命刚开始，依赖于大数据和智能算法，人工智能将会在安全视频、人脸识别、教育、医疗、金融等行业得到广泛应用。

我们坚信中国高端制造业将在各个领域突破，这是一个不可阻挡的趋势。

赵鹏飞

汇添富基金基金经理

（本文于2017年3月刊发）

医药医疗行业长期投资价值凸显

贾森·茨威格在点评格雷厄姆《聪明的投资者》的某一章时说，“市场上最热门的行业，经常会在毫无预兆的情况下顷刻之间变得冰冷”。而这，正是医药医疗板块在2015年遭遇的现实。实际上，医药医疗板块连续处于板块表现非常靠后的位置，确实已经冰冷差不多两年。

两年的持续低迷，使得悲观情绪传染蔓延，很多曾经市场上最坚定的医药股投资者也在质疑和自我怀疑中纷纷撤出。那么医药板块到底发生了什么？我们有必要从行业特征上回归本源再梳理一遍。

医疗医药行业的结构特征重要一点是埋单方、决策方与实际需求方三者分离。医保是最大埋单方，医疗体系是决策方，消费者是最终需求方。以上三种核心因素的演变，最终决定了药品企业、器械企业、渠道企业等各类产业链玩家在整个价值链上的盈利能力。医疗体系改革带来的行业演变，往往具有很强的逻辑性，绝大多数企业都难脱离其时代印记。

我们回顾2013年及以前，全民医保在短短数年间快速推广普及，辅助用药、高价药品详细破解政府招标文件，与医疗系统的陈旧定价体系一拍即合，成功弥补了广大医生群体处方权的变现需求，实现政策套利，迎来野蛮生长阶段。

野蛮生长的药品对医保资金池形成了越来越大的压力，于是以医保控费为出发点，新的一轮“三医联动”的医改开始推行，通过集中招标甚至“二次议价”的方式，对传统三高药品制定了各种限制措施。

这轮医改确实成效显著，我们其实已经看到，近年来快速增长的国产药品明星，早已悄然由各种中药注射剂、免疫调节剂而开始变成康柏西普、阿帕替尼、艾克替尼等拥有较强技术门槛的创新药。近期新的医保目录推出，我们更是欣然看到对辅助用药的制约、对刚性用药和创新药的扶持，这些都是有益于行业实现更稳健的长期增长的举措。

不过，对医药医疗板块上市公司而言，很多企业之所以快速发展到能够上市的规模，确实还是受益于这轮医改之前的行业政策，属于“过去的赢家”，新医改的政策板子着实容易招招见血。同时，近年来开始的这轮深度医改恰巧与股灾形成了向下的共振，存在大量较高估值中小盘企业的医药板块，在市场的估值体系重构进程中，成为投资组合降估值的首要牺牲品。投资者在这种基本面与估值的双重打压下，也对几乎所有医改政策做了偏负面解读。

诚然，公立医院系统的“药品零差率”全面推广对医院的现实经营形成了严峻挑战，仿制药企的“一致性评价”政策在短期会拉高其产品研发的成本，“两票制”也会对传统的药品代理营销模式造成较大冲击。

但是，以此来质疑医药医疗行业长久以来估值溢价存在的合理性，则显得矫枉过正。医药行业的总需求一定会持续向上，老龄化和消费升级则使得这个趋势向上，更加陡峭。医药市场蛋糕的总盘子不会萎缩，优质企业的长期持续经营能力仍然相当稳固。所谓新医改，不过也是一种腾笼换鸟，以更清新的行业环境，来欢迎更清新的行业赢家。

经过这轮医改还能存活下来的医药类上市公司，其市占率的提升、盈利能力的提升、竞争壁垒的强化，都将会构成下一轮医药板块大牛市起飞的核心驱动要素，也将会在不远的未来造就更多千亿元级别市值的医药上市公司。这是医药行业自身的“供给侧改革”。

过去，因为资本市场的供给受限于审核制的 IPO 规则，虽然短期有助于维护市场既有估值体系的稳定，但是长远来看，社会上的剧烈变化无法及时反映到上市公司的组成结构上。加速放开的新股，短期也许会带来对市场的些许冲击，但长期来看，确实也会更及时地为二级市场提供更多反映行业变化的新公司、新面孔，从而缩小成长股投资组合与当前时代成长力量之间的跟踪偏差。

已经改变的，只有游戏规则，是切蛋糕的方式。待改变的，则是人心。

2015年以来的股市调整已经挤掉了很多的水分，周期股的复辟则挤掉了成长股更多的水分。医药医疗板块新的长期投资价值已经凸显，只不过价值重估过程要等到新的一致性预期的趋向形成。这种新一致性预期不仅仅指资本市场的投资者，更主要指产业的监管机构、医院经营管理者、药厂、器械厂等从业人员。新医改的新游戏规则，确实深植人心的一刻，就是产业相关投资标的启动价值重估、重新迎来更多资金注入的一刻。

刘　江

汇添富基金基金经理

（本文于2017年2月刊发）

从流动性管理角度谈货币基金投资

我国货币基金从 2003 年发展至今，已经成为一种无论是对机构客户还是中小投资者而言都必不可少的投资工具。今年以来，货币基金规模更是从年初的 4.5 万亿元迅速上升至第三季度末的 6.57 万亿元的历史高点。伴随着货币基金规模爆发式的增长，严格监管成为大势所趋。前不久，证监会颁布了《公开募集开放式证券投资基金流动性风险管理规定》，对于市场关注的货币基金风险防范做了严格的规定，对流动性风险敞口的各个维度指标在进行了一系列量化的基础之上又进一步收缩，这对于货币基金管理者来说，提出了更高的管理要求。

在笔者看来，流动性风险管理的防范，有着极大的必要性和紧迫性。我国的货币基金经历了四次赎回潮。第一次在 2006 年，一方面 IPO 重启对于短期流动性资金的大量抽离，另一方面在于部分货币基金所持债券出现违约引发系统性赎回危机；第二次在 2009 年，货币基金收益率不断下行、吸引力减弱，股市升温引发大规模的资产配置转移赎回；第三次是我们记忆犹新的 2013 年钱荒危机，机构争相赎回以获得流动性；第四次是去年年末，国海事件发酵、资金面极度紧张，造成市场集体赎回行为。总结货币基金经历的四次赎回潮，流动性风险产生的直接原因是投资者集中赎回，资产价格下跌、基金收益率的相对下降从而引发组合层面及市场层面的风险。巨额赎回一旦发生，往往具有自我实现的特性，形成“资产价格下跌—集中赎回—抛售基金资产”的恶性循环，最终引发全面的流动性危机。货币基金作为大类资产配置的底层产品，既是银行理财等大机构的“标配”，也是普通投资者不可或缺的现金管理工具，在收益性、流动性两者之间，流动性是投资管理的核心。

从投资的角度出发，要做好货币基金的流动性管理，笔者有以下三点心得体会。

首先，在货币基金投资决策上，要以核心规模作为流动性管理的基础。随着货币市场基金规模快速增长，持有人结构进一步多元化，产品类型进一步丰富，包括场内货币、机构货币、电商货币等。要根据基金持有人的类型、渠道、管理诉求，了解在不同市场环境和收益率水平下，投资者可能出现的申购赎回行为。根据组合长期管理经验及投资者行为分析的数据，可确定组合在极端情况赎回后的组合规模，这一部分规模即为其核心规模，可进行高收益、长久期资产的配置，并且以提高收益率为目标；而剔除核心规模之外的资产，标的选择上就要以高流动性作为第一要务。围绕着核心规模的变化，基金经理可以结合投资者的行为特点，根据市场判断提早进行现金流安排，以保证组合的流动性。

其次，在货币基金管理方法上，对流动性管理要有一定的体系和框架。一方面，影响货币市场资金面的因素非常复杂，需要建立起一套完整、有效的分析框架，自上而下地建立宏观市场分析、货币政策分析、资金面及机构行为的框架。另一方面，基于资金面分析及货币市场利率在中短期内所呈现的特点，把握市场的阶段性特征，并结合不同货币基金的产品定位和流动性要求，制定相应的久期策略和资产配置策略。从自上而下和自下而上两个方面，把握住组合的流动性。

最后，在货币基金管理理念上，要做到知行合一。货币基金的投资管理是一个长期坚持、不断提升的过程，落实到每天的具体运作之中。知就是要不断去了解、体会、琢磨投资相关的各种信息，保持与市场上主要资金供给方、需求方的良好沟通渠道，用专业的眼光去分析每一个信息点，用清晰的投资逻辑去判断短端市场的走向，先知方能后行。而在执行的时候，关注每个看似琐碎的投资细节，细节处可能蕴藏巨大的风险或机会，每一次系统性的资金紧张都有市场的预兆或信号，要时刻保持警觉，一旦发现问题，及时进行修正，缩短组合久期、变现组合高流动性资产，增加组合的灵活度、控制相关风险。

达尔文在自传中曾说过:“在大自然的历史长河中,能够存活下来的物种,既不是那些最强壮,也不是那些智力最高的,而是那些最能适应环境变化的。能够感受到大环境的变化并适应是一种能力,主要是洞察力和推理能力。”越来越多的投资者会认识到货币基金提供了相当于存款的高流动性,又提供了更高的收益,流动性管理的需求将真正觉醒。在经济转型大背景之下,既要严格符合监管目标,更要不断打造并妥善管理能够满足、丰富投资者需求的投资标的。投资之路任重而道远。新常态之下,无疑是一种挑战,我们所看到的更是一次机遇。只有抓住流动性风险管理这个核心要点,才能不断进步与创新,打造行业一流的汇添富现金管理团队。

徐寅喆

汇添富基金现金管理部主管

(本文于 2017 年 11 月刊发)

看企业战略挑成长股

在投资中，我们常会发现，即使在同一个成长性很高的行业，不同公司的成长性差异也非常大。究其原因，我们认为企业战略的制定与演变在其中扮演着极其重要的作用，也就是说企业家制定战略的能力和执行力，成为决定企业成长性的关键。我们不是专门从事理论研究的学者，但希望把实践中的一些体会总结出来，和大家一起分享。

首先，企业的战略是什么呢，笔者自己的理解，就是在基于对公司内外部环境做出分析和结论的基础上，提出方案来解决公司的核心短板，建立和完善公司的核心竞争优势，以获得公司短期、中期和长期更好更快的成长。除了执行力之外，企业家的核心差异很大程度体现在能否根据宏观经济、行业发展及公司特点来制定行之有效的战略。

一家公司可能有不止一个短板，但有些短板是必须克服的，否则再多的努力都无法弥补。比如，在决定公司发展的众多要素中，公司股权结构是最有代表性的，如果这方面是短板，对公司的影响就会非常大。在投资中可以看到很多这样的案例。仅从管理层本身而言，排名能够进入行业前几位公司的管理层的表现都是可圈可点的，但随着时间的推移，因为股权结构的差异，管理层的表现差异就逐渐显现出来，尤其是股权分置改革之后，股权的财富效应通过资本市场放大后，对企业的综合竞争态势的影响更趋明显。现在回头来看，对这一因素的决断力，实则是对一个企业家最大的考验。

另外一个会对企业战略形成重大影响的因素是企业家对行业未来发展趋

势的判断,这是对行业功底的真正考验。企业家如果要对行业未来发展趋势做出正确的判断,需要综合多种因素,主要涉及对产业链投资重点的判断,包括上游资源、中游产能和下游渠道等,对产能的布局以及对渠道和品牌的投入等。现在看来,有些因素的发展先后顺序并不固定,往往是判断未来哪个更重要;有些因素却又是一旦错过就无法弥补的。比如说技术含量和产能的关系,很长一段时间社会缺乏的是大路货,则高质量体现不出高溢价,企业的投入产出就会出现问题,而产能导向的企业则能获得更好的发展。有些因素的发展,例如品牌和渠道等,却又是无法纠错的。品牌构建初期一旦定位了,就很难提升;渠道构建,直营会导致终端可控,但无法充分利用社会资源;加盟会加快企业发展速度,但往往导致企业发展规模遇到瓶颈。在实践中,我们发现企业一旦做出了选择,后期再重新更改就会遭遇非常大的痛苦,并且成功的案例都不多见。在以上因素之外,最具企业家个人色彩的发展战略,就是选择扩张与收缩了。市场低迷时,大部分的企业都本能地收缩投资;市场景气时,大部分的企业都本能地扩张产能。逆势而行往往比想象中困难,低迷时扩张如果遭遇行业持续低迷,企业生存就存在问题;景气时过早防御则可能丢弃行业地位。巴菲特说,不仅投资人要像企业管理层一样思考,管理层也要像投资人一样思考。这种时候,企业家能否权衡诸多因素,选择正确的战略方向,成为决胜的关键。

好的企业家不仅要能够制定正确的战略,同时还需要根据外部环境的变化去不断调整自己的战略,而战略的不断调整也是对企业家大浪淘沙的过程。宏观行业大势和企业自身努力两者决定了公司发展的高度。优秀的企业家能够时常对取得成就的原因保持清醒,能对下一阶段公司所需的竞争优势做出冷静的判断,并未雨绸缪地夯实企业的短板。平庸的企业家则往往漠视大环境的红利,片面夸大个人努力的因素,往往在阶段性的行业景气过后,被对手抛弃。

对企业战略的理解,对投资成长股非常有帮助。成长股我们分为两种,一个是与宏观关系度较弱的经典成长股,一个是与行业关联度高的周期成长股。由于中国经济的发展起点低,我们现在看到的很多经典的成长故事,这些企业在初期往往都比较脆弱，如果按照巴菲特的标准，估计都被排除掉了。他们常常只有单一的产品，或者某些单一的设备，但正好赶上一个行业景气期。优秀的企业家，会在景气阶段迅速夯实自己的产品线、渠道等，在初期产品履行完历史使命后，得以顺利驶入下一个发展轨道。对周期成长股而言，需谨防主观意识的干扰，避免淡化公司战略制定的初衷，而应该尽量客观评价公司发展战略的结果，以做出相应的投资决策。

齐东超

汇添富基金前股票投资副总监兼基金经理

（本文于 2013 年 5 月刊发）

组合管理的思考

大师说，投资是一门科学，也是一门艺术。我们理解，投资工作中有些环节需要以一般意义上的科学方法，严谨对待。而有些环节，非传统的科学方法所能解决，更多依靠投资者本身具有的智慧来应对。在此，笔者结合自身的投资实践工作，谈谈对这两个方面的体会。

首先谈投资中可以规范化的环节。

组合投资就是可以规范化的重要环节之一，是通过对行业和个股进行结构性配置，力图承受较低的风险，实现较高的回报。从自然科学的研究方法来讲，组合的影响因素越多，结果则越难以控制和预测，自我学习和优化的可能性则越差。因此，行业和个股的组合构建，应尽量追求变动因素的最简化。

一是行业的选择。我们选取的行业，按照迈克尔·波特的五力模型，应该有非常清晰的关键盈利驱动因素。当基于某一个策略方向配置资产时，最短的逻辑推导和受益程度最大的行业应该是主要选择。上一轮大牛市是非常鲜明的例子，上游资源品行业的表现普遍远胜于钢铁化工等中间产业。因为后者既要面临下游接受能力的变数，还要承担上游涨价的变数，经济复苏过渡到这些行业的确定性也就低了很多。

二是个股的选择。个股的选择也应力求纯粹，这里面主要体现为清晰的业务构成和商业模式。商业模式的核心要素越简单、清晰，企业投入的劳动和资本凝结成企业价值的概率越大，对我们投资的结果产生正向回报的概率也就越大。

综合来看，投资组合的搭建是一个自上而下和自下而上相结合的过程。选定大的自上而下的方向，选取行业和个股的关键驱动因素越简单，意味着从投资的出发点过渡到最终结论的进程越短、失真度越低，投资的准确性以及对组合进行正确优化的可能性就越高。

卖出某一类行业和某只股票，理由也应该越清晰越好。一般而言，我们总结为三个理由，一个是主要的买入逻辑发生变化，一个是找到更好的标的，再有就是市场对向上趋势的反应开始钝化。第一和第二个理由可以遵从前面的步骤进行，但第三点理由难有定法可依，放在后面的艺术环节讨论。

需要补充说明的是，买与卖并不仅仅是简单的反向关系，而是严格的先后关系。这里面主要有两点，一是只有严肃的买入才有可操作性的卖出。大量没有讨论价值的卖出，常常是因为买入本身缺乏讨论价值。二是我们说对向上趋势的钝化是卖出的理由，但并不意味着对向下趋势的钝化就是买入的理由。买入一定是好的趋势的确立，向下趋势的钝化并不意味着好的趋势的出现。

再来谈投资中难以规范化的环节。

我们经常面对的股票可以被定义为成长类、周期类和价值类。一般而言，决定成长类资产的核心因素是其增长速度，决定周期类资产的核心因素是关键驱动因素的走势（如产品价格、新签订单），决定价值类资产的核心是其股息回报率。在投资的大部分时间段内，依据前述科学方法能够通过对这些因素的判断来分析、解决问题。但市场的魅力在于，她往往会以较快的速度做出反应，并时常过度反应。这时候需要解决的问题，对个股而言，是资产对核心因素变化的钝化；对大类资产而言，是成长类和周期类资产的风格演变。而面对这些问题，前面的方法往往会失效。

解决这个问题往往取决于对市场反应机理的认识。笔者自己的实践体会是，市场总是对中长期增长的速度和确定性做出反应，而资金逐利的最终结果，市场总会对更快的中长期增长做出更突出的反应。2005～2007 年是周期类资产的大牛市，股票价格对周期类工业品价格及其价格预期都非常敏感，而这一时期之前和之后的价格波动则没能产生如此持续性的影响。回头总结，这一时期周期类行业的增长速度大幅超越了传统意义上的成长股。近年来一个例子，是2009年“7·29”大跌以后，新兴产业和内需两类资产的表现远胜大类资产，本质上反映了全球经济新秩序重建过程以及中国经济结构调整双重背景下，不同类别资产中长期成长速度的巨大差距。

基于这样的理解，我们主要的应对方式是持续不断地探究经济体最核心的演变方向。具体实践中，一般会先有一个大的判断，更多则依靠日常勤勉的工作，尽可能早地嗅到最前沿的变化，尽早准确地对组合做出大方向的调整。

齐东超

汇添富基金前股票投资副总监兼基金经理

（本文于2010年8月刊发）